Smart Tourism:
Focusing on Concepts and Examples

스마트 관광

: 개념과 사례를 중심으로

구철모

도서출판 청람

| 머리말 |

사람들은 일상에서 일을 하며 먹고 산다. 매일같이 처리해야 하는 일과 업무는 매우 단조롭고 지루한 일상이다. 인간은 지루함을 직면하고 산다. 어제 먹었던 밥을 또 먹고 어제 일했던 일을 또 해야 하고 따분함과 지루함을 벗어나기 위하여 기분전환이 필요하다. 우리는 지루함을 벗어나기 위해서 여행을 한다. 여행은 지루함을 통해서 발생시키는 하나의 사건이다. 여행을 가기 전과 다녀오고 난 후의 차이는 사건으로 발생한다. 사건이 곧 여행이다. 지루하다는 것은 자유롭다는 것이고 여행을 간다는 것은 자발적이며 자율적이라는 것이다. 또한 모방적이다.

현대의 여행은 모방적이면서 자발적이며 자율적이다. 스마트관광은 정보기술을 활용하여 전통적인 관광을 지능화하고 인간의 관광 욕구를 충족시켜두며 스마트한 경험을 하게 한다. 사람들은 스마트폰으로 여행에 대한 욕구를 모방하며 여행 방법과 장소에 대한 인지와 인식 그리고 선택을 자율적으로 하고 있다. 관광지와 관광기업은 관광객을 관리하고 장기체류하게 하여 관광 수입이 더 발생할 수 있도록 데이터 기반의 마케팅 전략을 수립한다. 스마트관광은 정보통신과 소셜미디어 그리고 블로그 텍스트와 사진 콘텐츠는 온라인 미디어를 통하여 접근성을 높이고 사람을 자극시키고 욕구와 욕망 그리고 목적지의 디멘드와 소비행동을 만들어낸다.

스마트관광은 관광개발과 지역사회에 직접 영향을 바로 미친다는 점을 인식해야 하며 스마트관광을 통한 성장을 관리하고 정책을 적극적으로 집행하고 특히, 관광자원을 브랜딩하여 관광기반을 확대하고 타지역과 경쟁하기 위해 목적지의 전통적 소매점과 부티크 상점의 특이점과 고유성 그리고 특색을 개발해야 한다. 스마트관광은 경제적 효과와 일자리가 만들어질 수 있도록 하며 경제적 기반을 다양화하고 시민이 살기 좋은 곳과 관광객이 시민의 경제생활에 도움이 될 수 있도록 해야 한다. 스마트관광은 거주민 관점과 방문객 관점을 좀더 심도있게 모색하여 전략을 짜고 개발과 운영계획과 평가방법을 마련해야 한다.

스마트관광의 기술적인 환경변화는 4차 산업혁명과 디지털화 가속화로 스마트관광 분야인 인공지능, 서비스자동화, AR/VR, 데이터 애널리틱스 분야가 급속하게 발전하고 있다. 스마트관광은 데이터 수집 및 확보, 분석, 예측 분야와 함께 지속가능성 추구하며 디지털 확산, 융복합 콘텐츠 개발, 인공지능 · 휴머닉스 인류지향을 교육시키는 학문이라고 할 수 있다. 디지털 전환시대에 기술의 발달은 넥스트 노멀(Next Normal)의 인간 · 기술 · 데이터의 새로운 관광분야를 만들어내고 있다.

스마트관광은 과학과 공학과 기술을 이용하여 물리적 시간 그리고 공간을 다차원적으로 경험하는 행위이다. 따라서 목적지와 관광기업은 관광객이 인간의 정신과 심리 영역이 목적지라는 물리적 시간과 공간 속에서 스마트한 경험을 제공하는 것이다. 본 스마트관광 개념과 사례를 출간하며 스마트관광의 철학적 배경과 학문적 정체성에 대한 논의뿐만 아니라 다양한 스마트관광 도시 사례와 그리고 애플케이션에 대해 다루고 있다. 본 책이 발간되기까지 도움을 준 스마트관광연구소 소장 정남호 교수, 함주연 박사, 그리고 호텔관광대학 김혜민 학생에게 감사의 마음을 전한다.

2020년 8월

저자 씀

| 차례 |

Part 01 | 스마트관광의 이해

CHAPTER 01 관광의 이해

CHAPTER 02 스마트관광의 개념

CHAPTER 07 스마트관광 생태계

Part 04 | 스마트관광 비즈니스 모델과 기술

CHAPTER 08 에어비앤비Airbnb 사례

Part 05 | 스마트관광 사례 및 목적지

CHAPTER 11 국내 스마트관광 사례 및 목적지

CHAPTER 12 일본 스마트관광 사례 및 목적지

PART

1

스마트관광의 이해

스마트관광: 개념과 사례를 중심으로
Smart Tourism: Focusing on Concepts and Examples

Chapter 01

관광의 이해

개관

이 장에서는 여행과 관광의 개념을 정의하고 구분한다. 여행자들이 여행 및 관광을 떠나는 과정을 인간의 본성과 뇌의 인지과정(도파민, 보상회로 작용 등)과 연결하여 설명하고, 관광에 적용된 사회과학적 동기부여 이론을 학습한다.

학습목표

1. 여행과 관광의 개념을 정의한다.
2. 여행과 인간의 본성 간 관계를 이해하고, 뇌의 인지과정과 연결한다.
3. 사회과학 분야의 동기부여이론과 관광 분야의 다양한 접근법을 학습한다.

핵심용어

여행, 관광, 뇌 인지, 보상회로 작용, 지성 및 감성자극, 밈(Meme), 자기표현(Self-presentation), 동기부여이론

1 여행의 정의

여행(旅行)이라는 단어는 '일하다'라는 뜻의 고대 프랑스 단어 Travail에서 기원한 것이다. Travail은 '고생, 일하다'라는 일상적인 뜻을 담고 있으면서도, 장소의 이동을 의미하는 용어이다.

여행의 정의

여행(旅行, Travel, Tour)이란 일이나 유람, 휴식 등을 위해 일상생활에서 벗어나 다른 지역으로 떠나는 일을 말한다.

관광(觀光)이라는 단어는 중국 주역의 '관국지광 이용빈우왕(觀國之光 利用賓于王)'을 유래로 하며, '문물을 살펴보러 오는 사람들'이라는 의미를 담고 있다. 영어 단어 Tourism은 '짧은 기간 동안 여행'을 뜻하는 Tour의 파생형으로 여러 나라를 순회한다는 뜻이다. 1811년 「The Sporting Magazine」이라는 잡지에서 처음 사용되었다. 그리스어로 '원을 그리는 도구'를 의미하는 Tornos가 라틴어의 Tornus를 거쳐, 영어의 Tour로 발전된 것으로 보인다. 세계관광기구(WTO: World Tourism Organization)는 관광을 '즐거움, 위락, 휴가, 스포츠, 사업, 친구, 친척방문, 업무, 회합, 회의, 건강, 연구, 종교 등을 목적으로 하여 방문국을 적어도 24시간 전부터 1년간 체류하는 행위'라 정의한다.

관광의 정의

관광(觀光, Tourism)이란 다른 지방이나 다른 나라에 가서 그곳의 풍경, 풍습, 문물 등을 구경하는 활동을 말한다.

관광산업은 인터넷의 등장에서 가장 큰 영향을 받은 사업이다. 무형의 상품(intangible product)이며, 직접적으로 경험(direct experience)하는 특징을 갖고 있다. 첨단과 전통, 자동화와 전통적 체험 등의 양면성을 가지고 있기도 하다. 서비스의 delivery 측면에서는 IT 접목의 여지가 많은 산업이다.

관광은 **관광객의 활동**으로 정의할 수 있다. [그림 1-1]에서는 관광은 여행의 일종이며, 방문객(visitor)은 단순한 즐거움을 추구하는 여행뿐만 아니라 비즈니스, 친척 및 친구방문, 그리고 여러 다른 목적으로 여행을 하는 모든 여행자의 일부이다.

여행은 관광과 달리 뚜렷한 목적이나 동기가 없어도 가능하다. '이동한다'라는 동일한 특징을 가지고 있지만, 목적이나 동기를 전제하지 않는다. 반면, 관광은 유흥, 오락, 재미, 문화적 욕구, 역사탐방, 각종 행사참여 등 목적이나 동기가 여행에 비해 분명하다. 오늘날에는 관광과 여행을 개념상 혼용하는 경우가 많다.

그림 1-1 | 인바운드 관광객 분류

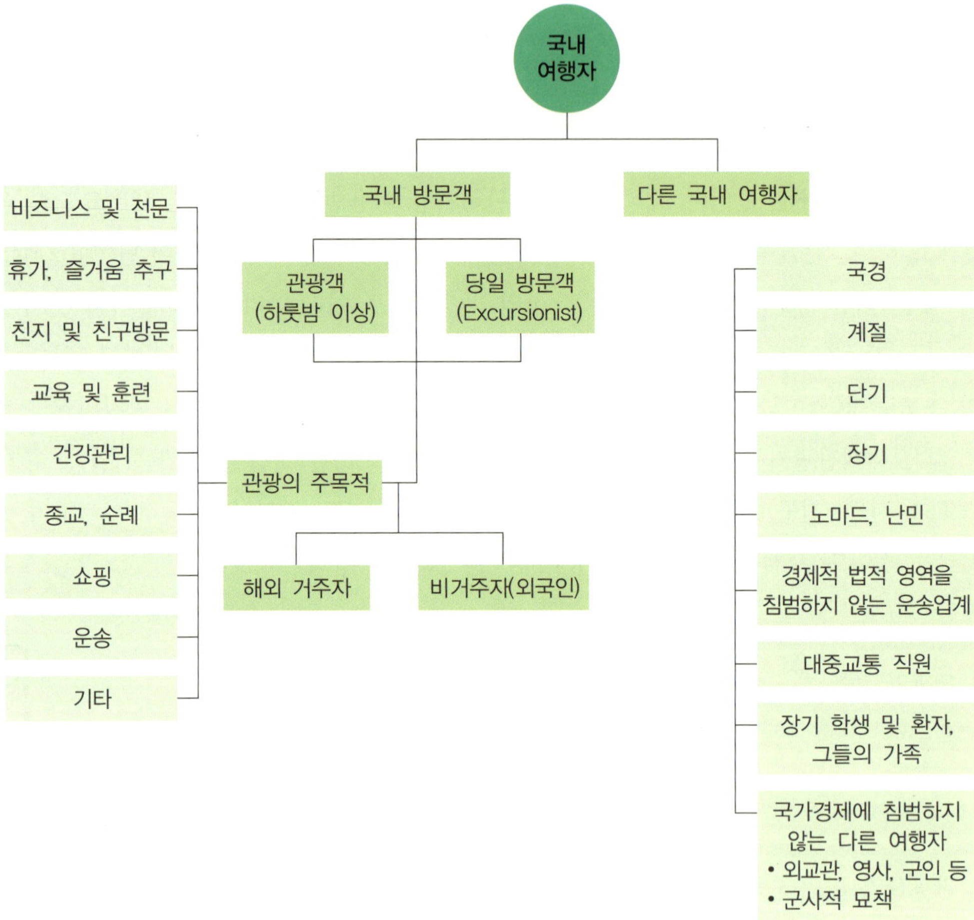

2 여행과 인간의 본성

인간은 인생을 즐기고자 하는 욕구와 갈망을 가지고 있고, 직접적으로 체험하고 행동하려고 한다. 여행과 관광은 지루함에서 벗어나 즐거운 체험을 할 수 있는 중요한 활동이다. 하이데거(Heidegger)는 지루함을 시간과 존재의 본질과 관련이 깊은 것이라고 설명한다. 여행은 자아와 사물을 실존시키고, 자기 결정과 개인의 결단에 따라서 지루함에서 벗어나려고 하는 새 출발을 감행해 나가는 것이다. 사물 자체를 소유하기보다 체험으로 지루

▶ 그림 1-2 | 인간의 감정과 스마트의 결합

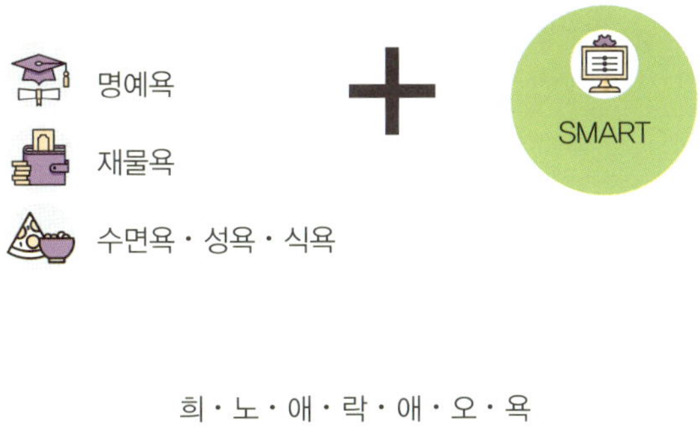

함을 달래는 것은 새로운 시작에 대한 욕구를 만들고, 설렘을 유발한다. 여행과 관광이라는 새로운 출발 및 시작은 일상의 표준화된 삶 속에서 지루함을 없애주는 효과를 가진다.

인간은 기본적으로 인간을 움직이게 하는 일곱 가지의 감정인 **희노애락애오욕**(喜怒哀樂愛惡欲)을 본성으로 가지고 있다. 여행을 떠나고 싶다는 욕구는 감정이라는 본성에서 비롯된다. 인간은 새롭고 신비로운 장소, 사람, 문화 등 다양한 목적이 되는 대상을 인간의 오감(五感)으로 감지하기 위해 여행을 떠난다. 즉, 인간은 자기 자신, 가족, 친구들과 함께 **기쁨(喜)과 즐거움(樂) 그리고 사랑(愛)하는 마음으로 세상을 보고 즐기고 경험하고 감상하고 싶은 욕심(欲)**을 본성으로 가지며, 이것이 여행 및 관광의 욕구로 발전하고, 행동으로 이어진다.

여행은 인간에게 있어 중독적인 행동이다. 여행의 요인을 정확히 이해하고 기술을 도입하여 그 행동이 감정적 · 지능적 · 이성적으로 충분한 보상을 받을 수 있도록 하는 것이 중요하다.

여행과 관광의 욕구는 **인간의 뇌 작용**으로 설명될 수 있다. [그림 1-3]은 인간이 여행에 대한 욕구를 느낄 때 발생하는 근본적인 뇌의 인지 과정과 욕구를 통한 행동 유발에 대한 과정을 설명한다.

- 인간의 감성(sensibility)은 감각기관을 통하여 발생한다. 뇌는 환경을 인지하고 감지(sense)한다. 인간은 주변을 감지할 수 있는 능력인 감성(sensibility = sense + ability)을 갖는다.

그림 1-3 | 인간의 뇌 인지 과정과 여행욕구

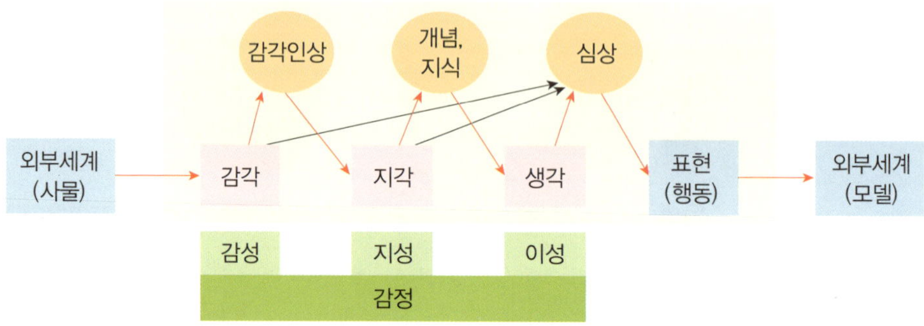

- 인간의 지성(intelligence)은 지각을 통해 지식을 획득하고 개념을 인식한다. 감각인상은 지각(perception)에 영향을 미치며 개념(concept)을 만들어 인간이 인식할 수 있도록 사고할 수 있는 틀(framework)을 갖추게 한다.
- 인간의 이성(reason)은 깨달음에 대한 인간의 관념 과정이며, 목표에 도달하기 위해 노력하는 정신활동이다. 이성은 윤리와도 관련되어 있다.
- 여행의 욕구(desire)는 인간의 뇌 인지(cognition) 과정을 통하여 형성된다.
- 여행 행동(behavior)은 호기심과 욕구를 바탕으로, 아름답고 새로운 어떠한 대상에 대한 행동으로 나타난다.

인간은 자신의 감각기관을 사용하여 외부세계의 사물이나 환경을 인지한다. 뇌는 감각을 인지하고, 감성을 가지게 된다. 외부의 감각을 인지한 인간은 자신이 소유한 지성을 활용하여 개념 및 지식을 지각한다. 생각과 깨달음의 과정을 거쳐 자신의 이성으로 변환시킨다. 이때 이성은 목표에 이르려고 노력하는 정신활동으로 확장된다. 이러한 과정을 통하여 여행에 대한 욕구가 만들어지고 표출되며, 결과적으로 실제 여행행동을 이끌어 낸다.

1954년 캐나다 맥길대학의 신경과학자 제임스 올즈(James Olds)와 밀러(Peter Milner)는 쥐를 훈련시키는 실험을 진행했다. 실험을 위해 쥐가 레버를 누르면 뇌의 특정 부위를 전기로 자극하는 실험장치를 고안하였다. 쥐들은 레버를 누르는 행동을 무척 좋아했으며, 다른 행동을 멈추고 계속해서 레버를 누르는 일을 반복했다. 이 실험을 통해서 동물의

그림 1-4 | 인간의 뇌 자극과 욕구 그리고 행동

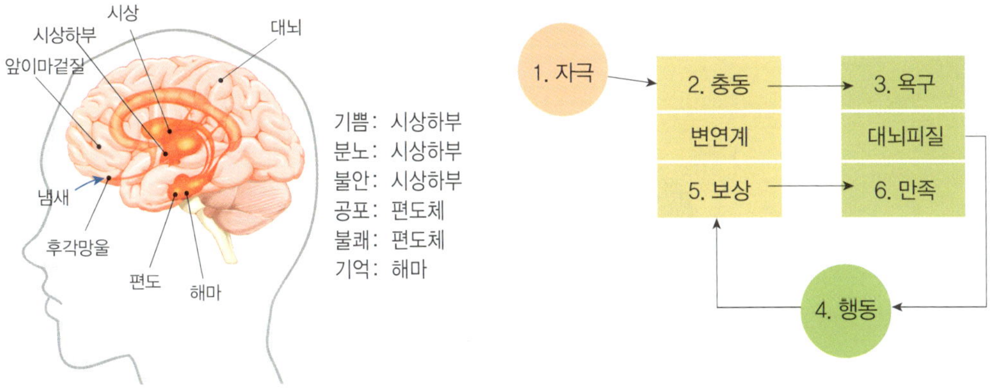

뇌에 쾌감을 매개하는 부위인 **도파민(dopamine)**이 있음이 밝혀졌다. 쾌감을 발생시키는 도파민은 중추신경에서 발견되는 호르몬이나 신경전달물질이다. 행동과 인식, 자발적인 움직임, 동기부여, 처벌과 보상 등의 행동을 바탕으로 학습에 중요한 역할을 한다. 특별히, 도파민은 **뇌의 보상회로 작용**에 큰 영향을 끼친다. 뇌는 생존과 번식을 위한 행동을 위해 도파민의 분출을 조절한다. 생존과 번식에 불리한 상황이나 행동이 발생했을 경우에는 도파민 분출을 억제하여, 나중에 발생하는 유사 상황을 피할 수 있도록 기억하고 학습한다. 반면, 생존에 유리할 때는 행복기제인 도파민을 분출시킴으로써 즐거운 감정을 불어넣어, 그 행동을 반복하도록 한다. 이것을 보상회로 작용이라 한다. 보상의 예로는 배고플 때 맛있는 음식을 먹고 난 후의 만족스러운 경험, 직장에서 일하고 받는 보수 등이 있다. 인간의 뇌는 지속적으로 보상을 제공하여 행동을 반복하게 만드는 동기를 제공한다.

여행 및 관광의 행동도 이와 같은 보상회로의 반복과 관련이 깊다. **여행은 사람들에게 보상을 제공하여 지속적으로 여행을 가는 동기를 부여한다.** '매슬로우(Maslow)의 욕구 5단계'를 보면 욕구는 태어나면서부터 인간에게 존재하는 것이며, 생리욕구, 안전욕구, 소속욕구, 존중욕구, 자아실현욕구로 구성되어 있다. 하위계층의 욕구가 만족되어야만 상위계층의 욕구로 올라간다. 여행에 대한 욕구는 먹고 사는 문제와 안전이 확보된 이후 발생하는 3단계의 소속욕구에 속한 것이라고 볼 수 있다. 친구와 가족과 함께 일상생활에서 벗어나 여행을 하고 싶은 욕구가 발생하는 것이다. 그렇다면 여행에 대한 욕구는 어떻게 발생하는 것일까?

그림 1-5 | 매슬로우의 욕구위계론

눈과 귀를 통해서 들어오는 외부자극으로 인해 도파민이 분비되고, 충동을 발생시키고, 이것이 곧 여행욕구가 된다고 볼 수 있다. 여행욕구는 사람들이 여행을 갈 수 있도록 하는 '동기'가 된다. 이와 같은 여행에 대한 욕구 및 동기는 3단계의 소속욕구를 넘어서 자아존중욕구와 자아실현욕구까지 만족시키게 된다. 사람들은 감각, 지각, 생각의 일련의 과정을 거쳐 여행행동을 발휘한다. 자아존중을 위해 혼자만의 여행 FIT(Free Independent Traveller)를 떠나거나, 여행을 통해서 인생과 자신을 돌아보고 유대와 애착을 만들 수 있다. 여행 과정 속에서 아름다움과 신비함, 일상탈출 등의 '감정적인 단계', 새로운 것을 찾아내는 '인지적인 단계', 역사적 및 윤리적 옳고 그름을 비롯한 '사회적 교훈을 찾아내고 배우는 단계' 등을 통해 자신의 욕구를 충족시키게 된다. **전반적으로 여행에 만족하고, 여행 경험이 좋다고 느끼게 되는 것이 여행 행동의 '보상'이 된다. 여행 행동을 통한 긍정적인 경험과 감정은 보상으로 인식되어 또다시 여행을 가도록 새로운 동기를 제공한다.** 결과적으로 여행은 인간에게 있어서 즐거운 행동을 반복하게 하는 중독적인 행동이며, 감정적 · 지능적 · 이성적으로 충분한 보상을 받을 수 있도록 하는 뇌의 보상회로 체계의 결과라고 할 수 있다.

스마트관광은 여행에 대한 욕구를 만들어내는 충동기제를 더 확대한다. 여행 전 단계(pre-trip phase)에서 사람들은 스마트폰을 통해서 지속적인 미디어 자극물(사진, 이야기, 후기, 영화 등)을 접하게 된다. 자극에 의한 반응으로 도파민이 분비되고, 도파민은 감성(sensibility)을 촉진하여 여행에 대한 감각 인상(sensory impression)을 만들어낸다. 지성(intelligence)으로 여행을 특별하게 인지하게 하고, 이성(reason)으로 여행의 필요성과 옳고 그름을 만들어낸다. 여행의 목적(종교, 레저, 체험, 교육 등)을 결정하며, 마음속으로 자신이 갈 여행에 대한 이미지를 그리고, 여행을 결정하게 된다. 스마트관광은 여행 중 단계(on-trip phase)에서 여행을 풍부하게 만들어주는 역할을 한다. 스마트 기술인 증강현실(AR: Augmented Reality) 기술은 여행자의 위치를 인식하여 정보를 전달한다. 예를 들어, 여행자가 유적지에 들어갔을 경우 그 장소에 대한 역사적 사건이나 인물들의 이야기 등을 미디어로 제공하며 여행자들에게 풍부한 여행을 제공한다.

3 여행 및 관광의 동기

1) 지성 및 감성 자극

인간의 본성은 여행욕구와 행동 전반에 걸쳐 영향을 미친다. 인간의 동기와 행동에 영향을 미치는 본성은 소비자의 시선을 사로잡아야 하는 마케팅 분야에서 활발히 사용된다. 인간의 본성의 두 영역인 지성과 감성에 집중하여 소비자의 감각을 자극함으로써 소비자가 구매 또는 체험행동을 하도록 유발한다. 여행욕구 역시 지성적·감정적 특징을 활용한 자극에서 비롯된다. 여행산업의 경우 SNS의 등장과 함께 사진 및 영상을 통해 효과적으로 소비자의 여행욕구를 이끌어낼 수 있다.

소비자의 여행동기, 욕구, 행동에 영향을 미치는 인간의 본성은 마케팅 분야에서 활발히 사용된다. 인간 본성의 두 영역인 **지성과 감성**은 소비자의 감각을 자극하여 여행을 하도록 유발한다. SNS의 등장과 함께 사진과 영상을 이용한 본성을 자극하는 마케팅 방법은 소비자의 여행욕구를 효과적으로 이끌어내고 있다.

[그림 1-6]은 한국관광공사의 소셜마케팅 사례이다. 첫 번째 사진은 지성(知性, intelligence)에 집중한 것으로, 인지적 지각을 불러일으켜 새로운 인식을 낳게 하는 정보에 대한 정신작용을 통한 의사결정을 유발한다. 페이스북은 지성적 특징을 활용하여 대체로 정보전달에 용이한 마케팅 채널로 사용된다. 이에 반해 두 번째 인스타그램의 사진은 감성(sensibility) 집중으로, 인간의 기분(feeling) 혹은 감정(emotion)을 자극하는 이미지를

보여준다. 인간의 생리적, 심리적 혹은 사회적으로 욕구에 대해 반응하는 기쁨, 슬픔, 놀라움, 공포, 노여움 등에 강하게 영향을 받는 상태를 만들어내며, 이성으로 설명되지 않는 동물적 감정을 일으킨다. 어떤 자극물에 대한 느낌, 감각적 자극이나 인상을 받아들이는 마음의 성질이며 인간의 생리적 욕구에 대한 반응 기쁨과 놀라움으로 영향을 받은 상태라고 할 수 있다.

그림 1-6 | 이미지와 정보를 얻는 소셜마케팅 활동

출처: 한국관광공사 페이스북, 인스타그램

2) 밈(Meme) 및 자기표현(Self-presentation)이론

최근 페이스북과 인스타그램은 목적지에 대한 강한 정보제공과 시각화된 이미지를 제공하는 플랫폼으로 '좋아요', '댓글' 등으로 관광경험을 공유하는 관광마케팅 채널로서 아주 중요한 역할을 담당하고 있다. [그림 1-7]은 곡성에 있는 '씨엘로 카페'의 사진이다. 유명 관광지가 아닌 곡성에 위치해 있고 상대적으로 비싼 가격의 음료를 판매하지만 사람들은 이 카페에 방문하기 위해 30분씩 줄을 서서 기다린다. 이유는 '천국의 계단'이라고 불리는 계단 때문이다. 각종 SNS와 온라인 커뮤니티에서 하늘로 걸어 올라가는듯한 사진이 인기를 끌면서 순식간에 씨엘로 카페는 유명 관광지가 되었다. 단순한 계단 건축물이 '천국으로 가는 길'이라는 해시태그와 함께 사진으로 공유되며 사람들에게 알려지자, 관광지로 변모하게 된 것이다. 경기도 벽제터널, 이탈리아 부라노섬 등 SNS에서 사진 한 장으로 관광지가 되는 것은 최근 여행의 한 트렌드가 되었다.

그림 1-7 | 곡성 씨엘로 카페

출처: https://www.instagram.com/p/Bzz-vlUh_NU/?utm_source=ig_web_copy_link

이러한 현상은 밈(Meme)이론으로 설명할 수 있다. 밈(Meme)이란 그리스 단어 'mimema'에서 나온 단어로, 1976년 리처드 도킨스가 『이기적 유전자』에서 주장한 개념이다. 찰스 다윈의 자연선택설에 의하면 유전자는 자연선택, 변이, 그리고 개체증식의 과정을 거쳐 진화한다. 유전자의 진화는 개체의 존속과 확산을 위해 영구적으로 자기복제를 반복하는 과정을 거친다. 진화론의 복제 원리는 생물학뿐만 아니라 인문사회과학 분야에도 적용되며, 리처드 도킨스는 사회문화 현상을 분석하기 위해 진화론의 개념을 차용하여 문화가 전파되는 과정을 설명했다. 도킨스는 밈을 '문화적 전파의 한 형태이자 사람들이 사회적 기억과 문화적 사고를 전달하는 방식'이라고 설명한다. 사회문화현상 속의 밈은 무형의 실체로서 다른 사람 및 집단에게 언어, 생각, 가치, 지성, 신념 등을 전달하는 복제 과정 그 자체라고 할 수 있다. 밈은 인터넷의 등장과 함께 더 빠르고 더 많은 사람들에게 전달되기 시작했고, '인터넷을 통해 전파되는 문화적 요소로서 네티즌 사이에 전파되는 정보의 한 유형'이라는 뜻을 담은 **인터넷 밈(Internet Meme)**이 등장했다. 한국에서는 '짤', '짤방'이라는 단어로 사용되며 블로그나 소셜미디어라는 플랫폼에서 그림, 동영상, 사진, 해시태그 등을 통해 사람과 사람 사이에 퍼져가고 있다.

그림 1-8 | 관광 밈의 대표적 현상 – 피사의 사탑과 에펠탑

보통 쉽게 전달될 수 있고 주목받기 쉬운 유머의 형태가 인터넷 밈으로 활발히 전달되는데, 관광 및 호스피탈리티 분야 역시 인스타그램을 비롯한 SNS 플랫폼을 통해 인터넷 밈의 영향을 강하게 받고 있다. 한 장소에서 좋은 구도로 찍어 보정한 사진을 SNS에 올려 많은 사람이 볼 수 있도록 해시태그를 사용하여 업로드한다. 사진을 본 사람들은 장소에 대해 궁금증을 가지고, 실제로 그 장소에 가서 비슷하게 포즈를 취하며 사진을 찍고 또다시 자신의 계정에 업로드한다. 점점 더 많은 사람들이 접하고 모방하며 빠르게 전달 및 복제되기 시작한다. 이 과정이 지속적으로 반복되면서 하나의 문화가 되고, 사진을 찍는 장소는 유명 관광지가 된다. 한 장소에서 아름답게 찍은 사진이 인터넷과 소셜미디어를 매개로 많은 사람들에게 바이러스처럼 확산되고, 궁극적으로는 하나의 관광문화가 되는 현상을 관광 밈 현상이라고 한다.

그림 1-9 | Self-presentation in personal web space

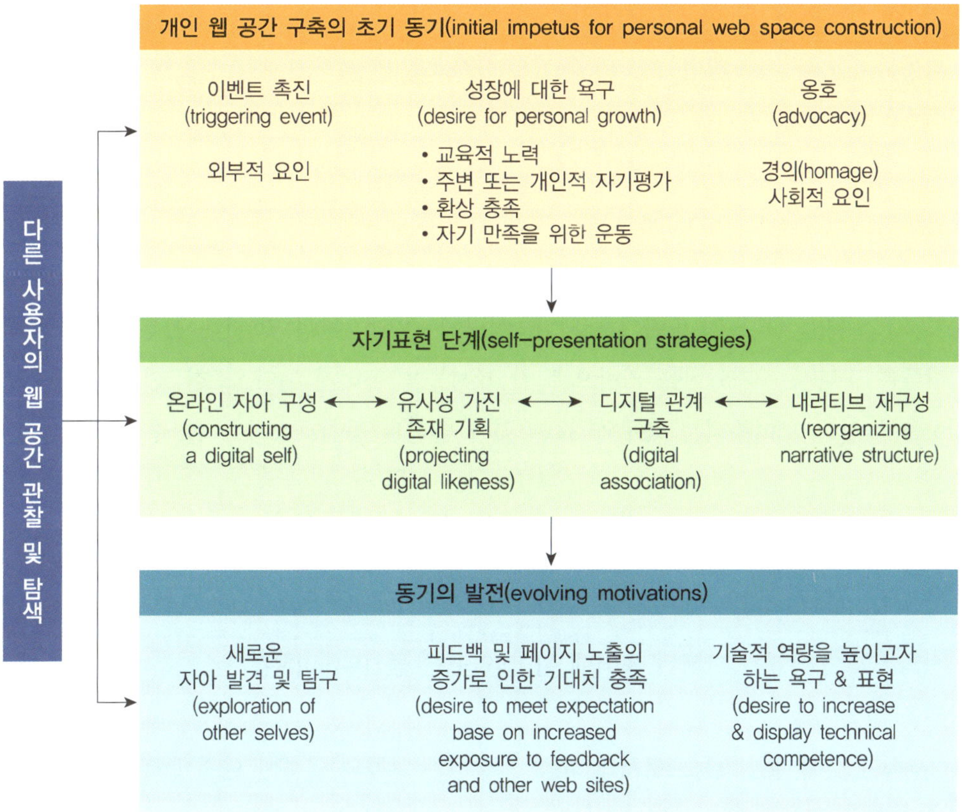

관광 밈 현상은 **자기표현(Self-presentation)이론**과도 관련이 있다. 개인 홈페이지나 SNS 계정에 게시글을 업로드하는 것은 자기표현적 성격을 가지고 있고, 다양한 의도를 가지고 자신을 드러내고자 하는 동기를 가진다. H. Jensen Schau와 Mary C. Gilly의 'We are what we post? Self-presentation in personal web space'에 의하면, 개인 웹사이트를 개설하고 게시물을 올리는 초기 동기부여는 개인적 또는 직업적 중대한 변화가 일어났을 때 전달하려는 '이벤트 촉진(Triggering Event) 요소', 교육적 노력이나 자기발견의 과정, 자기 홍보 등을 포함하는 '성장에 대한 욕구(Desire for personal Growth) 요소', 마지막으로 좋아하는 가수나 작품, 장르, 브랜드 등을 홍보하고 알리고 기록하는 '옹호(Advocacy) 요소'로 구분할 수 있다. 자신을 드러내기 위해서는 온라인 내에서 자아를 구성하고, 실제 자신과 유사성을 가진 존재를 기획하고, 특정 브랜드나 로고를 선정하고 관계를 맺으며 자신

이 누구인지에 대한 이미지를 구축하고, 마지막으로 자아에 맞게 자신의 내러티브를 재구성하는 과정을 거친다.

자아를 드러내고자 했던 초기의 동기부여 요소들은 시간이 지날수록 발전하고 복잡해진다. 첫 블로그는 자기를 홍보하기 위해 만들었다면 두 번째 블로그는 새롭게 발견한 자신의 모습을 기록하기 위해 만들 수 있다. 즉 '새로운 자아를 발견 및 탐구하는 것'이라는 동기부여로 발전한 것이다. 사람들은 계정 및 홈페이지를 업그레이드함으로써 자신의 재능을 보여준다. 이 재능을 많은 사람들에게 보여주게 되면서 홈페이지나 계정의 노출이 증가하고, 주변의 피드백 또한 늘어난다. 이렇게 증가한 관심 및 기대에 부응하기 위해서 사람들은 또다시 자기표현을 기반으로 한 게시물을 올리게 된다. 또한, 자신의 기술적인 역량을 높이고 보여주려는 욕구와 표현 역시 발전된 동기요소라고 할 수 있다.

3) 동기부여이론

사회과학 분야에서 파생된 동기에 관한 연구인 **동기부여이론**은 관광 분야의 다양한 접근법을 만들어냈다.

- 부족한 것에 대한 대응으로서의 여행: 관광객은 그들의 익숙한 환경에서 가능한 것들과는 다른 현상을 경험하고자 하는 욕구에서 비롯하여 여행한다.
- Push & Pull: 관광객의 욕망의 정도(push)와 장소 및 관광지의 매력도(pull)의 측면에서 개별 관광객의 동기를 구분한다.
- 환상으로서의 동기부여: 관광객이 그들에게 익숙한 환경에서 문화적으로 제재되지 않을 수 있는 행동을 하기 위해 여행하는 것을 의미한다. 관광객들은 그들이 여행을 떠날 때 더 자유롭고 해방될 수 있다.
- 구분된 목적에서의 동기부여: 여행을 불러일으키는 것으로서의 주목적은 넓은 범주에 속한다. 여행을 떠나는 주목적에는 친구나 친척을 만나는 것이나 레저활동을 즐기는 등의 즐거움, 새로움, 그리고 변화를 포함한다.
- 동기부여와 관광 경험: 이 접근은 관광객의 행동을 해석하는 것이 특징이다. 관광객이 얼마나 관광 경험의 진실성과 관련이 있는지, 그리고 이것이 관광 경험에 대한 믿음에 어떻게 의존하는지를 포함한다.

- **신체적 동기부여:** 몸과 마음의 회복, 건강 목적, 스포츠와 재미 등과 관련되어 있다. 긴장감을 줄이는 활동과 연관되어 있는 것으로 보인다.
- **문화적 동기부여:** 다른 문화에 대해 더 알고 배우고 싶어 하는 열정이 여행을 발생시킨다. 도시의 원주민을 찾고, 그들의 라이프스타일, 음악, 예술, 민속, 춤에 대해 알고 싶어하는 욕망에서 비롯된다.
- **대인관계 동기부여:** 여행은 새로운 사람들을 만나고 친구나 친척을 방문하고 새롭고 다른 경험을 추구하는 것에서 일어난다. 여행을 통해서 친구, 이웃, 주변환경 등 매일의 일상에서 벗어날 수 있다. 또한 정신적인 이유로도 사용된다.
- **신분과 위선 동기부여:** 이 접근법은 개인적 발전, 자아증진, 관능적 면죄부와 같은 교육의 지속에 대한 욕구를 포함한다. 이러한 동기부여는 개인의 자아를 고양시키기 위해 다른 사람들의 인지와 관심, 집중 등과 관련된 욕구에 집중한다. 취미 추구와 관련된 개인 발전도 이에 속한다.

스마트관광은 여행에 대한 욕구를 만들어내는 충동 기제를 더 확대한다. **여행 전 단계**(pre-trip phase)에서 사람들은 스마트폰을 통해서 지속적인 미디어 자극물(사진, 이야기, 후기, 영화 등)을 접하게 된다. 자극에 의한 반응으로 도파민이 분비되고, 도파민은 감성(sensibility)을 촉진하여 여행에 대한 감각인상(sensory impression)을 만들어낸다. 지성(intelligence)으로 여행을 특별하게 인지하게 하고, 이성(reason)으로 여행의 필요성과 옳고 그름을 만들어낸다. 여행의 목적(종교, 레저, 체험, 교육 등)을 결정하며, 마음속으로 자신이 갈 여행에 대한 이미지를 그리고, 결국 여행을 결정하게 된다. 스마트관광은 **여행 중 단계**(on-trip phase)에서 여행을 풍부하게 만들어주는 역할을 한다. 스마트 기술인 증강현실 기술은 여행자의 위치를 인식하여 정보를 제공한다. 예를 들어, 여행자가 유적지에 들어갔을 경우 그 장소에 대한 역사적 사건이나 인물들의 이야기 등을 미디어로 제공한다. 이를 통해 여행자는 더욱 풍부한 여행을 즐길 수 있다.

학습내용 정리

01 여행은 일이나 유람, 휴식 등을 위해 일상생활에서 벗어나 다른 지역으로 떠나는 일을 의미하며, 관광은 다른 지방이나 다른 나라에 가서 그곳의 풍경과 풍습, 문물을 구경하는 활동을 말한다.

02 여행의 욕구는 기쁨과 즐거움 그리고 사랑하는 마음으로 세상을 보고 즐기고 싶은 욕심에서 만들어진다. 인간의 뇌인지 과정은 감각기관을 통해 환경을 인지하고, 지각을 통해 개념 및 지식을 인지하여 인식할 수 있는 사고의 틀을 갖게 한다.

03 소셜마케팅은 지성과 감성, 두 측면에서 접근할 수 있다. '지성'은 인지적 지각을 불러일으켜 새로운 인식을 낳게 하는 정보에 대한 정신작용에 집중하고, '감성'은 감정이나 기분을 자극하여 생리적·심리적 혹은 사회적으로 욕구에 대해 반응하는 기쁨, 슬픔, 놀라움, 공포, 노여움 등에 강하게 영향을 받는 상태를 만들어낸다.

04 여행자들은 여행을 통해 자신의 내면적·외면적 동기를 달성하고, 자신의 만족감을 얻고, 이를 표현하거나 표출한다. 스마트관광에서의 효과적인 관광활동을 위해서는 스마트폰과 IT 기술을 활용한 체험형 콘텐츠의 개발과 이를 가능하게 하는 다양한 기술적인 관점이 필요하다.

학습내용 평가

01 다음 제시되는 문장에 대해 O/X를 체크하시오.

1) 관광과 여행은 모두 목적과 동기를 전제하고 이동한다는 특성을 갖는다.( )
2) 여행의 욕구는 새로운 대상을 인간의 오감으로 감지하는 것에서 생긴다.( )
3) 여행의 욕구는 인간이 여행하게 만드는 원인이 되지만 스마트폰은 새로운 창조적 표현 욕구를 만들어낸다.( )

02 다음 사례가 여행욕구와 인간의 뇌 인지 과정에서 어떤 사례에 해당하는지 고르시오.

> 인스타그램에서 피드를 검색하던 중 〈여행에 미치다〉 계정에서 '벽제역 터널' 사진을 봤다. 해외인 줄 알았는데 국내라는 사실에 놀랐다. 어두운 터널에 비해 바깥의 풍경이 아름답게 느껴졌다.

① 감각 단계
② 지각 단계
③ 생각 단계
④ 표현(행동) 단계

답 1. ×, ○, ○
2. ① 감각 단계

참고문헌

인태정(2007), 관광의 사회학: 한국 관광의 형성 과정, 한울, 43.

뤼디어 자프란스키(2017), 지루하고도 유쾌한 시간의 철학, 김희상 옮김, 은행나무

강신철(2017), 비즈니스 모델링, 한국경영정보학회 춘계학술대회

강미희(2006), 생태관광객의 여행 동기 및 태도, 한국학술정보

이현석(2013), 싸이의 영상 뮤직비디오 '강남스타일'에 드러난 키치와 밈에 대한 탐구, 한국콘텐츠학회논문지, 13, Vol. 13, No. 11.

Hope Jensen Schau, Mary C. Gilly(2013), "We Are What We Post? Self-Presentation in Personal Web Space", *Journal of Consumer Research*, Volume 30, Issue 3, 385-404.

Fletcher, J., Fyall, A., Gilbert, D. and Wanhill, S.(2013), *Tourism Principles and Practice*, 5th edition, Pearson

John Locke(1632-1704), 인간 지성론

Abraham Maslow(1908-1970), Maslow's 욕구 5단계

Olds, J. & Milner, P.(1954), Positive reinforcement produced by electrical stimulation of septal area and other regions of rat brain. Journal of Comparative and Physiological Psychology, 47(6), 419-427. https://doi.org/10.1037/h0058775

리처드 도킨스(1976), 이기적 유전자, 옥스퍼드 대학교 출판부

여기어때 블로그, '곡성 씨엘로 카페', https://m.post.naver.com/viewer/postView.nhn?volumeNo=20167837&memberNo=25599212&vType=VERTICAL, 20.07.17

Chapter 02

스마트관광의 개념

개관

이 장에서는 기술 및 스마트의 개념을 정의하고, 스마트의 특성을 이해한다. 정보화, 인텔리전스와 스마트의 차이점을 구분하며 스마트의 특성을 학습한다. 스마트 기술이 관광에 적용되는 스마트 관광의 개념을 배우고 스마트 관광의 특징을 이해할 수 있다

학습목표

1. 기술과 스마트, 스마트관광의 개념을 학습한다.
2. 스마트의 특성을 이해하고, 관광의 스마트화 및 스마트관광의 특성을 이해한다.
3. 스마트와 인텔리전스, 정보화, 그리고 스마트관광과 e-투어리즘의 차이를 학습한다.

핵심용어

기술, 스마트, 스마트의 특성, 스마트관광, 스마트관광의 특성, e-투어리즘

1 기술의 개념

기술(technology)이란 '예술(art), 능력(skill), 손의 섬세함'이라는 그리스어 *τέχνη*, techne에서 비롯된 단어로, 재화나 용역의 생산이나 과학적 조사와 같은 목적의 달성에 사용되는 **기법(technique), 능력(skills), 방법(methods) 및 과정(process)을 총합한 개념**이다. 기술은 기법이나 과정에 관한 지식이 될 수 있고, 또한 기계에 내장되어 자세한 지식 없이도 기계를 사용할 수 있도록 할 수 있다. 투입을 통해 기술을 사용한 시스템(예 기계)을 용도에 맞게 변화시킨 다음 결과를 산출해내는 것을 기술적 시스템이라고 말할 수 있다. 기술

의 가장 간단한 형태는 기본도구의 개발과 사용이다. 불을 어떻게 사용할 것인가에 대한 선사시대의 발견으로 이용가능한 식량의 원천이 증가했다. 또한 바퀴의 발명은 인간이 이동하고 그들의 환경을 통제하는데 도움을 주었다. 인쇄술, 전화기, 인터넷 등의 역사적 시대의 발전은 소통의 물리적 장벽을 완화시켰고, 인간들이 전 세계적 규모로 자유롭게 교류할 수 있도록 만들었다.

기술(technology)이라는 단어의 사용은 지난 200여 년이 넘는 기간 동안 상당히 변화했다. 20세기 전에는 유용한 예술의 설명이나 연구를 참조하거나, 매사추세츠 공과대학에서와 같이 기술교육을 설명하기 위해 사용되었다. 20세기 초반, 소스타인 베블런(Thorstein Vebeln)을 비롯한 미국 사회과학자들이 'Technik'이라는 독일의 개념을 적용하면서 기술의 의미는 변화했다. 1930년대까지 기술은 단순히 산업예술의 연구를 의미할 뿐만 아니라, 산업예술 그 자체를 의미했다. Bain은 기술을 '도구, 기계, 식기, 무기, 기구, 주택, 의류, 통신 및 운송 장치와 우리가 생산하고 사용하는 모든 것을 포함하는 것'이라고 정의했으며, 이는 오늘날 사회과학자들이 공유하는 개념이 되었다. 과학자들과 기술자들은 기술을 '사람들이 만들고 사용하는 것'이라고 설명하기보다 '응용과학'이라고 정의하기를 선호한다.

기술은 '어떤 가치를 달성하기 위한 정신적 · 육체적 노력에 의해 만들어진 물질 · 비물질적 실체'로 광범위하게 정의될 수 있다. 기술은 실제 세계의 문제를 해결하기 위해 사용되는 도구와 기계를 의미하기도 한다. 지렛대나 나무 숟가락과 같은 간단한 도구부터 우주정거장이나 입자 가속기와 같은 더 복잡한 기계까지 포함한 광범위한 용어다. 컴퓨터 소프트웨어나 사업방법과 같은 가상기술도 이에 포함되기 때문에 반드시 도구와 기계가 재료가 될 필요는 없다. 브라이언 아서(W. Brian Arthur)는 기술을 '인간의 목적을 달성하기 위한 수단'으로 정의한다.

기술은 또한 기법(technique)의 총합으로 말할 수 있다. 이 관점에서 기술은 자원을 결합하여 원하는 제품을 생산하거나, 문제를 해결하거나, 니즈와 욕구를 충족시키는 방법에 대한 인류 지식의 현주소라고 할 수 있다. 이는 기술적 방법, 기술, 과정, 테크닉, 도구 및 원료를 포함한다. '의료기술(medical technology)'이나 '우주기술(space technology)'과 같이 다른 개념과 결합하면, 각 분야의 지식과 도구의 상태를 의미한다. 최첨단 기술이란 어떤 분야에서든지 인류가 이용할 수 있는 첨단 기술을 말한다.

기술은 문화를 형성하거나 변화시키는 활동으로 볼 수 있다. 수학과 과학, 예술 등의 기술을 삶의 이익을 위해 응용할 수 있다. 이에 대한 예시로 통신기술의 발달이 있다. 집적회로의 발명과 마이크로프로세서는 현대 컴퓨터 혁명을 이끌었다. 통신기술은 인간의 상호작용에 대한 장벽을 줄여주고, 새로운 하위문화를 발생시키는 데 도움을 주었다. 사이버 문화의 증가는 인터넷과 컴퓨터의 발달에서 기인된 것이다.

기술은 인간의 도구와의 관계로서 가장 잘 이해된다. 도구와 기구는 칼에서부터 복잡한 기술적 시스템과 공장이나 대학교 같은 사회 기술 기관에 이르기까지 자신의 목표를 실현하기 위해 노력하는 수단으로 정의된다. 기술을 결정론적 기술 진화의 산물로 이해하는 것이 아니라, '생산적 도구를 가진 인간 문화적 형태적 의미'로 이해하는 것이 중요하다. 그러나 생산적인 도구로 인간을 계속해서 사용하는 것은 기계가 사람에게 기계처럼 행동하도록 강요함에 따라 사람과 기구 사이의 관계를 뒤집는 것을 의미한다.

과학, 공학, 기술의 구분이 항상 명확한 것은 아니다. 과학은 관찰과 실험을 통해 얻은 물리적 또는 물질적 세계에 대한 체계적인 지식이다. 기술은 효용성, 사용성 및 안정성과 같은 요건을 충족해야 하기 때문에 일반적으로 과학의 전유물은 아니다. 공학은 종종 과학의 결과와 기법을 사용하여 실제적인 인간 수단에 자연현상을 이용하기 위한 도구와 시스템을 설계하고 만드는 목표지향적인 과정이다. 기술의 발전은 과학, 공학, 수학, 언어, 역사적 지식을 포함한 많은 지식의 분야에 의존하여 실질적인 결과를 얻을 수 있다. 인간의 활동으로서 기술은 과학과 공학의 결과물이다. 예를 들어, 과학은 이미 존재하는 도구와 지식을 사용하여 전기 전도체에서 전자의 흐름을 연구할 수 있다. 새롭게 발견된 지식은 기술자들에 의해 반도체, 컴퓨터, 그리고 다른 형태의 첨단 기술과 같은 새로운 도구와 기계를 만드는 데 사용될 수 있다.

2 스마트의 개념

스마트(smart)는 '스타일이 좋은, 깔끔한', '영리한', '빠르게 처리하는' 등의 의미를 가진다. 다른 말로 '다기능을 갖는'이라고 해석할 수 있다. 스마트는 독일어의 '고통'이라는 의미인 Schmerzen에서 파생되어 '날카로운 통증'이라는 뜻의 영어 단어 Smeortan으로 이어졌고 '날카로운, 예리한, 빠른'이라는 의미로 발전되어 현재의 '정신적으로 예리한', '깔끔하고 딱 떨어지는 스타일'의 의미에 이르게 되었다. 스마트는 고통 속에서 새로운 것이 창조됨을 뜻하며, 일을 수행하는데 귀찮거나 고통을 주는 과정을 간편화하고 제거하는 것을 의미한다. 이와 같은 의미를 활용하여, 스마트는 특수 기능과 지능을 나타내기 위한 기술 용어의 접두어로 사용된다. **디지털 환경 내에서 이용이 쉽고 참여 가능하며 효과적인 시스템**을 갖추었다는 것을 뜻하게 되는 것이다. 스마트폰 또는 스마트카드와 같이 **연결성**을 뜻하기도 한다.

결과적으로 스마트(smart)는 **기술을 바탕으로 일상적인 것보다 뛰어나고 경쟁자보다 나은 결과를 목적으로 대상 간, 대상과 인간, 인간과 시스템 간의 상호협력을 가능하게 하는 네트워크를 통해 새로운 가치를 창출하고 삶의 질을 향상하는 것**을 의미한다. 기술적인 맥락에서 독립적인 행동이 가능한 것이다. 스마트가 갖는 의미와 개념을 명확히 이해하기 위해 스마트와 비슷한 개념으로 쓰이고 있는 유비쿼터스(ubiquitous), 인텔리전스(intelligence)를 이해할 필요가 있다.

1) 유비쿼터스

유비쿼터스(ubiquitous)는 '어디에나 있음'을 뜻한다. '동시에 어디에나 존재한다'라는 뜻의 라틴어 **Ubique**를 어원으로 하며, 철학적 의미로는 '신께서 모든 곳에 계신다(편재)'라는 신학용어 **Omnipresence**에서 유래되었다. 컴퓨터 기술은 시간이나 장소에 구애받지 않고 정보통신망을 통해 다양한 정보통신 서비스를 활용할 수 있는 환경을 가능하게 만들었고, 이로 인해 유비쿼터스는 새로운 환경을 지칭하는 용어로 발전했다. 1974년 MIT대학의 니콜라스 네그로폰테(Nicholas Negroponte) 교수가 "우리는 유비쿼터스적인(어디든 존재하는) 분산된 형태의 컴퓨터를 보게 될 것입니다. 아마 컴퓨터라는 것이 장난감, 아이스박스, 자전거 등 가정 내 모든 물건과 공간에 존재하게 될 것입니다"라고 언급하면서 현재 의미와 비슷하게 언급되었다. 이후, 1988년 마크 와이저(Mark Weiser)가 이 개념을 컴퓨터 네트워크와 연결하며 네트워크 기반의 확장형 컴퓨터 환경을 뜻하는 '유비쿼터스 컴퓨팅'의 개념을 소개했다. 또한, 그는 가까운 미래에는 수백 대의 컴퓨터가 한 명을 위해 존재하는, 즉 언제 어디서나 컴퓨터에 접속할 수 있는 유비쿼터스 시대가 도래할 것을 예측

했다.

유비쿼터스의 개념은 무선인터넷 기술의 확산과 스마트폰의 대중화로 이동성(mobility)이 중심이 되는 모바일 시대가 등장하였고, 와이파이가 보편화되며 연결성이 중요해지는 상황적 변화 속에서 스마트 개념으로 확장된다.

2) 인텔리전스

인텔리전스(intelligence)란 사전적으로는 '배우고, 이해하고, 합리적인 결정을 할 수 있는 능력(이해 능력, Ability to Comprehend)'이란 의미이다. 사전적 의미에서만 본다면 스마트(smart)와 비슷한 의미이지만, 넓은 의미에서의 인텔리전스는 경험에서 얻을 수 있는 이익을 바탕으로 지식을 습득하고, 이해하고, 지속적으로 활용하여, 새로운 상황에서 신속하고 성공적으로 대응할 수 있는 능력을 의미한다. 인텔리전스는 클라우드 컴퓨팅, 빅데이터의 등장, 네트워크의 활성화, 알고리즘의 발전 등으로 인해 진보적인 개념으로 확산되었다.

인텔리전스의 개념을 쉽게 이해하기 위해서는 정보화(digitization)와의 비교가 필요하다. 정보화는 크게 하드웨어, 소프트웨어, 사용자의 사용능력으로 이루어졌다. 3가지를 통해 얻는 메리트가 보장될 때 정보화라고 할 수 있다. 정보화가 정보 유통을 통해 가치를 창출하였다면, 인텔리전스는 정보의 추상화를 통해 가치를 창출한다. 정보화는 정보와 네트워크를 핵심으로 '제품이나 서비스의 온라인화'를, 인텔리전스는 알고리즘과 데이터를 바탕으로 '사회시스템의 지능화'를 방향으로 한다는 점에서도 다르다. 인텔리전스의 대표적 예로 인공지능을 들 수 있다.

그림 2-1 | 정보화 VS 인텔리전스

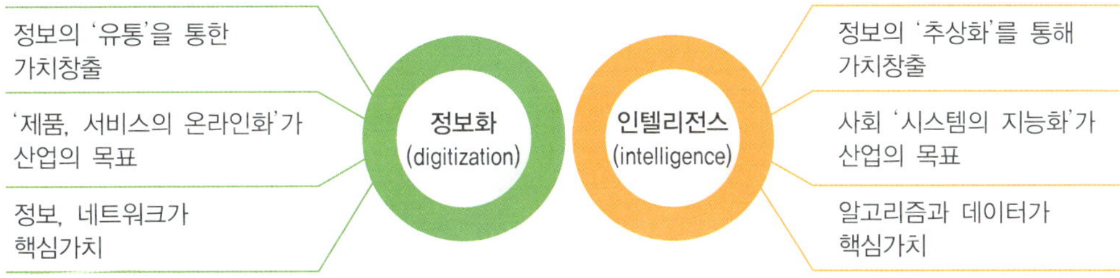

그림 2-2 | 유비쿼터스에서 스마트로의 개념 변화 및 확장

3 스마트의 특성

EU의 〈유럽 2020; 스마트 성장〉에 따르면 스마트 성장은 신제품이나 서비스를 창출하기 위한 기반으로써 필요하다. 스마트는 크게 자율성(autonomy), 유연성(adaptability), 반응성(reactivity), 다기능성(multifunctionality), 협력능력(ability to corperate), 인간적 상호작용(humanlike interaction), 개인화(personality) 등의 7개 영역으로 구성된다. 이 중 하나 이상의 특성을 갖는 대상이 스마트 상품에 해당하며, 특성의 개수가 많고 강할수록 더 높은 수준의 스마트를 갖게 되는 것이다. 따라서 스마트한 똑똑한 기술은 필연적으로 높은 수준의 자율성(autonomy)을 갖게 된다. 스마트는 넓은 개념으로 유비쿼터스와 인텔리전스를 포함한다.

스마트의 특징은 즉시성, 상황기반 제공, 이동성, 개인화, 초연결성이다. 첫째, **즉시성(immediacy)**은 시간 제약 없이 실시간으로 정보를 얻을 수 있고, 개인의 요구에 즉각적으로 반응하는 특성을 의미한다. 이는 '서비스가 사용자의 요구에 즉각 반응하고 사용자가

실시간으로 서비스를 제공받는다고 느끼는 특성'이라고 정의할 수 있다. 둘째, 상황기반 제공(contextual offer)을 들 수 있다. '개인의 시간, 위치와 같은 상황을 종합적으로 고려하여 가장 효과적인 서비스를 제공하는 정도'로 정의할 수 있다. 상황기반 제공을 위해서는 장소에 대한 인지(location-awareness)가 선행되어야 하며, 상황에 대한 인지(contetual-awareness)로 이어져야 한다. 셋째, 이동성(mobility)은 개인이 이동하면서 무선기술을 바탕으로 한 기기로부터 서비스를 주고받는 것을 가능하게 하였다. 이동성은 '물리적인 장소의 제약 없이 정보의 존재, 편재와 이동이 가능하도록 하는 특성'으로 정의할 수 있다. 넷째, 개인화(personalization)는 스마트 기기 자체가 개인의 신분을 확인할 수 있는 기능을 하고, 개인의 특성에 맞는 빅데이터를 확보할수록 개인화된 콘텐츠와 서비스를 제공할 수 있는 것을 의미한다. 마지막으로, 초연결성(hyper-connectivity)은 네트워크 효과가 극대화되어 기술과 사람, 사람과 사람, 사람과 기업, 그리고 기업과 정부라는 다면적 차원들이 연결되어 초연결성으로 발전하게 되는 것을 의미한다.

4 스마트관광

1) 관광의 스마트화

플리머스는 런던에서 서남쪽으로 약 310㎞ 떨어져 있는 남쪽에 자리한 해안도시이다. 산업혁명 시대에 상업 선적 항구로 성장하여 아메리카 대륙과 활발한 교역활동을 보였고, 승객을 운송했다. 이러한 배경을 바탕으로 등대는 도시의 상징이 되었다. 200년이라는 오랜 기간 조성된 '에디스톤 등대'는 세계 등대의 아이콘이며, 제3기인 '스미튼 타워'는 가파른 사다리를 포함하여 93개의 계단에서의 아름다운 전망을 볼 수 있는 곳이다. 이 등대는 플리머스의 여행의 주요 랜드마크로 플리머스 어디를 가든지 시내 골목길이나 카페, 간판 등 등대의 이미지를 볼 수 있다.

인간의 뇌는 '눈'이라는 감각기관으로 대상물에 대한 욕구를 만든다. 눈으로 본 대상을 기록하고, 기억하고, 이를 다른 사람들에게 표현하고자 하는 욕구가 생긴다. 과거 여행자

그림 2-3 | 매력물과 기술의 결합

는 그림으로 풍경을 표현하고, 글을 통해 그 당시의 기억과 감정, 정보를 기록했다. 4차 산업혁명으로 인해 뉴미디어와 스마트 디바이스가 발달함에 따라 여행의 기록과 표현은 상당 부분 변화·발전했다. 여행자는 스마트폰을 통하여 등대를 찍고, 자발적이고 창의적인 표현으로 소셜미디어 중 하나인 페이스북에 포스팅을 한다. 여행의 욕구는 인간이 여행하게 만드는 원인이 되지만 스마트폰은 새로운 창조적 표현욕구를 만들어낸다([그림 2-3]).

관광의 대중화로 관광을 통한 삶의 질 향상 욕구가 높아지고 있다. 관광산업은 시대에 따라 패러다임의 전환을 겪는데, 현재의 관광 패러다임은 '개별여행자'와 '스마트폰을 활용한 관광'이라고 설명할 수 있다. 개별여행자는 단체 패키지여행객과는 상반되는 개념으로 단독 혹은 소규모 그룹의 개별적이며 자유로운 형태의 여행을 선호하는 여행자들을 의미한다. 방한 외국인 개별여행자는 2002년 이후부터 꾸준히 증가하고 있고, 아웃바운드 관광객 역시 젊은 세대를 중심으로 개별여행을 선호하는 추세다. 단체관광에서 개별관광 중심으로 변하면서 관광활동이 개성화·다양화되는 경향을 보인다. 이와 동시에 '스마트폰'의 등장은 관광산업에 또 다른 혁신을 제공했다. 스마트폰은 우리의 여행과 일상생활을 모두 통합시켰다.

여행의 변화된 패러다임과 스마트폰 시대에 적응한 관광객의 욕구는 점차 다양해지고 있다. 이를 만족시키기 위해 등장한 새로운 형태가 바로 스마트관광이다. 스마트관광은 **센서나 스마트 기기를 이용하여 언제 어디서나 인터넷과 연결하여 여행에 필요한 정보를 획득하고 활용할 수 있는 관광**을 의미한다. 스마트(smart)는 디지털 환경 내에서 이용이 쉽고, 참여가능하며, 효과적이고 지능적인 시스템을 갖추었다는 것을 뜻하며, 특수 기능과 지능을 나타내기 위한 기술 용어의 접두어로도 사용된다. 스마트폰의 개발로 인터넷과 전화 그리고 다양한 콘텐츠를 보고 듣고 즐길 수 있는 하나의 연결된 기기가 마련되었고, 나아가 기술적 맥락에서 사용자의 독립적인 행동이 가능하다는 개념을 갖추었다. 스마트 기술 및 스마트폰은 대상과 대상, 대상과 인간, 인간과 시스템 간의 상호협력을 가능하게 하는 네트워크를 통해 새로운 가치를 창출하고 삶의 질을 향상시킨다. 스마트폰의 발달은 개인이 여행과 목적지 그리고 관광자원과 여행활동을 자발적이고 자유롭게 즐길 수 있도록 하는 새로운 관광 패러다임을 가져왔다.

스마트관광에 속하는 여러 앱, 기술, 기업들은 다양한 관광객의 욕구를 충족하기 위해 노력하고 있고, 그 결과 관광산업의 de factor(라틴어: de facto)-사실상 표준-적 성격을 띠는 사업들이 생겨났다. 대표적인 예시가 바로 구글 맵이다. 구글 맵은 전 세계적으로 많은 사용자로부터 사용되고 있으며, 비공식적으로 인정된 지도의 표준이다. 글로벌 OTA (Online Travel Agency)인 익스피디아, 트립어드바이저, 에어비앤비 등도 숙박예약의 표준으로 자리잡고 있으며, 우버를 비롯한 모빌리티 서비스는 관광객의 새로운 교통 선택지가 되어 이동의 표준이 되고 있다. 소셜미디어인 유튜브, 페이스북, 그리고 인스타그램 등은 개인의 표현욕구를 반영한 정보공유 플랫폼으로 관광산업에 필수적인 개인 미디어 역할을 하고 있다.

2) 스마트관광의 특징

스마트관광(Smart Tourism)에서 관광 소비자는 인터넷, 스마트폰, 앱, 정보기기와 네트워크로 연결된다. 관광 소비자의 시선으로 본 스마트관광은 여행, 관광, 레저, 엔터테인먼트 등과 관련된 관광 소비자의 활동으로 스마트한 효율과 효과(효익)를 얻어내는 것으로 정의할 수 있다. 또한, 관광 조직의 시선으로는 자동화, 지능화, 조직 네트워크화로 풍부한 관광상품, 서비스, 온라인 콘텐츠를 제공하여 최적의 의사결정을 통한 관광의 즐거움과 만족도를 제공하며 관광 경쟁력을 얻어내는 것으로 스마트관광을 설명할 수 있다 (Gretzel, Xiang, Sigalar, & koo, 2015). 수요자의 입장에서는 '스마트폰을 이용하여 여행을 더 편하고 즐겁게 하는 것'으로, 공급자의 입장에서는 '관광객이 스마트 기술을 이용하여 더 편리하고 즐거운 여행을 할 수 있는 기반 및 정보 서비스를 제공하는 것'이라고 할 수 있다.

스마트관광은 자발적이어서 **창의적(creative)**이다. 창의적이라는 것은 창조행위이며 제작, 발명, 그리고 생산행위이며 존재하지 않았던 것을 표현하는 것이라 할 수 있다. 또한, 자유로워서 **창발적(generative)**이다. 창발적이라는 것은 생성, 기원, 생산과 더불어 재생하는 능력과 기능을 갖는 것을 의미한다. 자유롭고 자발적인 여행은 항공권구매, 호텔예약, 교통수단 선택, 레스토랑 검색, 관광명소 방문 등을 수반한다. 스마트관광은 근본적으로 이 과정을 효율적이고 생산적으로 맥락화한다. 대표적인 예로, 여행자는 트립어드바이저의 앱에서 본인이 가고 싶은 호텔이나 숙박에 관한 정보를 얻는다. 이전 사용자의 리뷰를 포함한 사전 경험을 바탕으로 구매와 결제를 진행하며, 이 과정은 자발성을 바탕으로 한다. 오늘날의 관광객들은 스마트폰 하나만을 사용하여 자유롭게 여행의 모든 과정을 해결하며, 정해지지 않은 장소와 경험을 즉흥적이며 실시간적으로 결정한다.

그림 2-4 | 스마트의 특징

스마트관광은 스마트의 5가지 특징을 관광과 결합시킨다.

- **즉시성(immediacy)**: 스마트관광은 실시간으로 정보를 얻어 즉각적으로 내가 원하는 방식대로 피드백과 반응을 주고받는다.
- **상황기반 제공(contextual offer)**: 스마트폰으로 여행자의 위치를 파악하여 가능성 있는 상품과 장소를 추천한다.
- **개인화(personalization)**: 맥락에 맞는 정보와 개인의 프로필과 욕구를 매치시켜 개인

화된 콘텐츠와 서비스를 제공할 수 있다.

- 초연결성(hyper-connectivity): 소셜미디어를 통하여 인간의 네트워크와 기계의 네트워크가 급속하게 연결되어 빠른 정보 확산과 의미 있는 정보 전달을 가능하게 한다.
- 이동성(mobility): 스마트폰은 여행자가 원하는 방식과 수단으로 이동하면서 원하는 곳을 찾아갈 수 있게 한다.

위의 5가지 특징을 참고하여 스마트관광은 자발적이며 자유롭게 스마트폰을 이용하는 관광으로 설명할 수 있다. 초기 단계의 스마트관광이 인터넷과 스마트폰 등의 ICT(Information and Communications Technologies) 기술을 기반으로 관광객의 정보접근성을 높인 것이라면, 최근에는 여러 앱이 사용자의 위치정보를 활용하여 맞춤형 정보를 제공하고 더 나아가 예약 및 결제까지 지원하고 있다. 스마트관광에서는 다양한 공유경제 플랫폼의 비즈니스 모델들도 탄생하고 있다.

초기 단계에서 스마트관광을 바라보았던 기술 및 시스템의 표준화와 효율성, 다양한 서비스 기능, 정보의 신뢰성 및 접근성, IT를 활용한 효용성과 효율성 등의 관점은 변화했다. 4차 산업혁명의 개념적 접근을 바탕으로, 모바일 기술과 로봇 그리고 인공지능을 접목하여 지속적인 성장이 가능한 방향으로 바라보고 있다. 스마트관광은 현재 기술의 관점이 아닌 도시의 거주민과 방문객의 공존과 지속적 성장을 추구하고 있다.

3) e-투어리즘과 스마트관광

e-투어리즘은 주로 인터넷 기술을 기반으로 한 전자적 수단을 통해 관광 활동을 획득하고 관광 광고 방식을 조정하며, 자원관리, 단체 마케팅 인식 등의 활동을 하는 것을 의미한다. e-투어리즘은 ICT의 발전과 밀접한 관련을 가지며, 여행 및 관광산업에서 IT/전자상거래의 분석, 설계, 구현 및 적용, 그리고 기술/경제 프로세스와 시장 구조의 한계를 포괄한다. 1970년 컴퓨터예약시스템(CRS), 1980년대 후반 글로벌유통시스템(GDS), 1990년대 후반 인터넷의 발달로 전반적인 관광산업이 획기적으로 변화했다. 지난 20년 동안에는 기술 자체에 초점을 맞췄다면, 2000년 이후에는 통신기술의 변화에 집중하기 시작했다. 이를 통해 글로벌 상호작용을 촉진하는 다양한 새로운 도구와 서비스가 개발되었고,

이는 온라인 여행 판매, 항공 판매 등으로 이어졌다.

IT 기술을 기반으로 한다는 e-투어리즘과 스마트관광의 차이점은 [표 2-1]과 같다. 스마트관광은 ICT를 기반으로 관광객에게 실시간, 맞춤형 관광정보 서비스를 제공하는 것, 또는 스마트 기기를 이용한 사물 및 다른 사용자와의 상호작용을 통해서 발생하는 정보의 공유라고 정의한다. 이때, 스마트관광 생태계는 다양한 이해관계자들과 연결되어 있으며 획득된 관광객의 정보는 빅데이터 분석을 통해 새롭게 제공할 수 있는 체계를 의미한다.

표 2-1 e-투어리즘과 스마트관광

구분	e-투어리즘	스마트관광
영역	디지털	디지털과 물리적 영역의 연결
핵심기술	웹사이트	센서, 스마트기기
여행단계	여행 전/여행 후	여행 중
핵심요소	정보	빅데이터
패러다임	상호작용성	기술이 매개된 공동가치창출
구조	가치사슬/중재자	생태계
거래/교환	B2B, B3C, C2C	민·관·소비자의 협업

출처: Gretzel et al.(2015)

스마트관광은 기술의 개발이 새로운 기술에만 초점을 두기보다는 그것을 **이용하는 관광객에게 유용함을 줄 수 있는 수단**이 되어야 한다. 또한 기술 개발이 개인에게 효용성과 혜택을 주는 단계, 대중화 단계를 넘어서서 **기술 활용도가 낮은 개인들에게까지 그 유용성과 혜택이 이어질 수 있도록 사회적 시스템이 뒷받침되어야 진정한 의미의 '스마트'관광이 현실화될 수 있을 것이다.**

학습내용 정리

01 기술은 '어떤 가치를 달성하기 위한 정신적·육체적 노력에 의해 만들어진 물질·비물질적 실체'로 광범위하게 정의될 수 있다. 기술은 자원을 결합하여 원하는 제품을 생산하거나, 문제를 해결하거나, 니즈와 욕구를 충족시키는 방법에 대한 인류 지식의 현주소라고도 표현한다. 또한, 기술은 문화를 형성하거나 변화시키는 활동으로 볼 수 있다.

02 '스마트'는 영리한, 빠르게 처리하는 등의 여러 의미를 갖는다. 특정 대상에 접두어로 사용될 경우 디지털 환경 내에서 이용이 쉽고 참여가능하며, 효과적인 시스템을 갖추었다는 것을 의미한다.

03 스마트는 기술을 바탕으로 일상적인 것보다 뛰어나고 경쟁자보다 나은 결과를 목적으로 대상 간, 대상과 인간, 인간과 시스템 간의 상호 협력을 가능하게 하는 네트워크를 통해 가치를 창출하고 삶의 질을 향상하는 것을 의미한다.

04 스마트관광은 자발적이고 창의적이다. 또한 즉시성, 상황기반 제공, 개인화, 초연결성, 이동성을 SMART의 특징으로 가진다.

05 초기 단계의 스마트관광은 인터넷, 스마트폰 등 ICT 기술을 기반으로 관광객의 정보접근성을 높인 것이다. 최근에는 구글 맵을 비롯한 여러 앱이 사용자의 위치정보를 활용하여 맞춤형 정보를 제공하고 더 나아가 예약 및 결제까지 지원하고 있다.

학습내용 평가

01 스마트의 특징과 그에 대한 설명으로 올바른 것을 연결하시오.

즉시성 •	• 개인의 특성에 맞는 빅데이터를 확보할수록 개인화된 콘텐츠와 서비스를 제공할 수 있는 것
상황기반 제공 •	• 다면적 차원들이 연결되어 초연결성으로 발전하게 되는 것
이동성 •	• 시간제약 없이 실시간으로 정보를 얻을 수 있고, 개인의 요구에 즉각적으로 반응하는 특성
개인화 •	• 물리적인 장소의 제약 없이 정보의 존재, 편재와 이동이 가능하도록 하는 특성
초연결성 •	• 개인의 시간, 위치와 같은 상황을 종합적으로 고려하여 가장 효과적인 서비스를 제공하는 정도

02 스마트관광의 특징으로 옳지 않은 것은?

① 이동성 ② 즉시성 ③ 객관성
④ 개인화 ⑤ 상황기반 제공

03 초기 단계의 스마트관광과 4차 산업혁명 내에서의 스마트관광의 차이를 기술의 발달과 연관지어 서술하시오.

답 1.

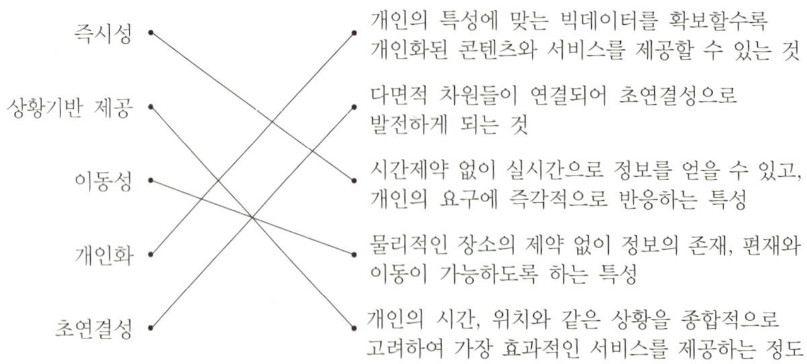

2. ③ 객관성

참고문헌

우혁준 · 이정훈 · 박소연(2011), "유비쿼터스의 특성에 따른 사용자 중심의 u-서비스 가치 분류체계," 한국 IT 서비스학회지, 10, 119-139.

이태민 · 전종근(2004), "유비쿼터스 접속성과 상황기반 제공성이 모바일 상거래 수용의도에 미치는 영향에 관한 연구," 경영학연구, 33(4), 1043-1071.

차윤숙, · 정문상(2007), "유비쿼터스 특성요인이 모바일 서비스의 사용의도에 미치는 영향", 정보시스템연구, 16(2), 69-91.

이원희(2007), "외국인 개별여행자(FIT) 시장 특성과 정책 방향," 한국문화관광연구

최은희, "국내 스마트관광 사례분석과 시사점," KIET 산업경제

Maddox Howe(2006), "Management of Sports and Physical Education," *Scientific e-Resources*, 10-12.

Heck, E. V. & Vervest, P.(2007), "Smart business networks: how the network wins," *Communications of the ACM*, 50(6), 28-37.

Rijsdijk, S. A., Hultink, E. J. & Diamantopoulos, A.(2007), "Product intelligence: its conceptualization, measurement and impact on consumer satisfaction," *Journal of the Academy of Marketing Science*, 35(3), 340-356.

Gretzel, U., Werthner, H., Koo, C. and Lamsfus, C.(2015), "Conceptual foundations for understanding smart tourism ecosystems," *Computers in Human Behavior*, 50, 558-563.

Rijsdijk, S. A., Hultink, E. J. & Diamantopoulos, A.(2007), "Product intelligence: its conceptualization, measurement and impact on consumer satisfaction," *Journal of the Academy of Marketing Science*, 35(3), 340-356.

Parker, G. G., Van Alstyne, M. W. & Choudary, S. P.(2016), *Platform revolution: How networked markets are transforming the economy-and how to make them work for you,* WW Norton & Company.

Pauna Dan(2017), E-tourism, European Integration - Realities and Perspectives.

K. Brandenburg, E. Cano, F. Klein, T. Köllmer, H. Lukashevich, A. Neidhardt, U. Sloma, and S. Werner(2018), "Plausible Augmentation of Auditory Scenes Using Dynamic Binaural Synthesis for Personalized Auditory Realities," Paper, 8-3.

Buhalis, D.(2013), "eTourism: information technology for strategic tourism management," *Centre for eTourism Research (CeTR)*, University of Surrey, Surrey, UK.

"Smart," Oxford Languages.

"Intelligence," Cambridge Dictionary, http://dictionary.cambridge.org/ko

Chapter 03

스마트관광의 특성

개관

이 장에서는 스마트관광을 철학적으로 이해한다. 토마스 쿤의 패러다임의 개념으로 스마트관광을 바라보며, 존재론, 인식론, 방법론의 시각에서 스마트관광을 분석한다. 질 들뢰즈의 리좀의 개념을 통해 스마트관광과 ICT의 연결성을 학습한다. 또한, 스마트관광의 다학제적 성격과 학문적 정체성을 이해한다.

학습목표

1. 존재론, 인식론, 방법론으로 스마트관광을 분석한다.
2. 리좀의 개념을 이해하고, 관광과 ICT의 결합인 스마트관광을 학습한다.
3. 다학제적 성격을 가지고 있는 스마트관광을 지리학, 관광학, 역사학, 경영학, 정보통신공학과 연결하여 이해한다.

핵심용어

패러다임, 존재론, 인식론, 방법론, 리좀, 스마트관광의 학문적 정체성

1 스마트관광의 철학적 사유

1) 스마트관광과 패러다임

패러다임(paradigm)은 패턴, 예시, 표본 등을 의미하는 고대 그리스어인 "*παράδειγμα* (paradeigma)"에서 유래된 단어로, 한 시대 사람들의 보편적인 인식체계나 사물에 대한 이론적인 틀을 의미한다. 토마스 새뮤얼 쿤(Thomas S. Khun, 1922~1996)의 『과학 혁명의

구조』에서 처음 사용되었다. 본래 패러다임은 언어학에서 외국어 문법을 학습할 때 동사가 변화하는 패턴을 외우는데 쓰는 범례를 뜻하는 말이었다. 토마스 쿤은 이를 과학에 적용하여 '특정한 시대의 사회 전체가 공유하는 이론이나 방법, 문제의식 등의 인식체계를 규정하는 프레임'으로 패러다임을 재정의하였다.

그림 3-1 | 토마스 새뮤얼 쿤과 저서 『과학 혁명의 구조』

Thomas S. Khun, 1922~1996

과학 혁명의 구조(영문판 초판본)

일반적으로 과학자의 활동은 기존의 잘 알려진 명확한 원리에 따라 이루어지며, 과학실험은 기존의 원리를 옹호하는 근거로 축적된다. 기존의 원리로 해결할 수 없을 때, 다른 여러 패러다임이 제시되어 경쟁하게 되고, 특정한 패러다임이 새롭게 수용되면서 또다른 과학 혁명이 발생한다. 즉, **패러다임의 전환**이 나타나는 것이다. 토마스 쿤은 과학의 발전은 일정한 방향으로 누적되어 점진적인 진보가 이루진 것이 아니라, 시대에 따라 패러다임을 전환하여 혁명적인 방법으로 진행된 것이라는 과학관을 제시한다.

결론적으로 패러다임은 어떤 한 시대 사람들의 견해나 사고를 근본적으로 규정하고 있는 테두리로서의 인식의 체계 또는 사물에 대한 이론적인 틀이나 체계이다. 패러다임은 한 시대와 각 분야에서 다수의 사람에게 공유되고(공유성), 지배적인 규범적 역할을 하고(규범성), 시대에 따라 비연속적이고(비연속성), 상대주의적이며(상대성), 혁명적인 성격(혁명성)을 띤다. 모든 패러다임은 생성 · 발전 · 쇠퇴의 과정을 겪으면서 새롭게 대체된다. 기존 패러다임의 한계를 넘어서는 새로운 패러다임이 등장하고 수용되어 새로운 주류 패러다임으로 자리잡는 것을 패러다임의 전환(paradigm shift)이라고 규정한다.

토마스 쿤은 패러다임을 언급하면서 어떤 실재(entity)를 설명하기 위한 체계로는 존재론(ontology), 인식론(epistemology), 방법론(methodology)이 있다고 밝혔다. 위와 같은 체계로 스마트관광을 분석하고자 한다.

(1) 존재론(存在論, ontology)

스마트관광은 존재하는가? 존재한다면 존재 이유는 무엇인가?

존재론(ontology)은 '있음'을 의미하는 **onto**와 연구 · 학문 · 설명을 의미하는 **logy**의 합성어로, 존재의 '본질'에 초점을 둔다. 존재의 있음(being), 변화(becoming), 현존(exist), 실체(substance), 실제(actuality), 실재(reality), 본질(essence)을 다루는 형이상학이다. '존재란 무엇인가?' '무엇이 존재하는가?' '(특정 대상)이 정말 존재하는가?'와 같은 질문에 대한 해답을 탐구하는 학문이라 할 수 있다.

여행과 관광은 인간의 존재를 인식하고, 존재의 가치를 확인하는 데에 결정적인 역할을 제공하고 있다. 1장에서 언급한 것처럼 여행을 통해 여행자는 내면적인 동기와 외면적인 동기를 달성하고, 자기 만족감을 얻고, 자아실현을 할 수 있다. 4차 산업혁명으로 인해 발달한 스마트폰, 스마트 기술, 앱 등이 관광산업에 적용되어 큰 변화를 일으켰다. 이는 토마스 쿤이 말하는 패러다임의 변화가 일어났다고 설명할 수 있다. **스마트 기술을 활용한 스마트관광은 여행자의 존재를 인식하는 과정에 결정적인 기여와 역할을 하며, 새로운 패러다임의 전환을 일으킨다**(예 사진찍기, 인스타그램, AR/VR, 온라인 댓글). 이에 스마트관광이라는 새로운 존재의 여부를 인지할 필요가 있다. 또한 현존하는 관광산업의 패러다임을 파악하고, 관광 패러다임의 전환을 실재와 본질로 받아들여야 한다. 관광과 기술 그리고 환경이 결합한 새로운 형태의 존재에 대한 학습의 기회가 제공되어야 하고, 세분화된 교육과정이 필요하다.

스마트관광은 기존의 전통적 관광산업의 변화를 이끌어낸 존재이며, 패러다임 전환이다. 기존에 없었던 것이 스마트 기술을 활용하여 새롭게 창조적으로 만들어지는 콘텐츠로 존재한다. 여행자의 존재를 인식하는 과정을 돕는 역할을 하고, 여행 및 관광을 효율적이고 효과적이게 할 수 있도록 한다. 또한 여행자의 편리를 도모한다는 점에서 스마트관광의 존재 이유를 분석할 수 있다.

(2) 인식론(認識論, epistemology)

스마트관광을 어떻게 인식할 수 있을까?

인식론(epistemology)은 '지식'을 뜻하는 고대 그리스어 ἐπιστήμη(에피스테메)와 낱말 또는 말하기를 뜻하는 λόγος(로고스)를 결합한 용어이다. 지식 추구에 관한 철학적 인식에 대한 논의를 다룬다. 사람이 무언가를 안다는 게 어떤 것인지, 사람이 어떻게 그 대상을 알 수 있는지를 탐구하는 것이 주된 과제다. 존재론이 대상의 존재가능성을 탐구하는 학문이라면, 인식론은 존재하는 대상을 어떻게 볼 수 있는지에 대해 탐구하는 분야이다. 인식론에서 인식의 기원에 관한 주장으로는 합리론과 경험론이 있다.

합리론은 이성을 지식의 제일의 근원으로 본다. 진리의 기준은 감각적인 것이 아니라 이성적인 것이며, 개념과 지식은 감각적인 경험에서 독립하여 얻어진다는 관점이다. 근본적으로 참인 어떤 이성적인 원칙, 논리, 수학이 존재하며 우리의 개념과 지식이 감각적 경험으로부터 분리되어 얻어질 수 있다고 본다. 반면, 경험론은 감각의 경험을 통해 얻은 증거로부터 지식을 얻을 수 있다는 이론이다. 지식과 관념의 형성에서 경험, 증거, 감각에 의한 지각이 중요한 역할을 한다는 것을 강조한다. 관광객은 4차 산업혁명으로 발달한 스마트 환경에 적응하여 관광 서비스를 활용한다. 스마트폰을 통해 관광정보를 얻고, 온라인 후기를 확인하고, 또다시 자신의 경험을 정보로 남긴다. 관광정보를 인식하는 과정에 있어서 이성적 판단과 경험적 판단 사이의 차이가 존재한다.

Airbnb 앱을 활용하여 숙박 장소를 예약하는 관광객을 예로 들어보면, 숙박 장소를 결정하는 과정에서 관광객은 스마트폰 앱이나 홈페이지를 통해서 정보를 얻고, 후기를 찾고, 연결된 결제시스템을 사용하는 등 스마트관광을 접하고 인식하게 된다. 관광객은 숙박 장소를 찾을 때 가격, 날짜, 수용가능 인원, 주변 편의시설, 제공되는 물품, 위치 등을 참고한다. 이전 사용자가 제공하는 평점과 리뷰를 통해 호스트에 의해 제공되지 않는 추가 정보도 파악한다(A). 또한 단순한 숙소 정보 이상으로 호스트와의 관계도 의사결정의 요인이 될 수 있다. 관람객은 호스트가 친절한지, 게스트와 교류는 어떤지 등 감정적이고 정서적인 부분도 고려한다(B). 이 두 과정은 각각 합리론·경험론적 시각으로 Airbnb라는 스마트관광을 인식한다. (A)는 이성적 판단, (B)는 경험적 판단으로 두 판단 사이의 차이는 설득의 3요소의 성격을 가진다. 설득의 3요소란 Logos(로고스), Pathos(파토스), Ethos(에토스)이다. 아리스토텔레스가 수사학에서 제시한 개념으로 어떤 주어진 상황에서든 활용할 수 있는 설득의 수단을 말한다. 성품이나 카리스마, 진실성을 통해 상대의 신뢰를 구축한 후(에토스)에 상대방의 심리나 감정이 긍정적이고 열린 상태일 때(파토스) 논리와 증거를 갖추고 설득을 진행(로고스)하는 과정을 제시한다. Airbnb의 숙박 예약에서 가격, 날짜, 수용 가능 인원, 편의시설, 평점 등을 고려하는 것은 논리와 근거를 이용한 합리적인 호소인 로고스에 해당하는 커뮤니케이션 요소다. 반대로 호스트와의 관계나 교류, 성격을 고려하는 것은 경험으로 생성된 감정에 따라 직관적으로 평가를 하게 만드는 파토스적 속성을 가진다. 사진의 경우 보는 사람으로 하여금 감정적인 자극을 준다.

경험론에 대해 추가적 논의를 하자면, 현재 관광객들은 감각을 사용한 체험형 콘텐츠를 즐기고 있다. 게임과 영화 그리고 교육 및 방송과 같이 다양한 콘텐츠는 인간의 감각기관과 언어능력을 자극해 실제와 유사한 경험과 감성을 느끼게 해주고 있다는 점에서 중요한 스마트 기술이다. 가장 대표적인 예로는 가상현실(VR: Virtual Reality), 증강현실(AR: Augmented Reality), 홀로그램, 오감 미디어 등이 있으며, 관광 분야에서도 활발하게 적용되고 있다. 따라서 스마트 환경에서 제공하는 관광과 관련한 여러 가지 학습에 대한 새로운 체계와 지식을 인식해야 한다.

(3) 방법론(方法論, methodology)

스마트관광을 위한 연구방법과 법칙과 프로세스를 위한 분석방식은 무엇인가?

방법(方法)이란 넓은 의미로는 일정한 목표에 이르기 위한 길이다. 연구의 과정에서 연구자는 자신의 존재론, 인식론적 관점을 토대로 특정 현상이나 대상을 분석한다. 본질을 이루는 법칙을 파악하기 위해서는 현상 및 대상의 특성에 따라 독특한 방법이 필요하다. 이 방법을 연구하는 것이 '**방법론**'이다. 방법과 방법론은 동일하지 않다. 연구방법이 사회현상을 분석하기 위해 심층면접, 관찰, 설문조사 등 구체적인 수단이라면, 방법론은 선택한 연구방법의 적절성, 잠재적 장 · 단점을 논의하는 상위 개념인 것이다. 방법론은 특별한 결과를 만들어내기 위한 이론적 밑받침을 제공하며, 'How to do'를 제시한다. 합리적인 방법론은 어떤 학문 안에서 사용할 수 있거나 혹은 사용해온 방법들의 체계적 연구라고 할 수 있다.

방법론을 통하여 '기억에 남을 관광경험에 영향을 미치는 선행요인을 파악'하거나, 'AR 체험형 콘텐츠가 기억에 남을 만한 관광경험에 어떠한 영향을 미치는지 검증'할 필요가 있다. 기억에 남을 관광경험에 영향을 미치는 주요 속성들을 파악하여 관광목적지의 관광경험과 AR 경험에서 균형잡힌 경험 디자인을 제언할 수 있다. 예를 들어, "한양도성 AR 체험 이벤트는 한양도성의 전반적인 관광 만족도를 높이는 결과를 가져오는가?"라는 질문에 대해서 방법론은 AR 이벤트를 관광목적지의 기본적인 관광속성과 함께 관광 만족도를 높일 수 있는 중요한 요인으로 제시할 수 있다.

스마트관광은 적당한 방법론을 이용하여 AR 체험에 대한 방문객의 주관성을 파악할 수 있으며 상황을 집중적으로 파악하고 인간의 주관적 인식을 확인하고 해석함으로써 사회현상을 설명하는 데 적합한 연구방법론을 선택할 수 있다.

2) 스마트관광과 리좀

질 들뢰즈(Gilles Deleuze, 1968)가 발표한 『차이와 반복』에서 노마드(Nomad)는 '시각이 돌아다니는 세계'를 뜻한다. 기존의 가치나 철학을 부정하고 새로운 것을 끊임없이 찾는 것을 뜻하며, 학문적으로는 여러 분야를 넘나들며 탐구하는 것이라고 설명한다. 질 들뢰즈와 펠릭스 가타리(Felix Guattari)는 『천 개의 고원』에서 리좀(Rhizome)이라는 개념을 소개한다. 리좀은 원래 나무뿌리가 옆으로 퍼져서 새로운 뿌리를 내리는 것, 즉 땅속 줄기 식물을 의미한다. 들뢰즈와 가타리는 그의 저서에서 이 개념을 확장하여 철학적 사유어로 통용시켰다. 기존 서구의 사유방식은 수목적인 체계-모든 것을 사물의 본질이나 근거, 원인을 찾아 거슬러 올라가는 사유-를 따르기 때문에 중심이 존재한다. 반면, 리좀은 유목적인 체계로 어떤 것이 무엇과 관계하는가에 따라 본질이 달라지고 관계의 질이 달라진다. 관계의 위계나 이원론을 따르지 않고, 주변 분야와의 연결을 통해 새로운 지식을 탄생시키는 사고방식을 의미한다.

리좀은 접속의 원리, 이질성의 원리, 그리고 다양성의 원리로 설명한다. 리좀은 접속의 원리에 의해 정의되고 만들어진다. 어떤 지점이든 열려 있어 다른 어떤 지점과도 접속될 수 있다. A 또는 B를 선택하는 것이 아니라 다양한 요소들을 결합하여 새로운 C를 생성해 내는 것이다. 리좀은 이질적인 대상과 새로운 접속을 허용한다. 이는 이질성의 원리로도 설명이 가능하다. 다양한 외부와 접속하여 새로운 사유, 대상이 발생한다. 어떠한 것이라도 다양한 종류의 대상과 연결 접속될 수 있기에 유연하고 유동적인 성격을 갖는다. 또한, 들뢰즈와 가타리는 다양성에 집중하여 다양성의 원리로 리좀의 성격을 제시하였다. 이렇게 생겨난 새로운 대상은 하나를 중심으로 통일되거나 동일화되지 않은 채 개체 고유의 독립성과 정체성을 가진다. 차이 자체로 의미를 갖고, 하나의 중심을 보유하지 않고 이질적인 것과 다양하게 연결 및 접속되는 가변성을 가진다.

그림 3-2 | 리좀(Rhizome)

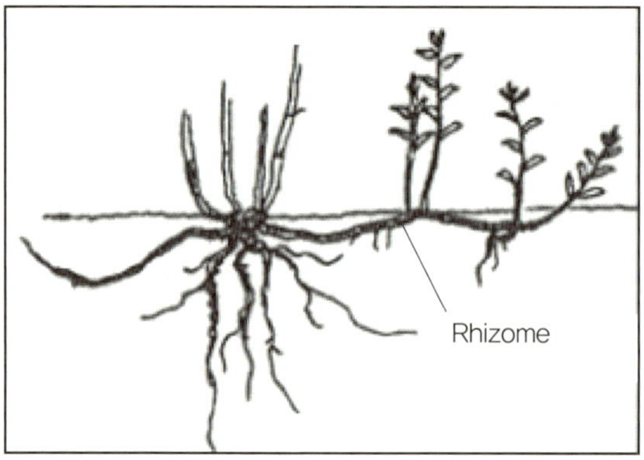

들뢰즈와 가타리가 언급한 리좀의 개념을 스마트관광을 설명하기 위해 도입하고자 한다. 관광과 ICT는 각자 존재한다. 서로 출발점이 다른 이질적인 존재이며, 각자의 차이를 분명하게 보유한다. 관광이 인간이 왜 여행을 하는지에 관한 동기와 목적 그리고 그것에 필요한 시설과 서비스 등에 관한 학문적 체계를 갖추며 발전해 왔다면, ICT는 데이터와 정보 그리고 지식을 만들어내는 방법과 체계 그리고 만들어진 정보와 지식을 전달하는 과정에서 음성 커뮤니케이션 기술과 컴퓨터 커뮤니케이션 방식의 결합으로 함께 발전하였다. 그리고 결국 인터넷이라는 새로운 정보시스템 체계가 만들어졌으며, 이를 통한 온라인 정보거래와 함께 상거래의 시작과 체계로 발전하였다.

2007년 스마트폰의 등장으로 관광과 여행에 필요한 거래로 한 곳으로 수렴하면서 이 두 분야는 반복적으로 접속하게 된다. 차이를 반복적으로 마주하고, 영향을 끼치고 결합하여 새로운 동질성을 확보하게 된다. 이 과정을 통해 새로운 정체성을 가진 대상이 탄생하게 된다. 관광과 ICT의 결합으로 인한 새로운 존재가 바로 '스마트관광'인 것이다. 스마트관광 내에는 관광적 요소, ICT적 요소가 개별적으로 존재하며 서로 긴밀하게 연결되어 하나의 새로운 결합이 탄생되었으며, 각 분야에서 자체적으로 새로운 혁신과 양상을 띠며 발전하고 거듭하고 있으며, 이는 스마트관광이라는 새로운 학문체계로 발전하게 되는 계기가 된다. 이는 관광이라는 학문적 내부와 정보기술이라는 실행적 도구의 결합으로 관광학 분야의 패러다임의 전환을 가져오게 된다. 스마트관광은 지속적으로 다양한 분야와 접속하고 연결하고 결합되어 새롭게 확대되고 있으며 진화·발전되고 있다. 이는 리좀 현상으로 관광과 ICT가 하나로 융합적으로 합쳐져 새로운 뿌리를 내리는 과정이다.

2 스마트관광의 학문적 정체성

1) 학제간 연구

학제간 연구(學際間硏究, Interdisciplinarity)란 어떤 대상을 연구할 때 서로 다른 여러 학문 분야에 걸쳐 제휴하여 참여하는 연구 또는 여러 학제에 걸친 연구의 필요성을 의미한다. 스마트관광은 융복합성을 기초로 하여 **다학제적인 성격**을 갖고 있다. 관광학에 그 기반을 두며 정보기술과 밀접한 연관을 맺고 있다. 정보통신공학과 같은 기술적인 학문뿐만 아니라 지리학, 경영학, 역사학, 미디어, 스토리텔링 등 다양한 학문과 결합해야 실현가능하다. 역사학은 관광 동기를 촉진하는 역사적 사실과 지식 그리고 맥락을 제공할 수 있으며, 경영학은 관광산업과 소비자의 인적·물적 그리고 효과적인 마케팅 방식과 소비자 만족에 관한 연구를 제시한다. 그 중에서도 정보기술과의 결합은 4차 산업혁명 시대에 맞춰 스마트관광이라는 분야를 새롭게 탄생시켰다.

그림 3-3 | 다학제적 학문으로서 스마트관광

(1) 관광학

관광학에는 여러 분야가 있다. 관광 동기와 활동을 연구하는 분야부터 숙박, 환대산업, 여행대행사, 투어가이드, 문화활동, 이동통신 서비스, 쇼핑 서비스 등 다양한 분야에 걸쳐 있다. 이는 관광학이 학제적 학문(multidisciplinary study)임을 보여준다. 관광은 가족여행 및 친지방문과 비즈니스, 종교적 목적까지 포함한다.

(2) 정보통신학

정보통신학은 관광학과 결합하여 관광상품 및 서비스의 대혁명을 일으켜 관광산업의 새로운 패러다임을 만들었다. 1958년, IBM사는 아메리칸 항공사와 함께 항공회사 승객 명단 기록을 개발했고, 1964년에는 개선된 PARS(Programmed Airline Reservation System)를 개발하여 승객들의 정보를 기록하고, 항공권을 발권할 수 있게 되었다. 호텔 역시 PMS(Property Management System)를 통해 고객의 객실예약, 체크인, 체크아웃 등을 관리하게 되었다. 이후 1990년대 인터넷의 발전으로 발권, 예약, 정보수집 등 관광의 모든 분야가 온라인을 통하여 가능하게 되었으며, 2010년대 스마트폰의 혁명은 여행 앱을 등장시켰다. 여행 앱을 통해 여행자들은 자신에게 맞는 여행코스를 추천받고, 다른 여행자 리뷰 등과 같은 경험 공유를 통해 여행의 불확실성을 제거하고 있다.

(3) 지리학

지리학은 지역의 이치와 논리를 연구하는 학문이다. 지역에 대한 이해는 관광과 밀접한 관련이 있다. 관광학은 지역의 공간 특성과 지식을 필요로 한다. 여행하는 곳의 지형이나 길, 생물, 기후 등의 상태를 이해하는 것이 필수적이다. 특별히 컴퓨터 기술의 발전은 지리정보학의 발전을 가능하게 만들었다. 지리정보시스템(GIS: Geographic Information System)은 GPS(Global Positioning System)와 연계하여 여행자가 현재 위치를 인식할 수 있도록 하여 관광에 편리함을 더했다. 2014년 출시된 구글지도(Google Map)는 GPS를 사용한 대표적인 예시이다. GPS를 토해 사용자의 현재 위치에서 지정된 장소까지 자가용, 대중교통 및 도보를 통한 이동경로와 예상소요시간까지 계산해주는 길찾기 서비스를 제공하고 있다. 또한 장소에 대한 기본적 정보와 후기 등을 기재할 수 있게 만들어 관광정보를 얻는 데 용이한 서비스를 제공한다. 최근 AR 기술을 접목하여 보이는 길찾기 서비스를 제공하는 등 스마트한 관광지도를 활발히 개발시키고 있다.

(4) 역사학

관광은 인간의 살아온 흔적들을 살펴보는 활동이기도 하다. 역사적 지식은 관광을 갈 수 있는 동기를 촉진하며, 관광정보의 배경이 된다. 이 때문에 역사학은 관광학과 밀접한 관계를 맺고 있다고 볼 수 있다. 고대 이집트의 문화, 그리스 로마시대의 지리적 특성, 중세시대의 종교와 역사, 르네상스시대와 근대시대의 학문 및 문예, 산업혁명 등의 역사를 아는 것은 관광의 본질을 더욱 풍부하게 경험하게 한다. 역사학을 통해 관광학의 역사를 설명할 수 있다. 18세기 산업혁명 이후 노동시간의 감축과 유급휴가로 인한 여가, 대중관광, 호텔 등장의 흐름을 인식시키며 이동성과 접근성이 높아지는 시대에 대한 이해를 높인다. 또한 스마트관광은 역사를 더 생생하게 전달한다. 가상현실과 체험은 시대를 넘나들며 현장성을 되살릴 수 있는 계기를 마련한다.

스마트관광은 종합적 생태계 구축을 필요로 한다. 다양한 관광자원에서 매력적인 요소를 도출하고, 스토리텔링을 바탕으로 한 콘텐츠로 개발하고, VR · AR 기술로 구현할 수 있는 시스템이 필요하다. 스마트 기술과 관광콘텐츠의 융합은 현재 시행되는 VR · AR 관광

콘텐츠를 넘어서 기능형 · 교육형 · 오락형 · 예술형 등 다양한 유형의 VR · AR 콘텐츠 서비스를 균형 있게 개발하고 있다(예 미식관광 결합형, 역사전통형, 쇼핑연계형, 힐링투어형, K-POP 연계형, 미션수행형 등). 따라서 다양한 측면에서 VR · AR 체험 콘텐츠가 개발될 수 있는 다각적인 분야와 함께 시스템과 프로그램 개발 지원 시스템 구축이 필요하다.

(5) 경영학

경영학은 관광산업의 인적 · 물적자원을 효과적으로 분배하고 관리하는 데에 핵심적인 역할을 한다. 잠재적 구매자에게 관광상품을 어필하는 마케팅전략, 인적자원 개발 및 관리, 자원에 대한 효율적인 분배, 관광소비자의 만족을 위해 고객관리, 고객만족 서비스, 정보시스템과의 연계를 통한 효율성, 효과성, 편리성, 간편성 등은 관광산업에서 중요한 분석요소이다. 이를 위해서 경영학의 지식이 필요하다. 관광학은 경영학과 연계함으로써 관광산업을 이해하고, 생산성과 수익성에 관한 연구를 할 수 있게 된다.

학습내용 정리

01 패러다임이란 한 시대의 사람들의 사고를 규정하고 있는 인식의 체계를 뜻하며, 기존의 패러다임의 한계를 개선하는 새로운 패러다임이 등장하는 것을 패러다임의 전환이라 말한다.

02 스마트관광은 기존의 전통적 관광산업의 변화를 이끌어낸 것으로, 기존에 없었던 것이 스마트 기술을 활용하여 새롭게 창조적으로 만들어진 패러다임을 의미한다. 여행자의 존재를 인식하게 하고, 여행 및 관광을 효율적이며 편리하게 만들기 위해 존재한다.

03 관광객은 스마트 기술을 활용하여 관광정보를 인식하는 과정에 있어서 이성적 판단과 경험적 판단을 겪는다. 이성론적 판단은 로고스에 해당하는 논리와 근거를 이용한 합리적 커뮤니케이션을 바탕으로 하며, 경험론적 판단은 경험으로 생성된 감정에 따라 평가하는 파토스적 성격을 가진다.

04 스마트관광은 관광과 ICT가 지속적으로 접속하고 결합하여 만들어진 새로운 정체성을 가진 분야라고 볼 수 있다. 관광적 요소, ICT적 요소가 개별적으로 존재하며 서로 긴밀하게 연결되어 있다. 스마트관광이라는 새로운 존재로 융합적으로 합쳐져, 또다시 다른 분야와 접속하고 연결하는 등의 뿌리를 내리는 과정 자체를 리좀의 개념으로 설명할 수 있다.

학습내용 평가

01 다음 질문에 대하여 O/X를 체크하시오.

1) 관광과 ICT는 동질적인 존재로, 지속적인 접속을 통해 결합하여 스마트관광을 만들었다.( )
2) 스마트관광 내에는 관광적 요소와 ICT적 요소가 개별적으로 존재함과 동시에 새로운 스마트관광의 고유한 요소도 존재한다.( )
3) 정보통신학과 관광학이 결합하여 관광상품 및 서비스의 대혁명이 일어났고, 이를 통해 스마트관광이라는 새로운 패러다임으로 전환되었다.( )

02 다음 질문에 대한 답을 자유롭게 서술하시오.

- 스마트관광을 존재론, 인식론, 방법론적으로 분석하시오.
- 초기 단계의 스마트관광과 4차 산업혁명 내에서의 스마트관광의 차이를 기술의 발달과 연관지어 서술하시오.

답 ×(이질적 존재), ○, ○

참고문헌

토마스 새뮤얼 쿤(1962), 과학 혁명의 구조, 시카고대학 출판사

"패러다임," 네이버 지식백과, 컴퓨터인터넷IT용어대사전

전미양 · 문현경(2017), "사회과학연구에서 존재론과 인식론의 중요성: 주관적 웰빙 연구 사례를 중심으로," 정부학연구, 23(2): 31-57.

김승환(2016), "철학" 인문학총람–목요학습(2008-2040) 422 Thursday Study 星期四学习

김기현(2015), "인식론이란 무엇인가," 서울대저널 학술기고

김윤희(2012), "고대 연설에 나타난 설득의 방법적 요소(pistis)에 관한 연구," 인문과학연구 제34집, 259-286.

펠릭스 가타리 · 질 들뢰즈(1980), "천 개의 고원(Mille Plateaux: Capitalisme et Schizophrenie)"

PART

2

스마트관광 행동

Chapter 04

스마트관광 소비자 행동

개관

이 장에서는 관광시장의 세분화와 관광객의 의사결정 및 패턴을 살펴보며 관광객의 행동에 대한 이해를 키운다. 또한 스마트폰을 활용한 정보검색 절차를 익히고, 소비자의 정보 니즈 충족을 앱 사용 시나리오를 통해 학습한다.

학습목표

1. 관광시장의 세분화 방법과 관광객의 의사결정을 이해한다.
2. 소비자가 정보를 검색하는 니즈와 절차에 대해 학습한다.
3. 스마트폰 앱을 사용하여 정보니즈를 충족하는 예를 살펴본다.

핵심용어

관광시장세분화, 목적지 의사결정, 관광객 패턴, 소비자 정보검색 절차, 의사결정, 관광경험 중재

1 관광시장 세분화 및 패턴

1) 관광시장 세분화

(1) 지리학적 세분화

가장 오래되었지만 여전히 인기 있는 세분화 기반은 출생국가, 국적 또는 현재 거주지와 같은 공간 기준을 고려한다. GIS(Geographic Information Systems)는 관광 관련 현상의 공간 분석을 촉진한다.

- **지역 및 거주도시**: 가장 덜 정교한 지리학적 분석이지만, 가장 단순하게 분류할 수 있는 것이 지역 및 거주도시이다. 아시아, 북아메리카, 유럽 등이 있다.
- **하위 국가 분할**: 두 가지 상황에서 하위 국가차원의 지리적 분류를 의미한다. 큰 도시는 국내 지역부터 다른 지역까지 중요한 차이를 보이는 경향이 있다.
- **도시와 농촌**: 대도시권의 거주자들은 다른 시민들보다 미디어나 인터넷에 대해 더 좋은 접근성을 가지며, 목적지 구매과정의 단계에서 더 많은 선택권을 가지고 있다.

(2) 사회인구 통계학적 세분화

사회인구 통계학적 세분화는 젠더, 연령, 가족구성원, 생애주기, 가정교육, 직업, 소득과 같은 기준이 포함된다.

- **젠더**: 젠더와 젠더지향성은 생물학적 또는 사회문화적 특징이라 할 수 있다. 일부 활동은 거의 독점적으로 남성의 영역이지만, 문화행사의 경우에는 거의 여성들이 후원자로 대표된다. 게이와 레즈비언의 관광은 전문화된 공식 사업과 활동으로 부상하고 있다.
- **연령과 가족수명주기**: 전통적으로, 65세 이상의 시장은 신체조건 악화로 인해 특별한 서비스와 시설을 필요로 한다. 더 나아가, 그들의 여행 패턴은 은퇴로 인한 소득 감소과 여가시간 증가의 이중 영향에 의해 부풀려지는 것으로 여겨졌다. 65세 이상과는 반대로, 청년층은 종종 고위험감수행동을 선호한다. 청년들은 자기계발에 중점을 둔 자원봉사 관광, 지역공동체의 안녕을 위한 활동에 관심이 많다. 가족수명주기의 모든 단계는 결혼이나 양육, 사별, 게이와 레즈비언 커플 등과 같은 가족 지위의 상당한 변화와 관련이 있다.
- **교육과 직업, 소득**: 교육, 직업, 소득은 여행의 측면에서 종종 상호 연관되어 있다. 이는 교육이 직업에 영향을 미치고, 직업이 소득수준에 영향을 미치기 때문이다. 높은 수준의 소득과 교육은 관광활동을 증가시키고, 장거리 여행이 많이 발생할 수 있도록 영향을 준다.
- **인종, 민족, 종교**: 관광명소에 대한 분류기준은 특정 인종, 민족 또는 종교단체를 따른다.
- **신체적, 정신적 컨디션**: 장애인들도 비장애인들과 비슷하게 여행에 대한 욕구가 강하고, 상당한 숫자를 보유하고 있음에도 불구하고 관광타깃으로는 무시되거나 간과되는

경향이 있다.

(3) 심리적 세분화

심리적 세분화는 심리학적 특징에 기반을 둔 관광시장의 차이점을 의미한다. 이는 동기부여, 개인적 특성, 태도와 지각 등 복잡하고 다양한 요소들의 결합을 포함한다.

- **심리적 유형**: 타인중심적 성향(allocentric)은 다른 문화에 몰입하는 것을 즐기고, 기꺼이 높은 수준의 위험을 받아들이는 호기심이 많은 여행자이다. 반면, 자기중심적 성향(psychocentric)은 친숙하고 광범위하게 개발된 목적지를 방문하여 위험을 최소화하고자 하는 개인으로, 친숙한 상품과 서비스를 이용하기를 선호하는 여행자이다.
- **동기부여**: 관광 동기부여는 특정한 여행을 시작하는 본질적인 이유를 나타낸다는 점에서 여행목적과 다르다. 예를 들어 친구나 가족을 방문하기 위해 여행할 수 있지만, 근본적인 동기는 부모와의 분쟁을 해결하거나 친구와의 관계를 다시 시작하는 것이라 할 수 있다.

(4) 행동 세분화

관광경험 중의 활동과 기타 행동에 기초하여 세분화되는 관광시장을 이해하는 것은 행동 세분화의 연습이 될 수 있다.

- **여행의 목적**: 여행은 생일, 기념일, 장례식 등의 목적과 밀접한 관련이 있다.
- **목적지 범위**: 목적지 범위는 체류기간 및 특정 여행 중에 방문하는 목적지 숫자로 표시할 수 있다.
- **활동**: '활동'이라는 범주에는 숙박유형, 교통수단, 지출, 방문한 관광지 및 수행된 관광활동 등이 속한다.
- **반복적인 방문과 충성심**: 높은 반복 방문은 성공적인 관광지라는 증거로 인식된다. 만족한 관광객들은 다른 잠재관광객에게 긍정적인 입소문과 SNS 등을 통한 디지털 입소문을 통해 무료 홍보를 할 가능성이 높다. 반복적인 방문 패턴을 보이고 관광지나 기타 관광 관련 상품에 대해 심리적 애착을 보이는 소비자들은 타인에게 제품을 추천하겠다는 의지를 갖는다. 반대로, 한번 방문했을지라도 관광지에 대해 부정적인 태도를 나타낸 사람들은 다시 방문할 가능성이 거의 없다.

2) 관광객의 목적지 의사결정 절차

관광지 마케팅 및 관리를 위해 시장을 분석하고 시장 세분화를 하는 것은 중요하다. 관광객이 하나 이상의 관광지를 방문하려는 결정을 내리는 과정을 이해함으로써 시장분석을 할 수 있다. 여행의 목적 달성에 영향을 주는 과정의 요소들을 식별하고 이해할 필요가 있다.

시장 세분화의 효용성을 평가할 때 고려해야 할 8가지 요소가 있다.

- 측정성(measurability): 타깃의 성격을 의미 있고 편리한 방법으로 측정할 수 있는가?
- 크기(size): 시장부문이 충분히 큰가?
- 동질성(homogeneity): 세분화된 그룹이 시장의 다른 부문과 충분히 차이가 있는가?
- 호환성(compatibility): 가치, 니즈, 욕구가 관광지 자체의 가치 및 계획전략과 호환되는가?
- 접근성(accessibility): 타깃시장에 도달하는 것은 얼마나 어려운가?
- 수행가능성(actionability): 시장 세분화의 요구를 충족시킬 수 있는가?
- 취약성(durability): 시장 세분화가 오랜 기간 지속되며, 전문화된 마케팅의 추구가 적용되는가?
- 관련성(relevance): 특정 대상을 대상으로 하는 근본적인 논리가 있는가?

3) 관광객 패턴

사람들의 여행 패턴은 5가지로 나뉜다. 크게 한 곳의 목적지만 방문하는 **단일 목적지 여행**과 여러 장소를 방문하는 **다중 목적지 여행**으로 나눠지며, 다중 목적지 여행의 경우 특징에 따라 동선상 여행, 베이스캠프, 지역여행, 여행 체인 패턴 등 총 4가지로 분류된다.

미주리주의 브랜슨을 방문하는 관광객들을 대상으로 모델링한 결과 다섯 가지의 여행 패턴을 발견할 수 있었다. 단일 여행지 패턴 여행자의 경우 브랜슨 방문을 목표로 하여 주유, 식사, 휴식 등 필연적인 경우에만 정차한다. '**동선상 여행**' 패턴의 경우 단일 여행지 패턴과 동일하게 브랜슨이라는 유일한 목적지를 갖지만 상점, 길가의 명소, 친구 및 친척

▶ 그림 4-1 | 브랜슨 여행 패턴

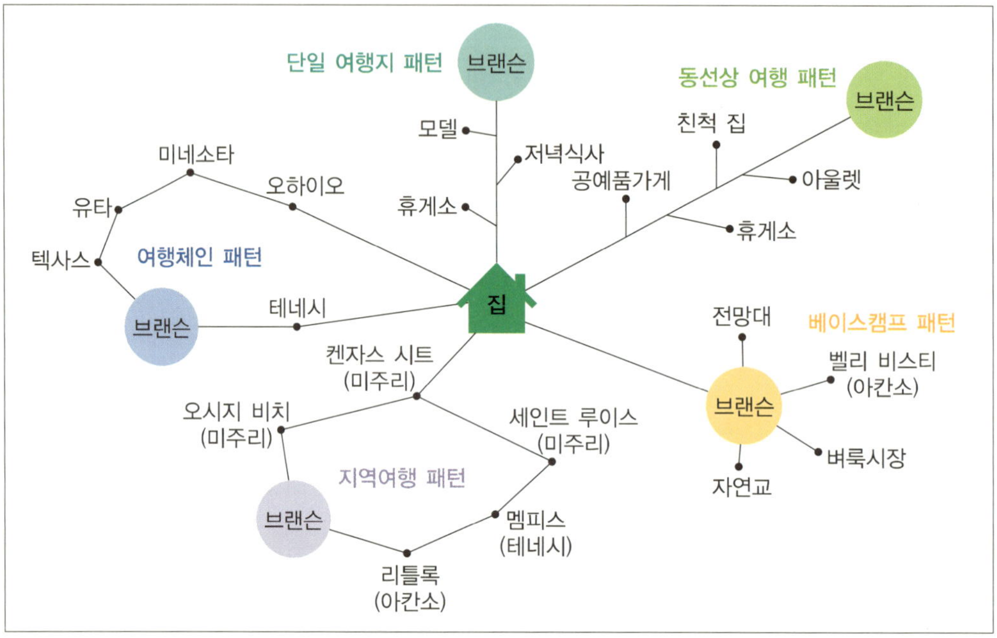

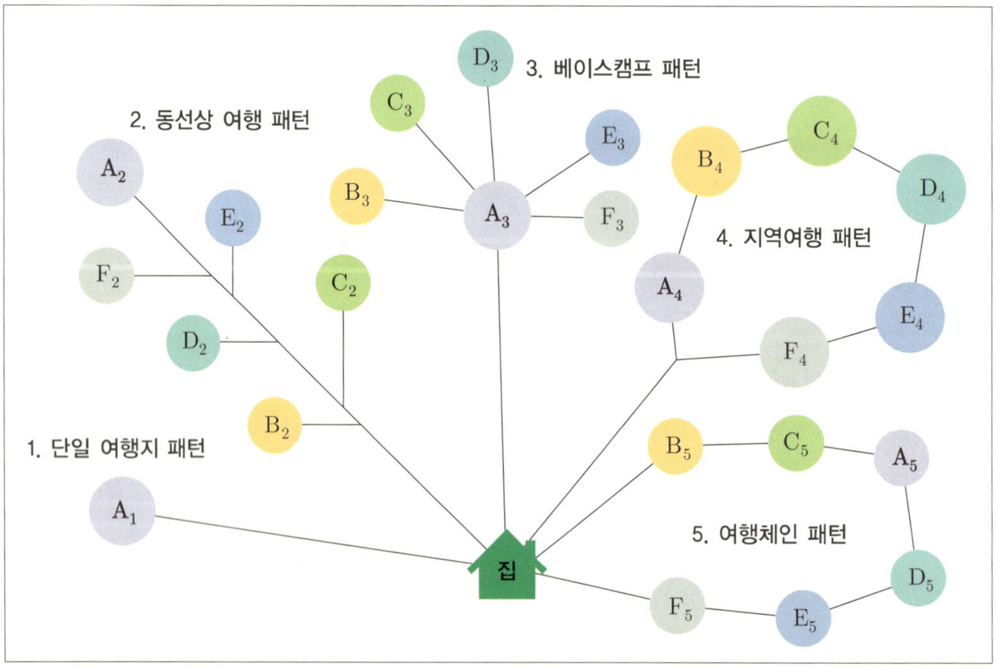

출처: Susan and Christine(1997)

등 이동하는 동선상에 있는 장소는 방문할 수도 있다. '**베이스캠프 패턴**'은 곧장 브랜슨으로 이동하여 도착하면 브랜슨을 기점으로 주변을 여행하고 매일 밤 브랜슨으로 돌아온다. '**지역여행 패턴**'의 경우 브랜슨은 수많은 목적지 중 하나로, 관광객은 인접지역의 여러 장소를 여행한다. '**여행체인 패턴**'의 경우 브랜슨과 미주리는 수많은 목적지와 지역 중 하나로, 관광객들은 북미의 여러 지역을 돌아다니며 여행한다.

잠재적 관광객은 다중 목적지 여행이 여행과 관련된 시간과 비용을 줄이고, 그에 따라 발생할 수 있는 잠재적 편익을 증가시키는 합리적인 행동 패턴으로 볼 가능성이 높다. 이에 따라 사람들이 다중 목적지 여행에 참여하는 이유를 5가지로 살펴볼 수 있다.

첫 번째로, 쾌락 여행은 상호의존적인 여행활동으로 비교적 복잡한 패턴으로 구성된다. 한 가족이나 두 사람 같은 소규모의 여행집단이라도 내부의 구성원들은 여행으로부터 각각 다른 혜택을 추구할 수 있다. 이러한 선호이질성은 구성원들이 가진 여러 다른 니즈를 충족시킬 수 있도록 다중 관광지 혹은 여러 가지 볼거리가 있는 단일 목적지를 선택하도록 이끈다. 두 번째로, 미국 관광객의 절반 가까이가 여행의 목적에 관계없이 여행하는 동안 친구 혹은 친척집에 머무는 것으로 밝혀졌다. 친구 혹은 친적집에서의 일시적 정착은 여행객으로 하여금 더 많은 관광지를 방문하고자 하는 경향을 높일 수 있다. 세 번째로, 관광객이 추구하는 편익이 단일에서 다중으로 확대되며 다양성을 추구하고자 하는 욕구가 강해진다. 개인의 휴가 경험에 다양성을 더하면 흥분의 수준이 높아질 수 있으며, 특정 욕구에 대한 임계값 수준은 처음에 다른 욕구에 의해 촉발된 여행의 영향을 받을 수 있다. 네 번째, 관광객들은 여러 관광 명소들을 한 여행으로 묶어 여행하는 것이 추구하는 혜택을 얻기 위해 하나의 목적지에 의존하는 것보다 불확실성과 위험의 수준을 줄인다고 받아들인다. 마지막으로, 여행자가 직면한 공간적, 시간적, 개인적 제약 조건의 변동성은 서로 다른 시간 또는 다른 조건에 따라 그들의 욕구를 수용하기 위해 합리적이고 근접한 다양한 목적지가 필요할 수 있음을 시사한다. 따라서 여행객들은 주어진 욕구를 충족시키는 것과 관련된 전반적인 여행비용을 줄이기 위해 하나의 목적지가 아닌 여러 목적지 방문을 계획할 수 있다.

2 소비자 정보검색 절차

1) 소비자 정보획득 모델

정보통신기술(ICT)은 의사결정과정에서 결정적인 역할을 한다. 관광객들은 스마트폰을 활용하여 실시간으로 정보를 획득하고, 예약하고, 바로 결제할 수 있다. 스마트폰은 인터넷을 기반으로 한 디지털 사회와 스마트관광을 만들어냈다. 스마트관광은 자율적이며, 유연한 정보검색이 가능하며, 즉각적으로 상호작용을 하고, 장소에 구애받지 않으며, 빅데이터를 기반으로 맞춤형 여행정보와 서비스를 검색할 수 있는 특징을 갖는다. 관광객은 장소 및 상황에 관한 인지를 바탕으로 필요한 정보를 손쉽게 얻을 수 있다.

그림 4-2 | 소비자 정보획득 모델

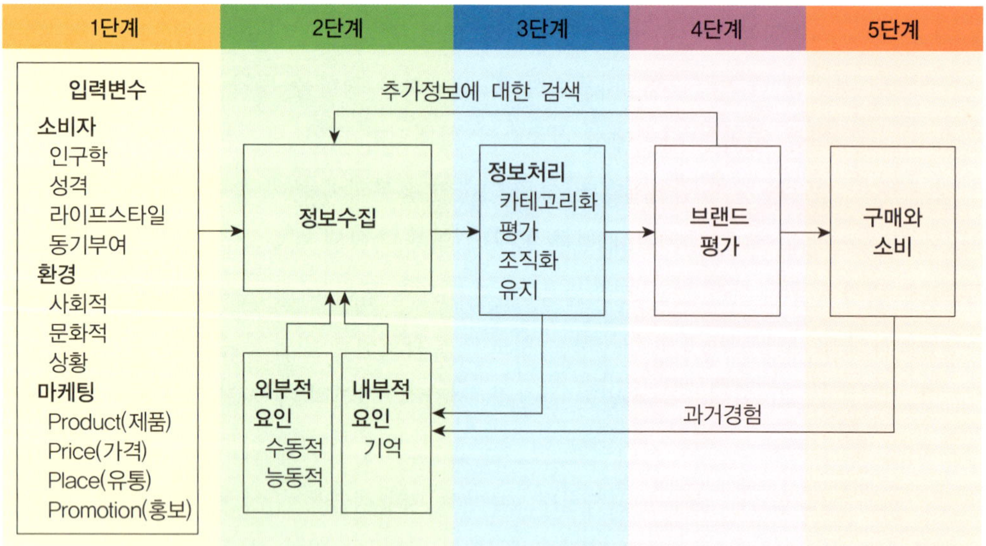

출처: Vogt and Fesenmaier(1998)

소비자의 정보획득 및 처리 모델은 어떤 제품의 구매 여부를 결정하기 전에 진행하는 여러 단계를 설명한다. 첫 번째 단계는 소비자가 구매할 때 영향을 주는 투입요소나 배경요인에 관한 고려이다. 소비자의 성격, 라이프스타일, 동기부여와 같은 소비자 특성, 사회·문화·상황적 환경, 마케팅의 4P(제품, 가격, 유통, 홍보)는 소비자가 구매할 때 투입되는 요소다. 두 번째와 세 번째 단계는 시간의 경과에 따라 유지되는 정보획득 및 처리과정을 강조한다. 소비자는 내·외적 요인을 바탕으로 정보를 수집한다. 정보를 획득한 후 이를 평가하고 조직화시켜 자신의 욕구와 일치하는지 판단한다. 네 번째 단계는 필요한 기능을 우선으로 하는지, 또는 브랜드 충성도에 동의하는지 여부 등을 포함한 브랜드 평가이다. 마지막 단계에서 소비자는 자신이 획득한 정보를 바탕으로 실제 제품을 구매하고 사용한다.

3 정보검색의 여행자 시나리오

1) 정보니즈와 스마트폰 앱 사용 및 결과의 연관성

스마트폰의 사용은 관광객의 적극적인 경험과 연계된다. 스마트폰은 온라인 정보 매체와의 지속적인 연결을 가능하게 한다. 이를 통해 관광객들은 여행 중일 때에도 관광정보를 실시간으로 이용함으로써 유연하게 여행할 수 있다. 따라서 관광객들은 불만족스러운 사건이 발생할 때 그들의 활동과 계획을 조정할 수 있고, 궁극적으로 그들의 여행에 대해 더 많은 자신감을 얻게 된다. 결과적으로 여행을 통해 더 나은 가치를 갖는다.

[그림 4-3]은 여행 동기와 스마트폰을 활용하여 관광목적지, 숙박, 교통, 음식점, 그리고 관광지를 찾는 관광의 형태와 동기 그리고 스마트관광행동에 대해서 설명한 것이다.

스마트폰은 관광객의 관광경험을 변화시키고 중재한다. 소비자는 정보검색의 과정에서 정보니즈를 가진다. 정보니즈는 기능적, 쾌락적, 혁신적, 심미적, 사회적(부호적) 니즈로 나뉜다. 스마트관광 내에서 관광객은 5개의 정보니즈를 충족시키기 위해 스마트폰을 사용한다. 스마트폰 앱의 사용이 관광 경험에 영향을 미치게 되며, 이는 스마트폰 사용의 결과를 나타내게 된다. 관광객은 자신의 관광 경험과 스마트폰 앱의 니즈 충족도, 결과 등을 리뷰를 통해 표현한다.

그림 4-3 | 개인의 스마트폰 사용과 관광활동 프로세스

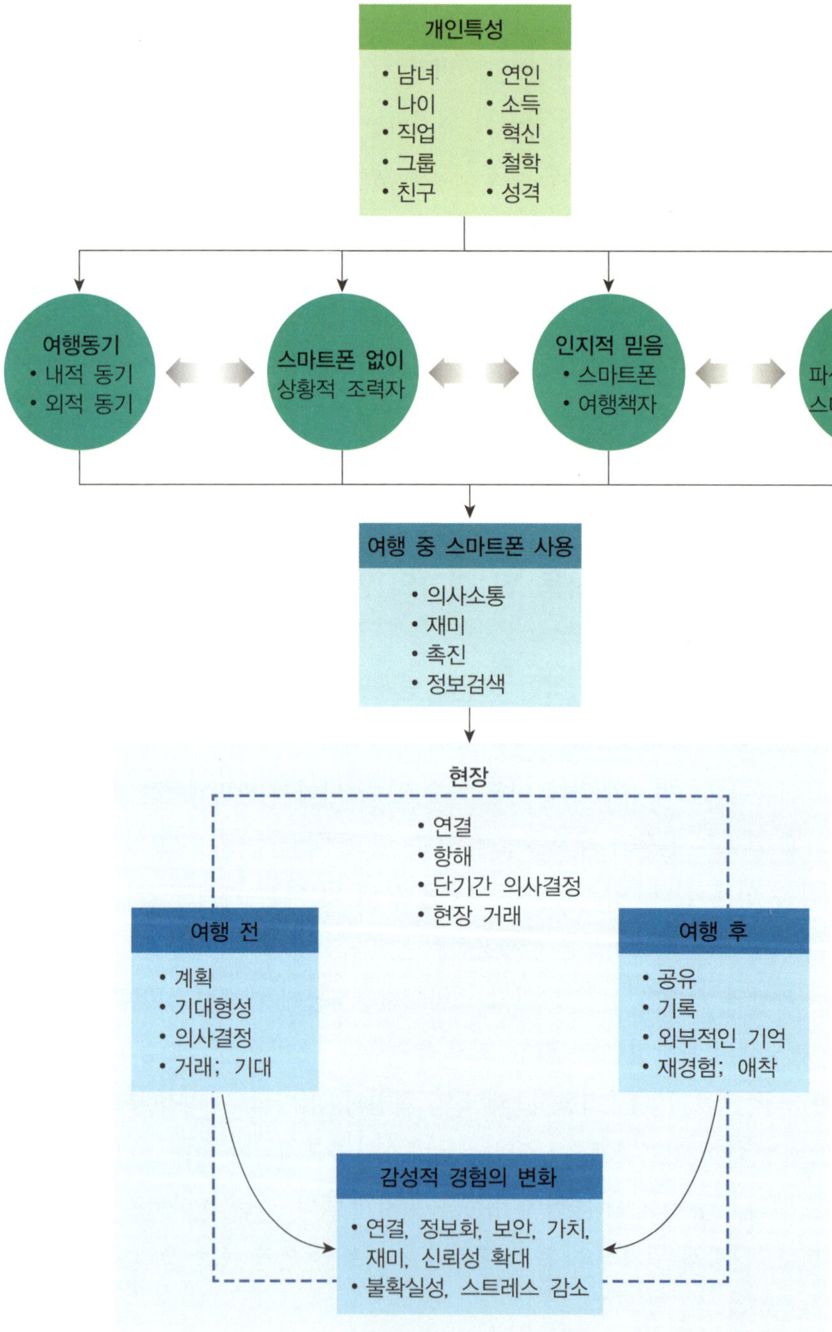

출처: Wang, Xiang and Fesenmaier(2014)

그림 4-4 | 여행동기와 스마트폰 그리고 관광

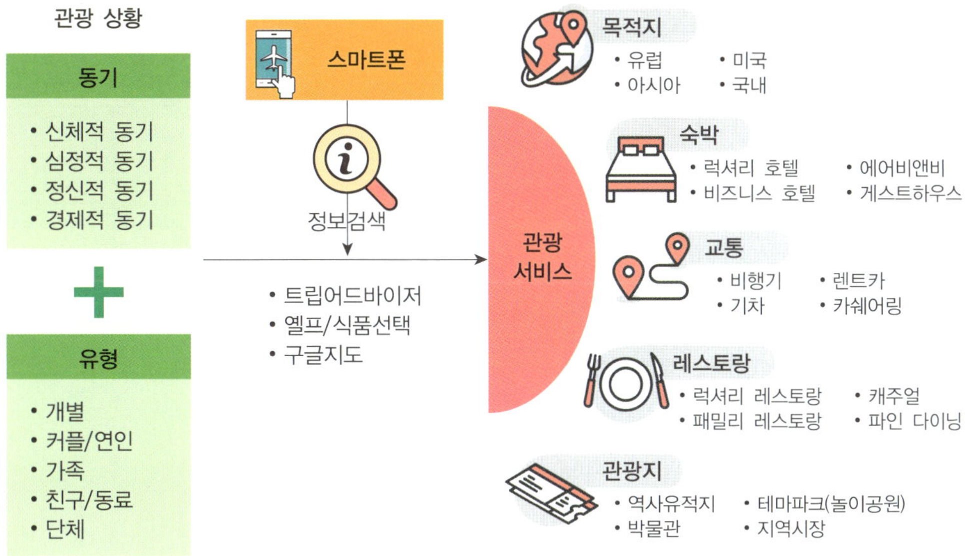

[표 4-1]은 관광 관련 스마트폰 앱의 리뷰를 분석하여 앱이 관광객의 정보니즈를 해결하는 정도와 이에 따른 결과를 나타낸 것이다. 5가지 정보니즈는 모두 관광객의 리뷰에서 언급되었으며, 기능적 정보니즈가 가장 빈번하게 나타났다. 이후 사회적(부호적). 쾌락적, 혁신적, 심미적 정보의 니즈의 순서이다. 정보니즈를 충족할 경우의 만족도는 행동에서 감정까지 총 14가지의 결과를 가져온다. 약 4분의 1은 스마트폰 앱이 여행에서 '좋은 가치'를 얻고, 기획 및 활동 측면에서 '효율적'이며 '전반적인 만족도'를 향상한다고 답했다. 여행자 중 10%는 스마트폰 앱 이용이 여행에 '기쁨', '기대충족', '평화로운 마음'(스트레스 해소)을 더했다고 답했다. '부유한 경험', '여행의 영감', '생명의 은인, '자신감', '행복공유', '자부심', '다양한 장소의 방문' 등 다양한 결과를 보여주었다.

표 4-1 스마트폰 정보니즈와 결과 빈도

구분		응답수	%(N=202)
정보니즈	정보 니즈	164	81
	기능적	44	22
	사회적(부호적)	33	16
	쾌락적	18	9
	심미적	14	7
	전체	273	
결과	좋은 가치	53	26
	효율성	40	20
	전반적인 만족	36	18
	쉬운 삶	25	12
	기쁨	23	11
	기대 충족	20	10
	평화로운 마음	19	9
	부유한 경험	13	6
	여행의 영감	12	6
	생명의 은인	11	5
	자신감	11	5
	행복 공유	9	4
	자부심	7	3
	다양한 장소 방문	6	3
	전체	283	

출처: Wang D.(2012)

2) 관광경험 시나리오

다음 제시될 각각의 시나리오들은 The Role of Smartphones in Mediating the Touristic Experience(Wang, D., 2012)에서 선정한 관광 앱의 리뷰 중 일부를 바탕으로 만들어졌다. 관광객이 실제 앱을 활용하여 발생한 관광경험을 시나리오로 구성하고, 앱과 [그림 4-5]에서 제시된 경험의 연관성을 중점으로 제작되었다. 시나리오는 스마트폰의 관광경험 중재에 대한 생생한 이해를 제공한다.

(1) 시나리오 Ⅰ: 효율성(efficiency)과 좋은 가치(good value)

관광객들이 여행 중에 일어날 수 있는 모든 상황을 예측하기는 어렵다. 예상치 못한 상황을 대비하면서 계획을 짜는 것은 관광객들에게 쉽지 않은 과제이다. 또한 예측 불가능한 상황의 발생은 관광객들이 미리 계획해 놓은 원래의 일정을 따르는 것을 제한한다. 따라서 관광객들은 여행 내 위험요소들을 대비하기 위한 추가정보가 필요하고, 즉각적으로 정보에 접근할 수 있어야 한다. 이러한 정보요구를 충족하면 여행 프로세스의 효율성은 향상되고, 여행의 가치를 극대화할 수 있을 것이다.

그림 4-5 | 'Flight Update Pro' 사용 시나리오

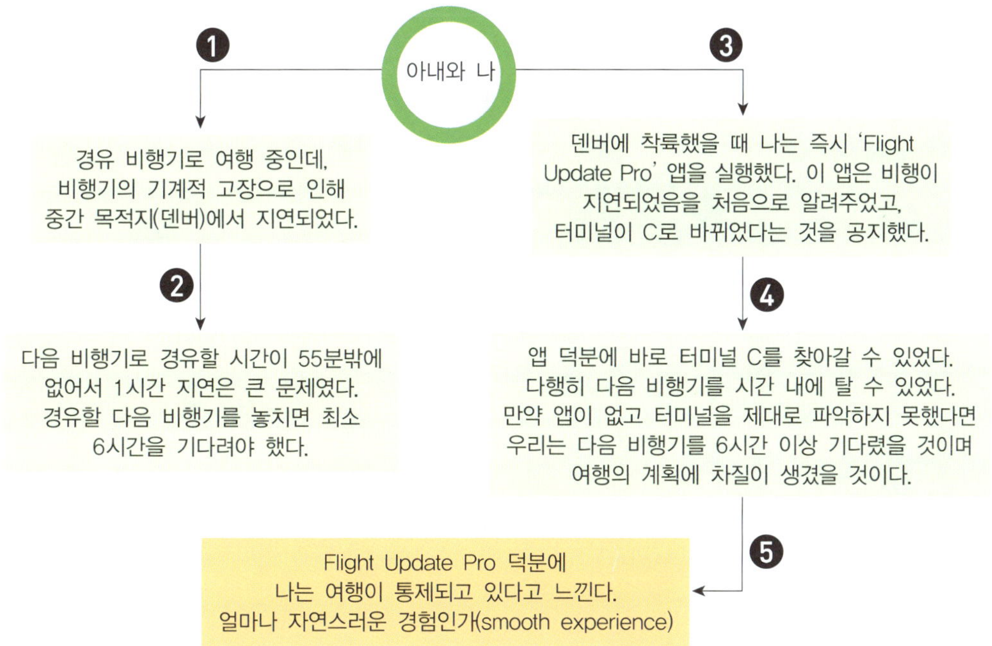

[그림 4-5]는 'Flight Update Pro' 앱의 사용 시나리오를 보여준다. 주인공의 경유 비행이 지연되었기 때문에, 다음 연결 비행기를 탈 시간이 부족한 문제가 생겼다. 주인공은 Flight Update Pro 앱을 사용하여 최단시간 내에 연결 게이트를 찾았고, 6시간의 대기를 피할 수 있었다. 결과적으로 주인공은 여행이 자신의 통제 아래 있으며, 여행의 과정이 자연스럽게 흘러간다고 느꼈다.

[그림 4-6]은 월트 디즈니 월드(WDW) 내에서 앱 'Lines'의 사용 시나리오이다. 주인공

은 아이들과 함께 월트 디즈니 월드를 방문한다. Lines 앱이 없다면 주인공은 긴 대기시간에 지쳐 월트 디즈니 월드를 다시 방문하지 않을 것이다. 반면, Lines 앱을 사용할 경우 각 놀이기구의 대기시간, 추천 Fastpass 등에 관한 최신 정보를 얻을 수 있었다. 주인공은 제공된 정보를 바탕으로 월트 디즈니 월드에서 가장 효율적인 이동계획을 세울 수 있었다. 결과적으로 주인공은 자신들이 '가치가 있는 여행'을 했다고 느끼게 되었다.

그림 4-6 | 월트 디즈니 월드 앱 'Lines' 사용 시나리오

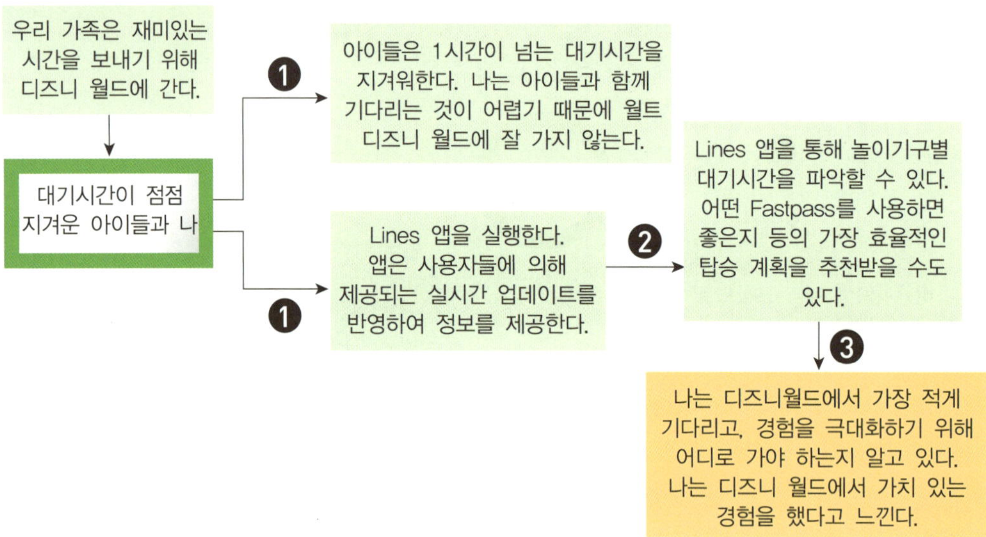

(2) 시나리오 Ⅱ: 다양한 장소의 방문(visiting more places)과 풍부한 경험(having rich experiences)

여행에서 발생하는 예상치 못한 상황들이 반대로 관광객에게 새로운 경험과 추가적인 행복을 제공할 수 있다. 스마트폰은 관광객들의 선호도에 근거하여 새로운 선택지를 제안하고, 관광객들의 검색 결과를 개인화할 수 있도록 도와준다. 모험적 경험에 내재된 위험을 줄이기 위해 관광객들은 자신들의 부족한 의사결정에 도움을 주는 정보를 필요로 한다. 여행상품의 무형적 특징 때문에 관광객들은 주로 소비 시에 목적지를 경험하고, 만약 그것이 예상한 것과 일치하지 않는다면 그들의 계획을 바꿀 수도 있다.

'Roadside America' 앱은 관광객에게 새로운 장소를 추천함으로써 경험하거나 들어보지 못한 곳의 장소와 관광객을 연결한다. 주인공은 앱을 즐겨 사용하여 새로운 계획을 세웠고 심지어 휴가를 연장하기도 했다. 주인공은 Roadside America 앱이 기존의 지도나 가이드의 안내를 사용한 여행보다 자신의 여행을 천 배나 향상했다고 느꼈다.

그림 4-7 | 'Roadside America' 사용 시나리오

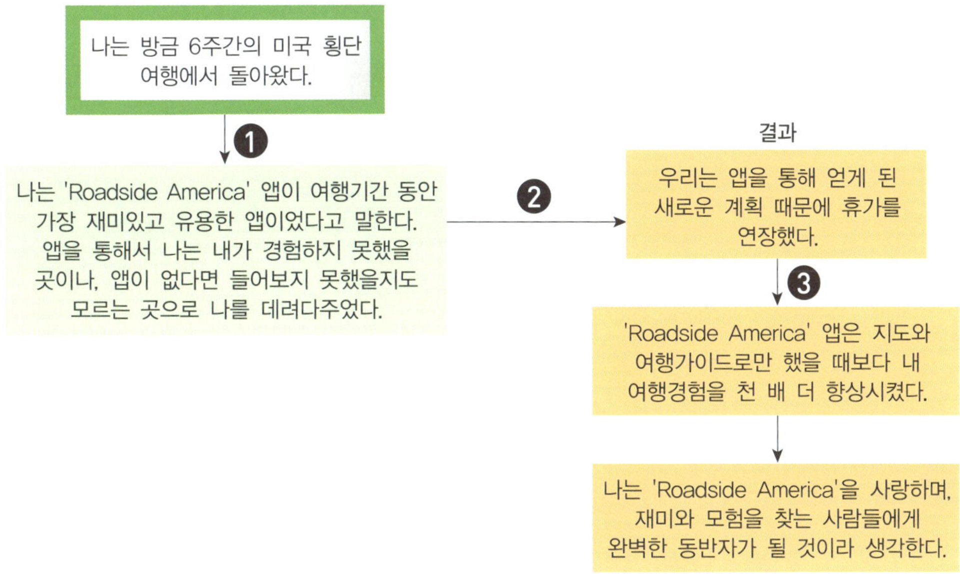

그림 4-8 | 'Open Table' 사용 시나리오

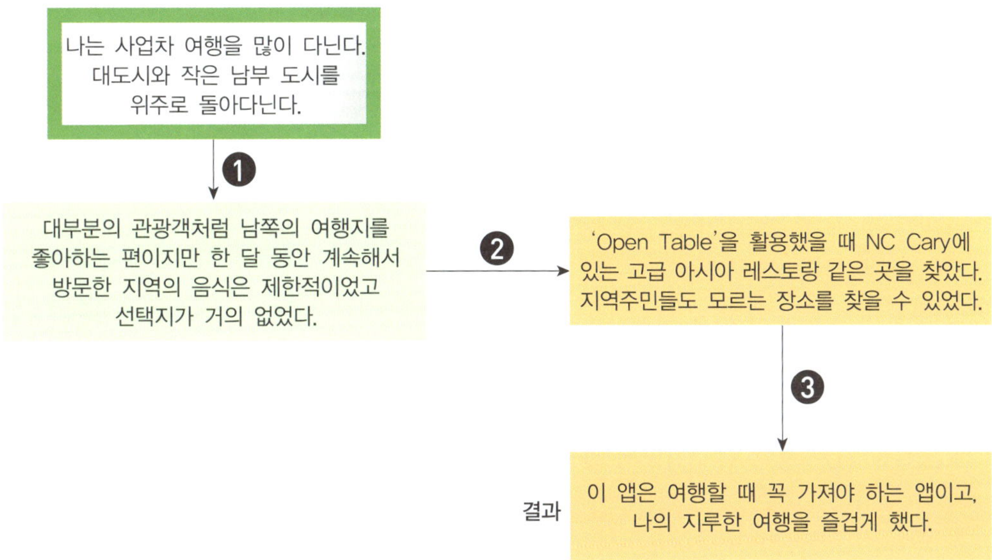

[그림 4-8]은 자주 여행을 다니는 관광객의 이야기이다. 계속 같은 현지 음식에 싫증이 난 주인공은 Open Table 앱을 사용해서 새로운 장소를 추천받았다. 지역주민들도 존재하는지 모르는 장소를 찾게 함으로써 결과적으로 앱은 '지루한 여행을 즐겁게 만든다'라는 느낌을 주었다.

(3) 시나리오 Ⅲ: 즐거운 여행(delightful trip)과 높은 만족도(higher satisfaction)

관광객은 재미, 즐거움, 감각 자극에 대한 쾌락을 추구하며, 스마트폰도 이에 맞춰 참신한 정보를 제공한다. 여행을 '즐거운 여행'이라고 인식하는 것, 그리고 여행 자체에 '높은 만족도'를 갖는 것은 스마트폰을 사용함으로써 여행 중 얻게 되는 결과다.

그림 4-9 | 'Air Traffic Control' 사용 시나리오

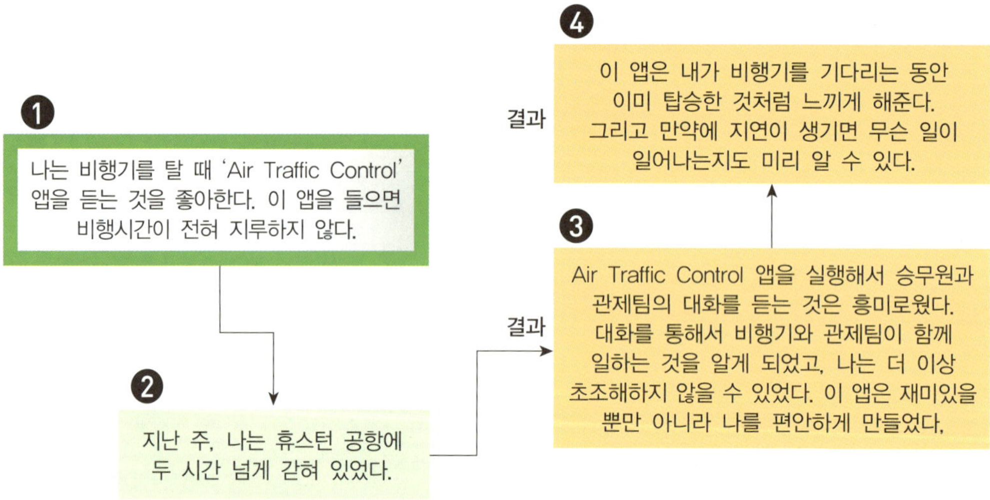

'Air Traffic Control'은 승무원들과 항공관제 직원들 사이의 대화를 실시간으로 들을 수 있는 앱이다. 관광객이 이를 들을 수 있도록 하여 공항 대기시간의 지루함을 덜어준다. 앱에서 제공되는 대화를 들으면 '비행기와 관제 직원이 함께 일하고 있음'을 알 수 있기 때문에, 긴장한 탑승객은 이 앱을 통해 재미뿐만 아니라 '편안함'까지 제공받을 수 있다.

스마트폰 앱은 관광객이 경험의 쾌락적 측면(즐거움)을 인식하도록 도움을 주어, 여행에 대한 전반적인 만족도 역시 높게 이끌어낸다. [그림 4-10]에서 Postman 앱은 주인공의

니즈를 정확히 파악했고, 충족시켰다. 주인공은 앱을 활용해서 자신이 직접 찍은 사진으로 엽서를 만들 수 있었고, 멋진 일몰을 남편에게 공유할 수 있었다. 그 결과 주인공은 앱을 통해 얻은 독특한 경험 때문에 여행(특히 일몰)을 제대로 즐길 수 있었다.

그림 4-10 | 'Postman' 사용 시나리오

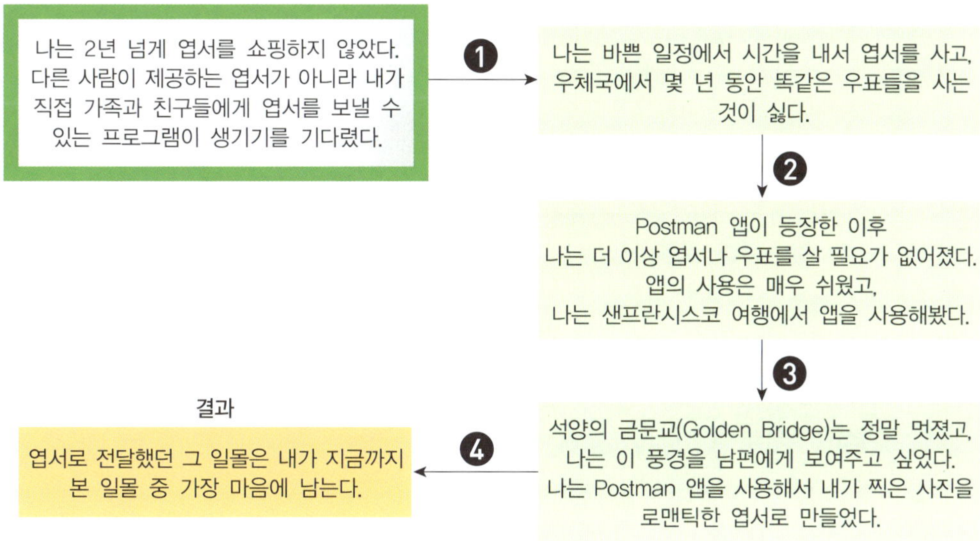

(4) 시나리오 Ⅳ: 행복 공유(share happiness)와 자부심(show off), 평화로운 마음(peaceful mind)

스마트폰은 여행 중에 관광객이 가족 및 친구들과 지속적으로 연락할 수 있게 함으로써 여행경험을 중재한다. 또한 온라인 커뮤니티 플랫폼을 제공함으로써 같은 목적지를 방문하여 비슷한 정보를 찾는 관광객들을 연결한다. 이러한 '휴대용(portable)' 커뮤니티는 여러 면에서 여행경험을 풍부하게 만든다.

[그림 4-11]에서 주인공은 친구들과 함께 디즈니랜드를 방문했을 때 더 많은 사람과 어울려 놀기를 원했다. 이를 위해 주인공은 'MouseWait' 앱에서 같은 시간에 디즈니랜드에 있는 다른 관광객들과 연결되었고, 함께 즐거운 시간을 보낼 수 있었다. 다른 사람들과도 즐거운 만남을 가능하게 해준 앱 덕분에 주인공은 디즈니랜드를 '지구에서 가장 행복한 곳'이라고 느꼈고, 이 행복을 공유했다.

관광객은 스마트폰을 통해 정보를 즉각적으로 얻을 수 있다. 이러한 이점은 관광객들이

그림 4-11 | 'MouseWait' 사용 시나리오

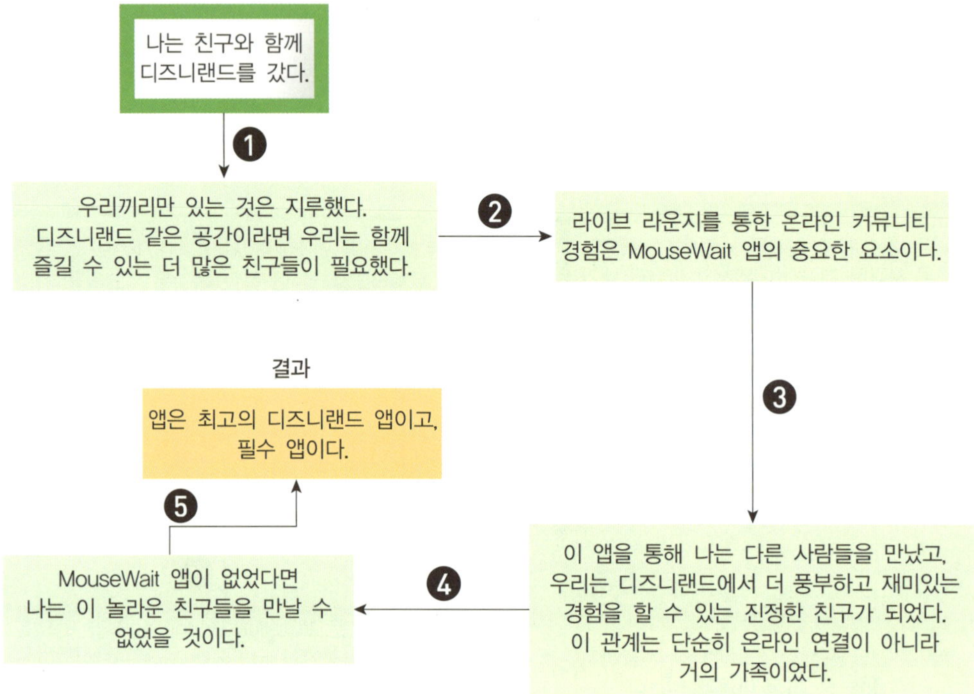

그림 4-12 | 'Flight Status' 사용 시나리오

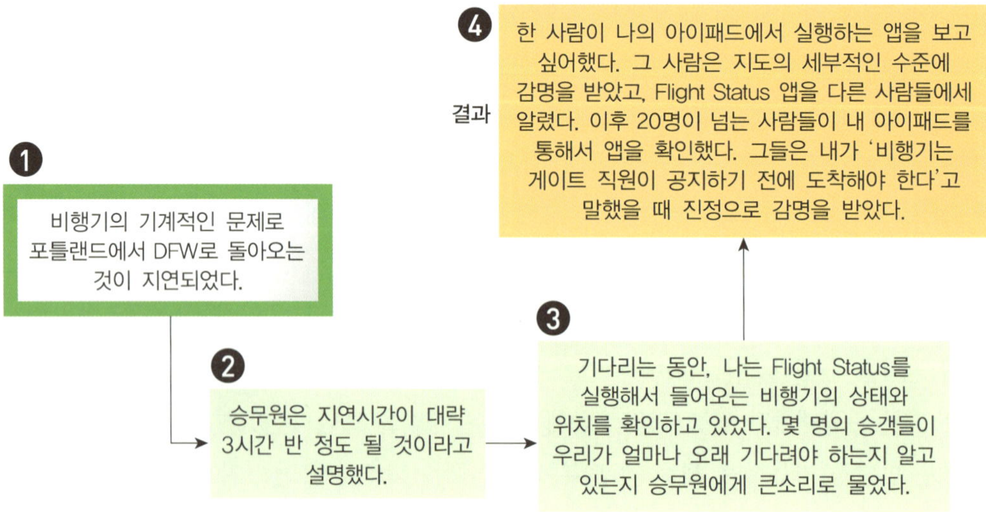

자신이 속한 그룹 내에서 특별하다고 느낄 수 있도록 만들어준다. [그림 4-12]에서 포틀랜드에서 비행이 지연된 주인공은 대체할 비행편을 확인하기 위해 앱 'Flight Status'를 실행했다. 이때 같은 비행기를 기다리는 다른 승객들에게 앱을 소개했다. 주인공은 '비행기가 게이트 직원의 안내보다 먼저 도착해야 한다'라고 말하는 것을 자랑스럽게 여겼으며, 주변 사람들의 감사 표시가 '정말 좋다'라고 느꼈다. 결과적으로 주인공의 여행은 스마트폰 사용으로 인해 '개선되었다'라고 볼 수 있다.

스마트폰 앱을 활용하면 정보를 쉽게 공유할 수 있다. 관광객이 그들의 가족, 친구 등에게 여행 중의 정보와 소식을 공유하는 것을 가능하게 만들며, 업데이트된 정보를 통해 여행의 불확실성에서 유발되는 두려움이나 걱정을 제거한다. [그림 4-13]은 복잡한 여행 일정을 관리하고, 아내와 정보를 공유할 수 있는 'TripIt'의 사용을 보여준다. 주인공은 TripIt 앱을 사용하여 자신의 일정을 아내에게 공유한다. 이 내용을 보고 자신도 여행 일정에 혼란을 겪지 않아 '안도의 한숨'을 내쉴 수 있었고, 아내는 남편의 일정을 알 수 있었기 때문에 '평화로운 마음'을 가질 수 있었다.

그림 4-13 | 'TripIt' 사용 시나리오

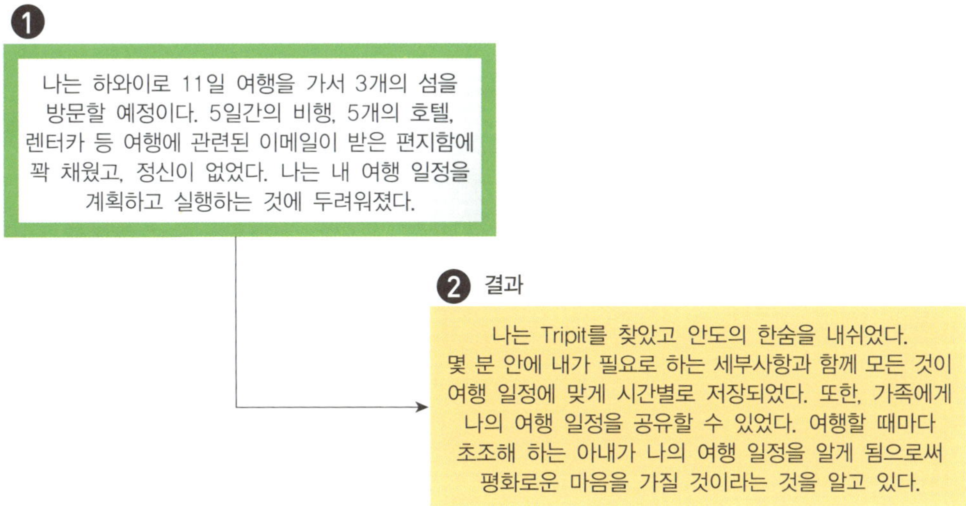

(5) 시나리오 Ⅴ: 여행의 영감(inspiration for travel)

미적 소비는 관광 경험의 흥미로운 부분이다. 기능적 욕구와 달리 미적 욕구는 스스로 발생한다. 스마트폰 앱은 관광지와 명소의 이미지 구축에 도움을 주고, 이를 위한 정보를 제공하며, 그 결과 사람들이 더 많이 여행할 수 있도록 영감을 줄 수 있다.

[그림 4-14]의 주인공은 정보를 얻기 위해 'American Treasure'를 사용했다. 여행하도록 영감을 주었던 목적지에 가기 위한 계획을 짤 때 앱을 통해 필요한 정보를 얻는 경험을 했다.

그림 4-14 | 'American Treasure' 사용 시나리오

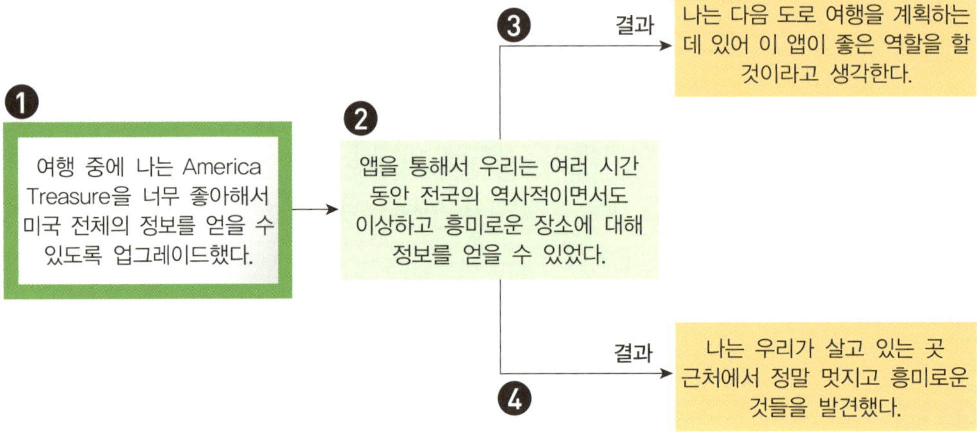

스마트폰 앱에 대한 고객의 리뷰를 바탕으로 볼 때 스마트폰은 관광 경험을 중재한다는 것을 알 수 있다. 스마트폰 앱은 관광객들이 예상하지 못한 상황에 대처하고, 여행을 효과적으로 즐기고 끝낼 수 있도록 돕는다. 관광객은 스마트폰을 사용함으로써 놀라움, 흥미 등 쾌락적 경험을 한다. 또한 새로운 정보나 성취감, 호기심 등을 얻기도 한다. 여행 도중 스마트폰을 사용함으로써 관광객은 가족, 친구 및 다른 사람들과 의사소통을 지속적으로 이어나갈 수도 있다. 결국 스마트폰은 여행자들에게 창의적이고 자발적인 여행을 가능하게 했으며, 더 큰 만족감을 제공하게 된다.

학습내용 정리

01 관광시장은 크게 지리학적, 사회인구통계학적, 심리적, 행동적 세분화로 나눌 수 있다. 관광지 마케팅 및 관리를 위해 시장을 분석하고 시장 세분화를 하는 것은 중요하다. 관광객이 하나 이상의 관광지를 방문하려는 결정을 내리는 과정을 이해함으로써 시장분석을 할 수 있다. 시장 세분화의 효용성은 측정성, 크기, 동질성, 호환성, 접근성, 수행가능성, 취약성, 관련성과 같은 8가지 요소를 고려하여 평가한다.

02 관광객은 단일 목적지 여행과 다중 목적지 여행으로 패턴이 구분된다. 관광객은 ① 쾌락 여행은 상호의존적인 여행활동으로 비교적 복잡한 패턴으로 구성되기 때문에, ② 친구 혹은 친적집에서의 일시적 정착은 여행객으로 하여금 더 많은 관광지를 방문하고자 하는 경향을 높일 수 있기 때문에, ③ 추구하는 편익이 단일에서 다중으로 확대됨에 따라, 다양성 추구 욕구가 강해지기 때문에, ④ 관광객들은 여러 관광명소들을 한 여행으로 묶어 여행하는 것이 추구하는 혜택을 얻기 위해 하나의 목적지에 의존하는 것보다 불확실성과 위험의 수준을 줄인다고 받아들이기 때문에, ⑤ 여행자가 직면한 공간적, 시간적, 개인적 제약조건의 변동성은 서로 다른 시간 또는 다른 조건에 따라 그들의 욕구를 수용하기 위해 합리적이고 근접한 다양한 목적지가 필요할 수 있기 때문에 여러 목적지 방문을 계획한다.

03 관광의 맥락에서 스마트폰의 사용은 관광경험과 연계된다. 관광객은 스마트폰을 통해 연결성, 안전성, 실시간 상호작용 등을 누리며 정보를 검색하고 획득할 수 있다.

04 스마트폰은 소비자의 정보검색 과정의 정보니즈를 충족시킨다. 스마트관광 내에서 관광객은 스마트폰을 사용하여 즉각적인 정보를 얻는다. 스마트폰은 관광경험을 중재하고, 여행자들에게 창의적이고 자발적인 여행을 할 수 있도록 돕는다.

학습내용 평가

01 다음 중 사회인구통계학적 세분화의 기준으로 옳지 않은 것은?

① 젠더　　② 반복적인 방문　　③ 연령
④ 소득　　⑤ 신체적 컨디션

02 시장 세분화의 효용성을 평가하는 8가지 요소를 나열하시오.

03 다음 중 빈칸에 알맞은 말을 적으시오.

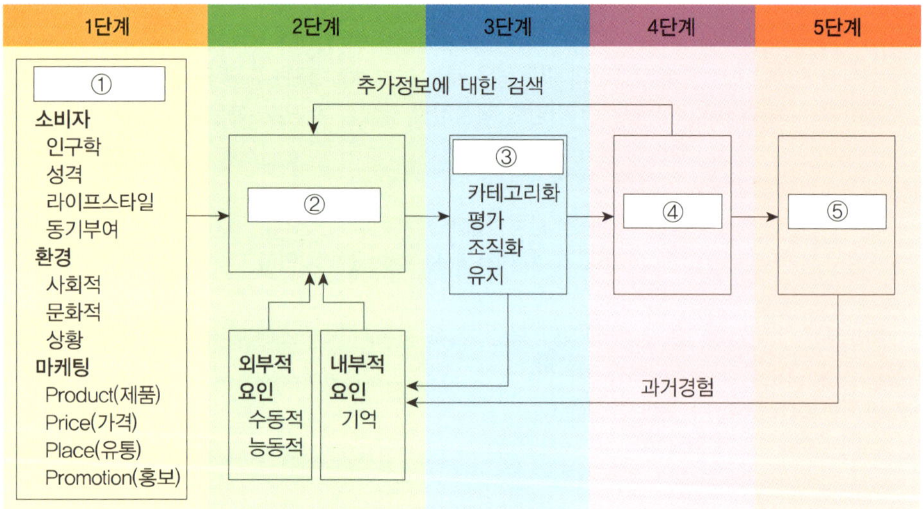

04 변화하는 관광에서의 정보의사결정과정을 스마트폰과 연결지어 설명하시오.

답 1. ②
2. 측정성, 크기, 동질성, 호환성, 접근성, 수행가능성, 취약성, 관련성
3. ① 입력변수, ② 정보수집, ③ 정보처리, ④ 브랜드 평가, ⑤ 구매와 소비

참고문헌

Vogt and Fesenmaier, "Expanding the functional information search model," *Annals of Tourism Research*, 25(3), 551-578.

Wang, D., Park, S. and Fesenmaier, D. R.(2012), "The Role of Smartphones in Mediating the Touristic Experience," *Journal of Travel Research*, 51(4).

Susan I. Stewart, Christine A. Vogt(1997), "Multi-Destination Trip Patterns," *Annals of Tourism Research*, Volume 24, Issue 2, 458-461.

Chi-Chuan Lue, John L. Crompton and Daniel R. Fesenmaier(1993), "CONCEPTUALIZATION OF MULTI DESTINATION PLEASURE TRIPS," *Annals of Tourism Research*, Vol. 20, 289-301.

Chapter 05

스마트관광과 온라인 리뷰

개관

이 장에서는 스마트관광에 필수적인 관광 온라인 리뷰의 개념과 역할을 살펴보고, 그 전략적 효과와 스마트관광에 필요한 온라인 리뷰 생태계를 학습한다.

학습목표

1. 온라인 리뷰의 개념과 역할에 대해 이해한다.
2. 스마트관광 온라인 리뷰를 학습한다.
3. 스마트관광 생태계 속에서 온라인 리뷰의 사용 예를 살펴본다.

핵심용어

온라인 리뷰, 호텔 리뷰, 레스토랑 리뷰, 트립어드바이저, 옐프 리뷰

1 스마트관광과 온라인 리뷰

1) 관광 온라인 리뷰의 필요성

관광 온라인 리뷰(travel online review)는 기업이나 제3자의 웹사이트에 업로드한 상품이나 서비스에 대한 소비자의 평가로 정의된다. 온라인 리뷰는 특별한 사회적 유대가 없는 플랫폼에서 여러 사람들과 소통하고 교환할 수 있다는 점에서 오프라인 평가와는 차이가 있다. 온라인 리뷰는 이미 해당 관광상품이나 서비스를 경험한 소비자들의 평가나 의

견을 제공함으로써 소비자들의 불확실성을 낮춰준다.

그림 5-1 | 온라인 리뷰의 예

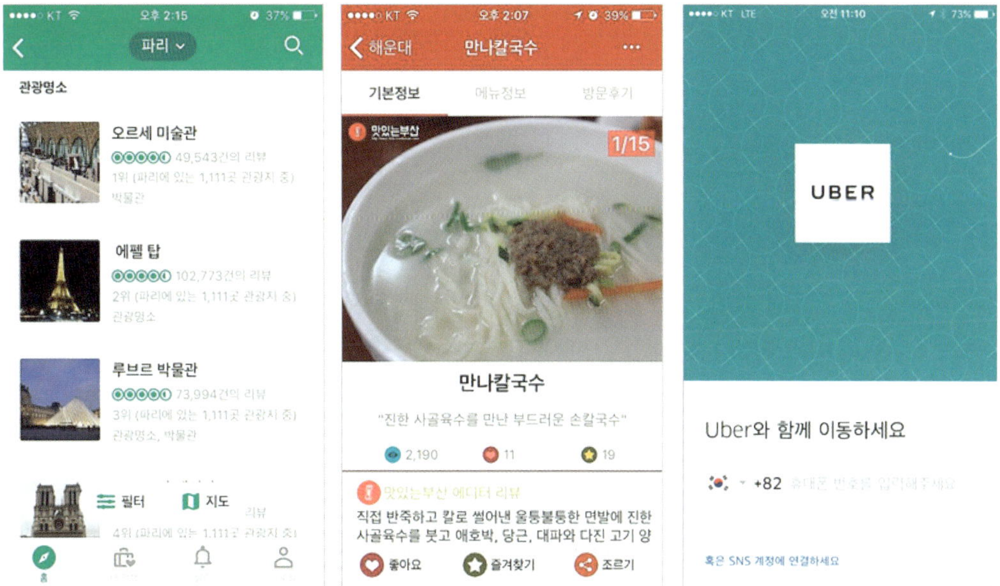

트립어드바이저 리뷰가 실시간으로 올라오는 자료라서 왠만한 가이드북보다 좋습니다

여행가기 전에 부산은 맛집이 많다고 해서 어쩌나 했는데, 제대로 된 리뷰를 참고해서 맛집투어를 잘할 수 있었어요

공항에 내렸을 때 막막했는데, 우버를 이용하니까 편하고 저렴하게 호텔까지 갈 수 있었어요~ 앱도 완전 잘 되어 있어요~

잠재고객들이 의사결정과정에서 온라인 리뷰를 참고하기 때문에 판매자들은 자신들의 상품과 브랜드가 온라인상에서 어떻게 평가되는지에 대해 주의를 기울인다. 온라인 리뷰는 관광상품 판매에 긍정적인 영향을 미치며, 온라인 평가의 질은 잠재고객들의 구매 의사를 증가시키는 역할을 한다. 온라인 리뷰는 특히 환대와 관광산업에서 더욱 중요한데, 이는 대부분의 관광상품과 서비스는 무형이며 직접 경험하기 전까지는 정확하게 평가하기 힘들기 때문이다. 긍정적인 온라인 리뷰가 많은 호텔이 더욱 안정된 재정상태를 유지한다는 사실과 온라인 리뷰가 많은 호텔이나 관광지에 방문하는 관광객의 비율이 높다는 사실이 연구를 통해 증명되었다. 즉, 관광산업에서 온라인 리뷰는 매우 중요하며, 소비자들의 구매결정에 영향을 미치는 가치 있는 정보이다.

표 5-1 관광산업의 온라인 리뷰에 대한 선행 연구 영역 분석

연구 분야	수	%
관광지	3	5.5
숙박	35	63.6
레스토랑	8	14.5
관광명소	1	1.8
관광상품 전반	8	14.5

출처: Hlee et al.(2018)

온라인 리뷰는 숙박산업 분야에서의 온라인 리뷰에 대해 가장 많은 연구가 진행되었고(35건, 63.6%), 레스토랑(8건, 14.5%), 관광목적지(3건, 5.5%), 관광명소(1건, 1.8%) 순서를 기록했다. 다른 세부 영역에서는 상대적으로 적은 수의 연구가 진행되었다.

그러나 관광객들은 여행계획을 세우는 과정에서 '어디서 숙박할 것'인지 보다 어디를 여행할 것인가'를 먼저 결정한다. 그러므로 관광지나 관광명소에 대한 온라인 리뷰 및 소비자의 평가에 영향을 미치는 주요 특징에 관한 연구가 더욱 요구된다.

2) 온라인 리뷰의 요소

글로 자신의 경험이나 평가를 자세히 서술하는 온라인 리뷰의 주요 요소는 **텍스트 내용(textual content)**이다. 호텔, 레스토랑, 관광지에서의 개인적 경험은 평점(review rating)과 같은 수치정보만으로 제시하기에는 한계가 있어 **내용의 풍부함(richness of review textual content)** 역시 중요하며, **리뷰 작성자들의 개인 특성과 성향** 또한 해당 리뷰의 유용성을 결정하는 중요한 요소가 된다.

온라인 리뷰가 관광상품을 잘 나타내는지, 온라인 리뷰의 내용이 사실적이고 객관적인 관점을 반영한 것인지, 추상적이고 감정적인 관점을 반영한 것인지 등은 소비자에게 중요한 고려요인이다. 객관적 사실을 제공하는 것이 더 중요할 것이라 일반적으로 여겨지지만, 관광 분야에서는 경험에 대한 공감적 묘사가 단순한 사실보다 잠재고객들에게 더욱 매력적으로 다가갈 수 있다.

그림 5-2 | 온라인 리뷰 제공자 특성

리뷰의 구체성(review concreteness)은 객관적인 사실(concrete)부터 경험을 기반으로 한 주관적이고 감성적인 평가(abstract)까지 포괄하는 텍스트 내용으로 정의한다. 따라서 리뷰의 구체성은 온라인 리뷰가 관광상품 및 서비스를 어떻게 표현하는지와 이것이 의사결정과정에서 정보를 탐색하는 여행객들에게 어떤 영향을 미치는지를 이해하게 만든다.

3) 관광 온라인 플랫폼

온라인 리뷰는 관광상품(관광목적지(destinations)(예 도시, 지방), 관광명소(attractions)(예 해변, 박물관), 숙박(accommodations)(예 호텔, 게스트하우스), 기타시설(amenities)(예 레스토랑, 바, 클럽) 등)을 여행정보 플랫폼(블로그, 온라인 스토어, 온라인 구전(예 eWOM, electronic Word-of-Mouth), SNS 등에 기재하여 경험을 공유하는 것이다. 관광은 정보집약 산업이기 때문에 기술의 발전에 따른 소비자행동의 변화 및 경험자의 영향력을 이해하는 것이 중요하다. 온라인 리뷰 플랫폼의 인기가 급증함에 따라 관광산업에서도 온라인 리뷰에 대한 소비자의 참여와 태도나 구매의도에 미치는 영향력이 점점 커지고 있다.

트립어드바이저(TripAdvisor), 옐프(Yelp)와 같은 관광정보 플랫폼은 관찰자(observer), 중재자(mediator), 조정자(moderator), 참여자(participant)로서의 역할을 하며 온라인 리뷰 커뮤니케이션의 중요한 역할을 맡고 있다. 트립어드바이저, 옐프, 구글 맵 등은 소비자들이 자신이 경험한 관광 상품과 서비스에 대한 평가를 온라인상에 올릴 수 있는 시스템을 제공한다. 이렇게 게시된 온라인 리뷰들은 제3자나 판매자로부터 제공된 정보에 비해 **더 높은 신뢰성**을 가진다. 온라인 리뷰는 관광객들에게 정보제공을 위한 공동생산의 수단뿐만 아니라 관광 서비스 제공자들에게도 마케팅 전략을 위한 정보를 제공하는 중요한 자료가 된다. 공동생산자로서의 소비자 역할이 증대되면서 온라인 리뷰는 경험적 효용 및 경제적 이익을 제공하는 사회적 자본이 되었다. 이러한 플랫폼의 증가는 소비자들에게 권력이 생기기 시작했다는 의미이며, 관광 분야에서 공동창조 및 공동생산의 새로운 패러다임이 시작되었음을 나타낸다.

4) 온라인 리뷰의 정보처리 속성

상품이나 서비스를 판단하고 태도를 형성하는 소비자의 정보처리 전략은 크게 '직관적 정보처리'와 '체계적 정보처리'로 분류된다. 직관적(heuristic) 정보처리를 하는 소비자들은 의사결정을 하는 정보처리 과정에서 직관적으로 인지할 수 있는 정보나 단서를 바탕으로 태도를 형성하고, 정보의 질적 부분보다는 다른 단서들에 초점을 맞추어 정보처리를 하게 된다. 반면, 체계적(systematic) 정보처리를 하는 소비자들은 의사결정을 하는 과정에서 관계되는 많은 양의 정보를 파악하고 분석적으로 태도를 형성한다.

(1) 직관적 정보처리 프로세스(heuristic process)

관광 온라인 리뷰가 소비자의 인식에 미치는 직관적 영향력은 '리뷰 기반(review-related)'과 '원천 기반(source-related)'의 속성에 따라 분류될 수 있다. 원천 기반은 리뷰를 생산하는 리뷰어의 속성을 나타내며, 리뷰 기반은 리뷰 내용 자체의 속성을 말한다.

① 원천 기반 휴리스틱(source-related heuristic impact)

리뷰 원천에 대한 **신뢰성**과 **리뷰의 유익**함과 관련이 있다. 잠재소비자들이 구매결정 과정에서 신뢰할만한 정보를 찾기 위해 많은 시간을 검색에 투자하는 이유를 나타내는 요소이기도 하다.

- 정체성 단서(identity cues): 많은 온라인 정보 플랫폼에서 일반적으로 발견할 수 있는 단서이다. 실제 사진, 실제 이름, 실제 주소와 같이 사용자가 스스로 제공하는 개

인적인 정보를 의미한다. 리뷰 원천의 신뢰성과 관련이 있다. 따라서 소비자들이 매우 가치 있는 정보로 여기며 소비자가 인식하는 리뷰의 유익함에 상당한 영향을 미친다.

- **평판 단서**(reputation cues): 다른 사람들의 의견을 종합하여 제시하는 시스템 생성정보의 일환이다. 신뢰받는 수, 기여도 수, 친구 및 팬의 수와 같이 평판도를 판단할 수 있는 단서를 의미한다. 이 단서들은 온라인 리뷰에 대한 소비자의 인식과 행동의도에 상당한 영향을 미친다.
- **진문가 단서**(expertise cues): 높은 수준의 지식, 능력, 기술을 가진 전문가로 인식되는 리뷰어(평가자)에 대한 정보로 리뷰에 기술한 주장의 타당성에 영향을 미친다. 전문가로 인식되는 리뷰어에 의해 작성된 리뷰는 소비자들에게 더 높은 신뢰를 받으며, 리뷰어가 얼마나 많은 도시를 방문했는지, 얼마나 많은 평가를 했는지 등의 시스템 생성 단서로 제공되는 정보이다.
- **권한 단서**(authority cues): 전문가 단서와 유사하지만, 리뷰어가 얼마나 전문성을 가지는지 등급이나 순위를 부여한 단서를 의미한다. 트립어드바이저가 제공하는 리뷰어의 레벨이나 추천 상위 레벨 리뷰어가 권한 단서의 대표적인 예가 될 수 있다.
- **편승 단서**(bandwagon cues): 집단의 의견을 가치 있게 여기는 것으로 리뷰를 읽는 사람들이 다른 사람들의 추세를 따르게 하는 편승효과를 일으키는 단서들을 의미한다. 소비자들은 많은 양의 정보를 접하게 되면, 불확실성과 인지된 위험을 감소시키기 위해 다른 사람들의 결정을 따라 하는 경향이 있다. 리뷰의 수, 축적된 유용성, 판매순위 등과 같이 다른 사람들이 어떠한 결정을 했는지를 보여주는 단서들을 의미한다.

② 리뷰 기반 휴리스틱(review-related heuristic impact)

리뷰 자체의 휴리스틱 영향은 속성 단서, 시각적 단서, 텍스트 단서로 구성되어 있으며, 온라인 리뷰 시스템에 가장 **직관적인 영향**을 미치는 요소들이다.

- **속성 단서**(attribute-based cues): 관광상품 자체가 가지고 있는 속성에 의해 유발된다. 예를 들어, 호텔의 경우에는 호텔의 위치, 청결도, 서비스, 객실 등이 속성 단서이며, 레스토랑의 경우에는 맛이나 물리적 환경이 속성 단서로 영향을 미친다. 더욱이,

호텔산업은 일반적으로 상품이나 서비스의 평가를 등급 (예 5성급, 4성급)으로 제시하기 때문에 제품 자체의 속성뿐만 아니라 호텔 등급도 속성 단서로 여겨진다.

- 시각적 단서(visual-based cues): 시각정보 형태로 제공되는 단서와 관련이 있다. 사진이나 비디오 클립은 더욱 빠르고 쉽게 볼 수 있어 관광산업에 중요하게 영향을 미친다. 시각적 정보는 탐색상품 그리고 경험상품(experience-hedonic) 제품에서 더 강한 영향을 미친다.
- 텍스트 단서(text-based cues): 대표적인 예는 리뷰 내용의 길이이다. 소비자들은 리뷰 내용의 길이를 보고 직관적인 정보를 수집하게 되는데, 예를 들면 리뷰가 길수록 더 자세한 정보를 담고 있을 것이라고 기대하여 신뢰도가 높아지게 된다.

표 5-2 관광산업의 직관적 프로세스 요약

직관적 단서 (heuristic cues)	정의	특징
정체성 단서 (identity cues)	사용자가 스스로 제공하는 개인적 정보	실제 사진, 실제 이름, 실제 주소
평판 단서 (reputation cues)	다른 사람들의 의견을 종합하여 제시하는 시스템 생성 정보	신뢰받는 멤버수, 기여도, 친구 및 팬의 수
전문가 단서 (expertise cues)	높은 수준의 지식, 능력, 기술을 가진 전문가로 인식되는 리뷰어에 대한 정보	전문가 리뷰 표식, 리뷰의 수, 전문가 리뷰수, 엘리트 배지, 방문 도시수
편승 단서 (bandwagon cues)	개인보다 집단의 의견에 우호적인 정보 (즉, 다른 사람들이 좋다고 생각하면 그 추세를 따르는 것)	리뷰의 수, 친구 및 팬의 수, 축적된 유용성(cumulative helpfulness), 판매순위
권한 단서 (authority cues)	리뷰어가 얼마나 전문성을 가지고 있는지 등급이나 순위를 부여하는 정보	리뷰어의 레벨, 상위 레벨 리뷰어
속성 단서 (attribute-based cues)	리뷰어가 상품이나 서비스의 품질을 평가하는 정보	호텔 등급, 호텔 속성(가치, 서비스, 방, 수면의 질, 위치, 청결도), 레스토랑 속성
시각적 단서 (visual-based cues)	사진이나 영상과 같은 시각적 정보	사진과 비디오의 수
텍스트 단서 (textual-based cues)	리뷰 내용의 길이를 보고 판단할 수 있는 직관적 정보	리뷰의 내용의 길이

출처: Hlee et al.(2018)

(2) 체계적 정보처리 프로세스(systemic process)

체계적 단서에는 소비자의 구매결정에 영향을 미치는 '어휘적 단서'와 리뷰의 내용을 얼마나 잘 이해할 수 있는지 정도를 나타내는 '언어적 단서'가 있다. 어휘적 단서는 비유 또는 직유, 감성적 또는 인지적, 긍정적 또는 부정적 표현을 통해 관광상품에 대한 소비자의 인식에 영향을 미친다. 언어적 단서는 리뷰 가독성이 대표적이며 리뷰가 이해하기 쉽게 잘 쓰였다고 느낄수록 소비자들은 리뷰의 유익성이 높다고 인지한다.

표 5-3 관광 온라인 리뷰의 체계적 프로세스 요약

체계적 단서 (systematic cues)	정의	특징
어휘적 단서 (lexical cues)	소비자의 구매결정에 영향을 미치는 언어 스타일	비유 또는 직유 감성적 또는 인지적 긍정적 또는 부정적
언어적 단서 (linguistic cues)	리뷰의 내용과 정보를 개인이 얼마나 잘 이해할 수 있는지 정도	리뷰 가독성

출처: Hlee et al.(2018)

그림 5-3 | 긍정적인 리뷰의 예

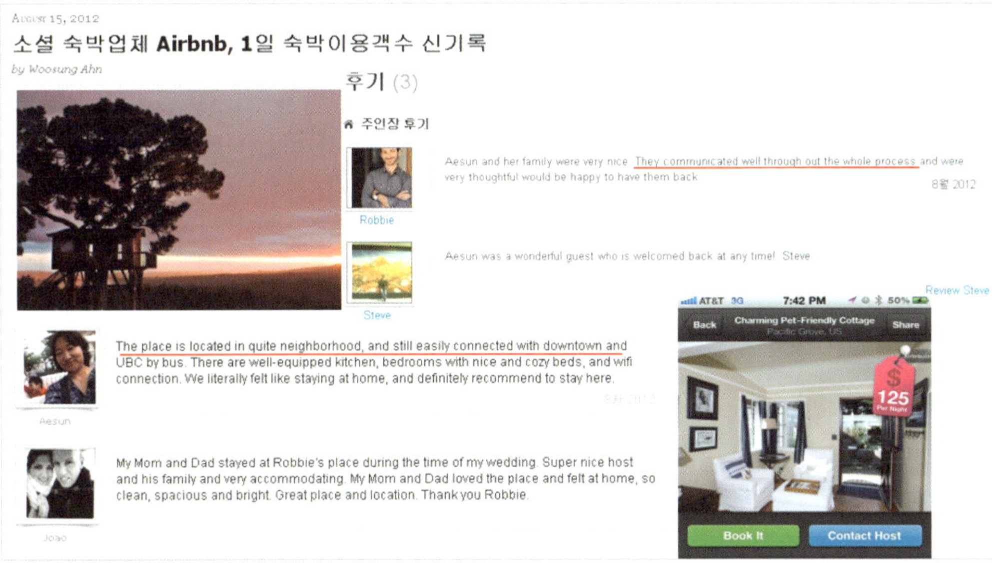

그림 5-4 | 부정적인 리뷰의 예

2 호텔 온라인 리뷰

1) 호텔 속성

관광객은 이전에 숙박한 경험이 있었던 호텔에 또 숙박할 계획이 아니라면 어떤 호텔에 묵을 것인지 결정하는 과정에서 고려군에 대한 정보를 수집하게 될 것이다. 관광목적, 기간, 누구와 동행하느냐에 따라 숙박시설 선택에 대한 고려사항도 달라진다. 관광객들의 호텔 구매결정을 유도하는 요소는 6가지(가치, 서비스, 객실, 수면의 질, 위치, 청결)의 호텔속성으로 분류될 수 있으며, 그 중, 가치, 서비스, 객실 속성은 만족도에 강한 영향을 미친다.

(1) 가치 속성(value attribute)

가치 속성은 숙박시설의 가격, 가성비, 할인율, 무료 조식, 무료 인터넷(Wi-Fi) 등과 같은 것으로 호텔 속성에 있어서 가장 중요한 요소로 여겨왔다. '가치'는 소비자들이 지불한 것에 준하거나 그 이상으로 얻게 될 것에 대한 '소비자의 인식'으로도 표현할 수 있다.

(2) 서비스 속성(service attribute)

서비스 속성은 직원의 친절함, 서비스 품질 및 전문성, 24시간 룸 서비스, 시설의 청결도 등을 말하며, 호텔 직원과의 개인적 상호작용도 포함된다. 예를 들어. 로비에서 고객을 응대한 직원의 태도, 청소부, 레스토랑에서의 직원과의 상호작용에서 고객이 만족감을 느낀 정도가 호텔 전체의 만족도에 직접적인 영향을 미칠 수 있다는 것이다.

(3) 객실 속성(room attribute)

객실 속성은 객실 크기, 청결함 및 안락함, 욕실 크기 등이 포함된다. 객실이라는 것은 여러 편의 상품 및 서비스의 종합으로 볼 수 있기 때문에, 객실 속성의 요소를 명확하게 구분하는 것이 쉽지 않지만, 고객들은 객실 크기, 청결함 및 안락함, 숙박하는 동안의 만족도에 기반하여 객실을 전반적으로 평가한다.

(4) 수면의 질 속성(sleep quality attribute)

수면 속성은 침대에서 안락하게 잤는지, 조용하고 소음이 없었는지, 방의 적당한 온도 등이다.

(5) 위치 속성(location attribute)

주차 편리성, 공항에서의 거리, 대중교통의 편리성은 위치 속성의 주요한 요인들이다. 특히, 위치는 이동의 편리성을 중요하게 생각하는 관광객들에게는 더욱 중요한 속성이다. 그러한 특성을 가진 사람들은 호텔에서 자신이 여행 중 방문하려는 관광 명소로의 접근이 편리한지 등을 가장 먼저 고려하기 때문이다. 또한, 비즈니스 여행객(출장 목적으로 방문)은 비즈니스 회의나 컨퍼런스가 열리는 장소와 가까운 곳에 위치한 호텔을 선호한다.

(6) 청결 속성(cleanliness attribute)

호텔의 청결도와 재숙박률이 상관관계가 있음이 밝혀졌다. 욕실(고객들이 청결에 있어서 욕실 청결을 가장 중요하게 여기는 경향이 있음)이나, 객실의 청결 상태뿐만 아니라 로비, 복도, 엘리베이터, 호텔 내 레스토랑 등 전반적인 호텔의 청결도가 호텔의 인상에 영향을 미친다.

2) 호텔 온라인 리뷰의 직관적 속성

직관적 정보는 가용성, 감정, 대표성 3개의 하위 차원의 직관적 단서로 분류될 수 있다.

(1) 가용성 휴리스틱(availability heuristic)

가용성 휴리스틱은 개인의 경험과 경험을 통해 형성된 선입견에 기반한다. 예를 들어, 호텔 온라인 리뷰의 경우 해당 온라인 리뷰 사이트의 이용자들이 리뷰 출처에 대해 긍정적인 태도를 보이면(예 출처의 신빙성) 그 리뷰가 그들의 결정에 더욱 도움이 될 것이라고 여기는 경향이 있다. 리뷰어의 주소, 해당 웹사이트로부터 인정받은 공식 리뷰어임을 나타내는 표식, 리뷰어에 대한 다른 이용자들의 추천수 등 직관적 정보는 리뷰의 유익함을 결정하는 중요한 요소이다. 따라서 위의 3가지 리뷰어의 직관적 속성은 소비자들이 해당 리뷰를 더욱 유익하다고 느끼게 하는 가용성 휴리스틱의 단서로 이용된다.

(2) 감정 휴리스틱(affect heuristic)

감정 휴리스틱은 무언가를 평가할 때 인지적인 반응보다 정서적인 반응이 먼저 발생하는 것이다. 어떠한 상황에 대해 경험으로 생성된 감정에 따라 직관적으로 평가를 하게 되는 것이다. 사진이 감정 휴리스틱의 대표적인 예라고 할 수 있다. 리뷰에서 제공하는 호텔 객실 사진은 보는 사람으로 하여금 감정적 자극을 주게 되고, 정서적 반응에 의해 평가를 하게 만든다.

(3) 대표성 휴리스틱(representative heuristic)

대표성 휴리스틱은 요약된 정보로 정보 전체를 간략히 전달하는 것이다. 아마존과 같은 웹사이트에서 리뷰를 사용할 때 리뷰어들은 주로 자신이 경험한 상품이나 서비스를 5점 척도를 활용하여 평점을 매긴다. 소비자의 만족도와 선호도에 대한 전반적 평가를 평점으로 간단히 요약하여 직관적으로 전달하는 것이다. 실제로 많은 연구를 통해 이러한 평점 방식이 온라인 리뷰와 함께 제공될 때 리뷰의 유익함에 상당한 영향을 미치는 것으로 밝혀졌다.

(4) 리뷰 내용의 길이(review length)

내용이 길고 짧음 그 자체는 인지적 노력을 크게 들이지 않더라도 한눈에 쉽게 파악할 수 있기 때문이다. 리뷰에 사용된 단어의 수가 많을수록 사람들은 리뷰어가 시간과 정성을 들여 내용을 작성했다고 생각하며, 더 자세한 정보를 담고 있다고 느끼기 때문에 해당 리뷰의 유익함을 높게 인지한다.

그림 5-5 | 트립어드바이저의 호텔 온라인 리뷰의 직관적 속성

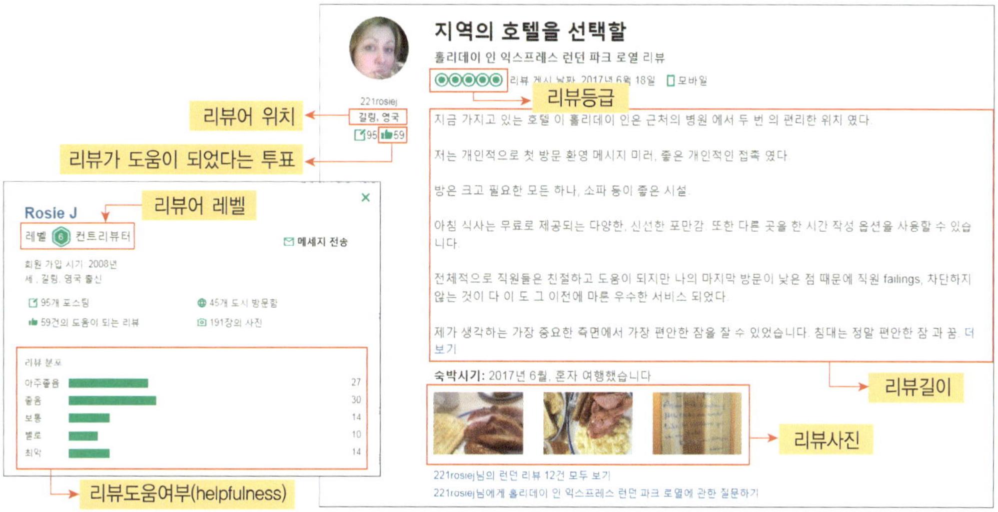

출처: 트립어드바이저 홈페이지

그림 5-6 | 에어비앤비 온라인 리뷰 구성요소

출처: 에어비앤비 홈페이지

[그림 5-6]은 에어비앤비의 리뷰속성을 살펴보면 슈퍼 호스트 배지, 호스트 리뷰, ID 검증, 긍정적인 단어 사용, 사회적인 단어 사용, 가격, 직업, 안정장치 내용, 방 사진, 별표 점수로 구성되어 있다.

3 레스토랑 온라인 리뷰

1) 레스토랑 리뷰의 역할

옐프에서 2017년 실시한 설문조사에 따르면, 미국 레스토랑 및 외식 사업체의 82%가 옐프나 트립어드바이저와 같은 온라인 리뷰 사이트를 통해 소비자들의 리뷰를 수집하는 것으로 밝혀졌다. 온라인 리뷰 사이트의 확산으로 소비자의 태도나 구매의도에 미치는 온라인 리뷰의 영향력은 점점 증대되고, 반면에 페이스북이나 트위터 등 기존의 디지털 마케팅 툴을 사용하는 사업체의 수는 상대적으로 감소하는 추세이다. 온라인 레스토랑 리뷰는 소비자의 의사결정에 영향을 미치기 때문에 주요한 정보자료로 여겨져 왔다. 하지만 온라인 리뷰의 수가 증가함에 따라 동시에 소비자들이 신뢰할 수 있는 정보를 찾는 것 역시 어려워졌다. 더욱이, 레스토랑을 선택에 있어 음식, 가격, 시설 등 다양한 요소들이 고려되고 캐주얼부터 럭셔리 레스토랑(미슐랭 3스타)까지 레스토랑의 범위가 넓어 소비자들이 레스토랑 정보를 수집하는 과정은 유형의 상품구매를 위한 정보수집에 비해 복잡하다고 볼 수 있다.

(1) 레스토랑 온라인 리뷰 속성

가장 영향력 있는 요소는 **원천 요인**(리뷰어 정보 공개, 리뷰어의 전문성 및 평판)의 긍정적 영향과 소비자가 인식하는 레스토랑 리뷰의 유용성을 결정하는 요인, **리뷰어 요인**(평점, 리뷰 내용의 길이, 인식된 즐거움, 리뷰 가독성) 2가지로 나뉜다. 소비자 생성 리뷰와 에디터의 리뷰가 미치는 영향은 다르다. 에디터의 리뷰는 소비자의 레스토랑 웹사이트 방문 의도와 반비례 관례이다. 리뷰가 제공하는 이미지 형식의 정보(음식이나 음료, 레스토랑 시설과 같은 물리적 환경 이미지)는 리뷰에 대한 긍정적 인식과 정비례 관계이다. 리뷰 내용의 길이와 음식의 이미지는 리뷰의 유익함과 즐거움에 가장 중요한 영향을 미치는 요소이다.

(2) 온라인 리뷰의 유익함과 즐거움

소비자의 행동 및 구매결정 패턴을 반영하여 가치를 **실용적 가치**와 **쾌락적 가치**로 이원화할 수 있다. 온라인 환경에서 실용적 가치와 쾌락적 가치는 온라인 리뷰가 전달하는 메시지를 소비자가 감정적으로 받아들일 것인지, 이성적(인지적)으로 평가할 것인지에 영향을 미친다. 원천의 신뢰성은 정보의 유익성 판단 및 정보 선택에 영향을 미치며, 인지된 즐거움은 소비자의 참여와 커뮤니케이션을 활발하게 만드는 필수요소이다. 실용적 가치와 쾌락적 가치를 기반으로 상품에 대한 소비자의 태도를 구분할 수 있는데, 실용적 가치의 주요 변수는 '유용한(useful)', '유익한(helpful)', '기능적(functional)'이며, 쾌락적 가치의 주요 변수는 '재미있는(fun)', '즐거운(enjoyable)', '유쾌한(playful)'이다. 실용적 소비자행동은 기능과 실용에 초점을 맞춰 구매행동을 하는 것이고, 쾌락적 소비자행동은 소비자

그림 5-7 | 데이터 변수의 예시(옐프의 리뷰)

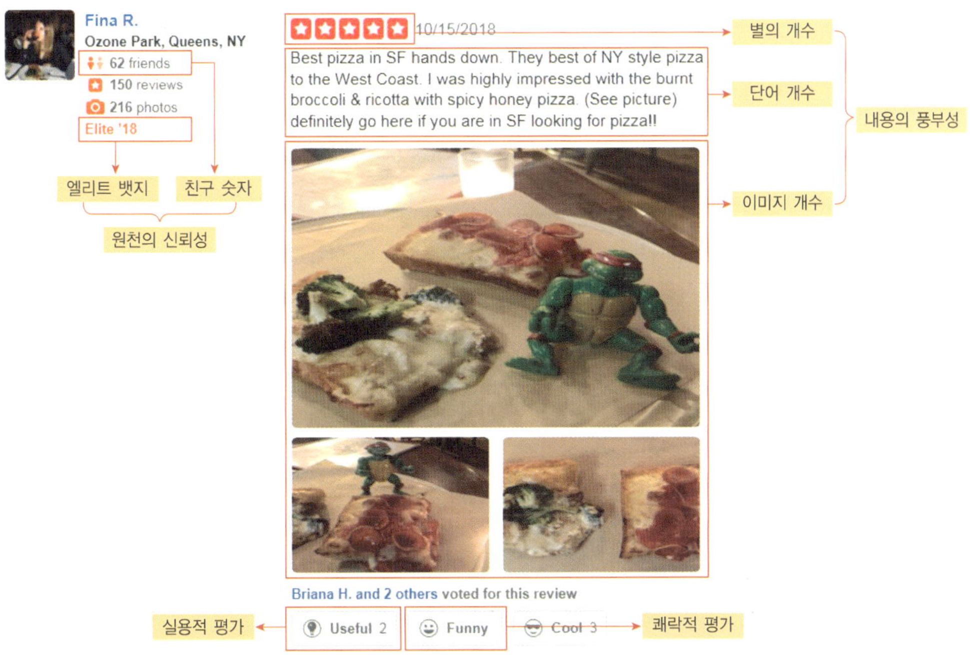

출처: 옐프 홈페이지

가 인식하는 기쁨과 즐거움처럼 감정이 더욱 반영된 구매행동이다.

이러한 맥락에서 온라인 레스토랑 리뷰에 대해 'useful/helpful' 투표와 'funny' 투표를 통해 신뢰성과 소비자의 즐거움을 촉진하기 위한 요소 분석을 실시했다. 실용적 정보는 외재적 동기와 관련되어 있는 반면, 쾌락적 정보는 내재적 동기와 관련이 있다는 것이 밝혀졌다. 소비자들은 구매의 목적을 달성하는 데 도움이 되는 실용적 정보를 선택하거나 즐거움 또는 만족감을 충족시키기 위해 쾌락적 정보를 선택한다. 인식된 유용성과 즐거움을 기반으로 소비자들이 온라인 리뷰를 어떻게 평가하는지 측정할 수 있으며, 온라인 레스토랑 리뷰의 내용 및 이미지 정보와 리뷰의 유용성의 상관관계는 리뷰의 즐거움에 의해 조정될 수 있다.

2) 레스토랑 경험

레스토랑 경험은 소비자의 지식, 레스토랑에 대한 관찰, 식사 중 경험한 것을 모두 종합한 것이다. 경험을 통해 인지된 레스토랑 품질에 따라 소비자의 만족도, 재방문 의사, 충성도에 영향을 미친다. 음식, 서비스, 레스토랑의 물리적 환경 3가지의 요소에 의해 레스토랑의 품질이 평가되며, 소비자들은 텍스트 내용과 사진을 통해 자신의 경험을 기반으로 3가지 요소에 대한 정보를 전달한다. 레스토랑에서의 소비자 경험의 질을 측정하는 데 있어서 유형의 요소가 무형의 요소보다 더욱 중요하다. 레스토랑의 물리적 환경에 대한 소비자의 인식을 레스토랑 서비스 환경(DINESCAPE, 다인스케이프)이라고 하는데, 레

표 5-4 레스토랑 서비스 환경의 6가지 구성요소

구성요소	예
심미성	레스토랑 공간의 색 조합, 천장과 벽 장식, 벽에 걸린 그림, 꽃 또는 식물의 비치, 바닥 마감재
조명	조명의 밝기, 부드러움
분위기	음악, 온도, 향 등의 비시각적 감각요소들
공간배치	테이블과 의자의 배열
식기	접시와 그릇, 냅킨, 가구의 품질, 테이블 보
종업원	종업원의 수, 용모

스토랑 서비스 환경은 심미성, 조명, 분위기, 공간배치, 식기, 종업원과 같은 6가지로 구성되었다.

3) 레스토랑 온라인 리뷰의 속성 및 품질

소비자들은 레스토랑에 대한 온라인 리뷰 검색을 통해 해당 레스토랑에 방문할 것인지를 결정하게 된다. 리뷰 웹사이트의 유저들은 레스토랑의 잠재고객이라고 볼 수 있으며, 소비자들은 온라인 레스토랑 리뷰를 신뢰할 수 있고, 유용하고 유익하다고 여긴다. 잠재고객들은 리뷰 웹사이트에서 제공되는 리뷰들이 판매자로부터 독립되어 작성되었다고 생각하기 때문에 리뷰의 내용을 신뢰하고 의존한다. 많은 온라인 레스토랑 리뷰 사이트들이 음식, 서비스, 물리적 환경(예 시설), 가격, 품질에 대한 리뷰를 종합적으로 제공한다. 어떤 리뷰들은 긍정적이며, 어떤 리뷰는 부정적 평가를 한다. 또한 많은 리뷰어들은 전반적인 레스토랑 품질을 평가하여 평점과 같은 수치정보로 제공한다. 온라인 리뷰의 중요성이 증대됨에 따라 소비자들의 리뷰를 보여주는 플랫폼인 레스토랑 소셜미디어(예 TripAdvisor, Yelp, Citysearch)가 관광산업에서 정보제공의 주요 원천으로 여겨지고 있다.

리뷰 품질은 인지적 측면(useful)과 정서적 측면(enjoyable)을 반영하여 평가되며, 음식품질 정보, 시각적 정보, 가독성, 리뷰 내용의 길이에 영향을 받는다.

(1) 음식품질 정보

음식품질은 소비자 구매행동과 구매 후 경험 공유에 가장 강력한 영향을 미친다. 음식 및 음료 품질에 대한 소비자의 인식은 음식의 신선도, 1회분 양, 메뉴의 다양성, 플레이팅, 맛, 음식의 온도의 6가지의 요소에 영향을 받는다. 6가지의 요소 중 음식의 신선도, 맛, 온도는 온라인 리뷰를 통해 입증될 수 없다. 따라서 소비자들은 온라인 리뷰를 통해 메뉴의 다양성, 1회분 양, 플레이팅에 대한 정보를 수집하고, 이를 기반으로 해당 레스토랑의 음식의 질을 인식한다.

(2) 시각적 정보

레스토랑의 음식, 음료, 물리적 환경에 대한 사진은 시각정보로서 레스토랑의 품질을 설명할 수 있다. 레스토랑 온라인 리뷰는 주로 사진과 텍스트 내용이 함께 제시되는 경우가 많기 때문에 소비자들은 사진과 텍스트를 두 가지 형식을 통해 리뷰의 유익함과 즐거움을 평가한다. 오히려 사진이 있는지 없는지에 따라 리뷰의 질이 다르게 인식되기 때문에 사진은 레스토랑 온라인 리뷰에 있어서 매우 중요한 요소라고 할 수 있다. 일부 소비자들은 텍스트로만 서술된 리뷰보다 사진과 텍스트 내용이 함께 제공된 리뷰를 더욱 유용한 정보라고 판단한다. 시각정보가 신뢰성에 영향을 미치기 때문에 리뷰가 사진과 함께 제공될수록 소비자가 해당 정보를 선택할 확률이 높아지는 것이다.

(3) 가독성

리뷰가 쉽게 읽히는지, 이해하기 쉬운지를 의미하는 리뷰 가독성은 리뷰의 품질을 판단하는 또 다른 주요 요소이다. 리뷰 가독성은 명료성, 일관성, 포괄성, 간결성, 작문성의 5가지 요인에 의해 평가된다. 리뷰가 이해하기 쉽게 잘 쓰였다고 느낄수록 소비자들은 리뷰의 유익성이 높다고 인지하며, 리뷰의 즐거움에 긍정적 영향을 미친다.

(4) 리뷰 내용의 길이

리뷰 내용의 길이는 곧 정보의 양과 리뷰 작성에 투입된 정성을 의미하기 때문에 리뷰의 유용성을 판단하는 척도가 된다. 리뷰에 이미지를 첨부하고, 자신의 경험을 자세하게 묘사하고, 세부적인 정보를 담고 있는 구체적인 리뷰일수록 리뷰의 유익함이 높다고 인지한다.

관광객들은 자신의 경험을 관광정보 플랫폼에 공유하며, 이것은 가치를 생산하여 다른 잠재관광객, 관광상품 생산자, 지역관광협의체로 전달하는 것이라고 볼 수 있다. 관광객들은 관광정보 플랫폼에 관광 서비스(예 레스토랑이나 호텔에서의 경험)에 대한 평가나 의견을 리뷰의 형태로 올린다. 이러한 관광정보 플랫폼은 관광객들에게 공동생산의 도구로서 유용하게 작용할 뿐만 아니라 관광 서비스 생산자들에게도 마케팅정보를 제공하는 중요한 원천이 된다. 관광객들은 특별한 관광경험을 위해 관광 서비스 에이전시와 밀접하게 협업할수록 그들의 풍요로운 여행을 위해 더 많은 돈을 지불하는 경향이 있다. 이처럼 관광객 개인의 특별한 경험은 스마트관광도시 전반에 스며들어 관광객들의 구매행동을 유도할 수 있다.

학습내용 정리

01 온라인 리뷰는 관광상품 판매에 긍정적인 영향을 미치며 온라인 평가의 질이 잠재고객들의 구매 의사를 증가시키고 있다. 온라인 리뷰가 중요한 이유는 대부분의 관광상품과 서비스는 무형이며 직접 경험하기 전까지는 정확하게 평가하기 힘들기 때문이다.

02 온라인 리뷰는 직관적 프로세스와 원전 기반 휴리스틱으로 나누어진다. 원천 기반은 리뷰를 생산하는, 즉 리뷰어의 속성을 나타내며 리뷰 기반은 리뷰 내용 자체의 속성을 말한다. 원천 기반 단서는 정체성 단서(identity cue), 평판 단서(reputation cue), 전문성 단서(expertise cue), 편승 단서(bandwagon cue), 권한 단서(authority cue)의 5가지로 구성되어 있다.

03 리뷰 기반 휴리스틱(review-related heuristic impact)은 속성 단서, 시각적 단서, 텍스트 단서로 구성되어 있으며, 온라인 리뷰 시스템에 가장 직관적인 영향을 미치는 요소들이다. 속성 단서 관광상품 자체가 가지고 있는 속성에 의해 유발되는 휴리스틱이다.

04 레스토랑 리뷰 요소는 원천 요인(리뷰어 정보 공개, 리뷰어의 전문성 및 평판)의 긍정적 영향과 소비자가 인식하는 레스토랑 리뷰의 유용성을 결정하는 요인인 리뷰어 요인(평점, 리뷰 내용의 길이, 인식된 즐거움, 리뷰 가독성) 2가지로 나뉜다.

학습내용 평가

01 여행 관련 앱에서 제공하는 스마트관광 생태계는 전 세계적으로 유명한 관광 플랫폼을 통해서 운영되고 있다. 다음 중에서 그에 해당되지 않는 것은 무엇인가?

① 구글 ② 트립어드바이저
③ 페이스북 ④ 우버
⑤ 위챗

02 온라인 리뷰 주요 서비스 중 '인프라 서비스'에 해당하지 않는 것은?

① 주문/결제 '오더 서비스' ② 크라우드 펀딩
③ 지도 서비스 ④ 추천 서비스

03 Airbnb 온라인 리뷰 속성에 해당되지 않는 것은?

① 수퍼 호스트 배지 ② 호스트 리뷰
③ 가격 ④ 직업
⑤ 지도표시

04 Yelp 온라인 리뷰 속성에 해당되지 않는 것은?

① 리뷰어 정보 및 전문성 ② 평점과 별표
③ 방대한 리뷰내용 ④ 리뷰 유용성
⑤ 리뷰 즐거움

답 1. ④ 2. ② 3. ③

참고문헌

Hlee, S. Lee, H. and Chulmo Koo(2018), "Hospitality and Tourism Online Review Research: A Systematic Analysis and Heuristic-Systematic Model," *Sustainability*, 10, 1141.

Han, H. J., Shin, S. H., Chung, N. H. And Chulmo Koo(2018), "Which Appeals (Ethos, Pathos, Logos) are the Most Important for Airbnb Users to Booking?," *International Journal of Contemporary Hospitality Management*.

PART

3

스마트관광 목적지와 생태계

Chapter 6 스마트관광도시

Chapter 7 스마트관광 생태계

스마트관광도시

Chapter 06

개관

이 장에서는 스마트도시와 스마트관광도시를 학습한다. 스마트도시의 특성과 스마트관광의 연결성을 이해하고, 스마트관광도시의 사례를 학습한다.

학습목표

1. 스마트도시의 개념과 구조를 파악한다.
2. 스마트도시와 스마트관광의 연결성과 스마트관광도시의 고려요인을 학습한다.
3. 스마트관광도시의 사례를 살펴본다.

핵심용어

스마트도시, 스마트도시 구조, 스마트관광도시, 지속가능성, 발전방향

1 스마트도시

1) 스마트도시의 개념

스마트도시(smart city)는 도시의 집단지능(collective intelligence)을 구축하기 위해 물리적 기반시설, 정보통신 기반시설, 사회적 기반시설, 비즈니스 기반시설을 연결하는 것을 의미한다. 스마트도시는 물리적 도시 기반구조와 가상의 도시 기반구조가 통합되어 도시의 삶을 향상하고 도시운영의 효율성을 개선한다. 한 예로 스마트도시는 교통체증, 전력

소비 통계, 공공안전 사건과 같이 도시운영 데이터를 이용하여 도시 서비스의 운영을 최적화한다. 스마트도시는 **인간이 삶을 영위해나가는 데 도시의 다양한 서비스 및 상업적인 활동을 포함한 도시민의 욕구에 인공지능적으로 응답할 수 있는 능력을 갖춘 도시**로 정의한다. 스마트도시는 스마트 인프라스트럭처를 구축하는 것만이 아니라 스마트 정부, 스마트 시민, 스마트 경제, 스마트 환경, 스마트 삶과 같이 도시 생태계를 구성하는 각 요소를 하나로 연결하는 사상이다([그림 6-1]). 스마트도시의 궁극적인 목적은 지속가능한 경제적 개발과 아울러 인간의 삶의 질을 개선하는 것이다. 관광객과 관광지로만 구성된 산업이 아닌 지역주민, 관광요소(관광목적지, 숙박, 교통), 연관산업(쇼핑, 의료), 국가경제에 미치는 영향 등 거시적 관점에서 스마트도시와 스마트관광을 이해하는 것이 필요하다.

그림 6-1 | 스마트도시의 핵심요소

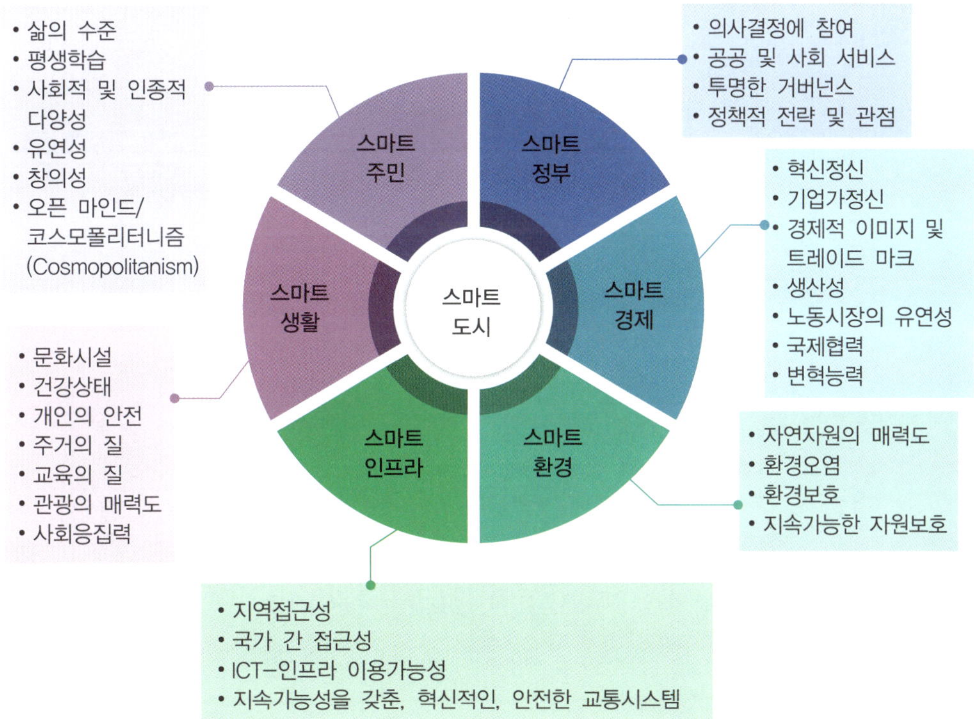

2) 스마트도시의 구조

스마트도시는 [표 6-1]과 같이 기반구조 계층, 데이터 계층, 제도와 서비스 계층의 세 가지로 구성되며, 이는 다시 7개 계층으로 세분화된다. 스마트도시가 7개 계층을 완비한 경우에 스마트도시 플랫폼이 제대로 작동하고 있다고 말할 수 있다. 현재는 이 중에서 일부 계층에만 의존하는 스마트도시들이 많은 편이다. 예컨대 인도는 도시 기반구조 계층을

표 6-1 스마트도시의 구조

계층		설명	개발주체
스마트도시 기반 구조 계층	① 도시 기반구조	스마트도시는 기본적으로 소프트웨어적이지만 도시 하드웨어의 발전이 반드시 필요	도시 개발사업자 주도(예: 건설산업)
	② ICT 기반구조	• 유·무선 통신인프라가 도시 전체를 촘촘히 연결 • 과거에는 사람과 컴퓨터 연결이 주목적이었으나 스마트도시에서는 사물 간 연결이 핵심 • 향후 5G 무선통신 등장이 큰 변수	ICT 산업
	③ 공간정보 기반구조	• 현실공간과 사이버공간의 융합을 위해 공간정보가 핵심 플랫폼으로 등장 • 공간정보의 이용자가 사람에서 사물로 변화 • 지도정보(외·내부지도), 3D지도, GPS 등 위치측정 인프라, 인공위성, 지오태깅(Geotagging) (디지털 콘텐츠의 공간정보화) 등	과거 공공이 주도했으나 향후 민간 주도가 바람직
데이터 계층	④ IoT	• 도시 내 각종 인프라와 사물을 네크워크로 연결 • CCTV를 비롯한 각종 센서 장착 • 스마트도시 전체에서 시장규모가 가장 크고 투자도 가장 많이 필요 • 개별적 추진이 가능하여 점진적 투자확대 가능	교통, 에너지, 안전 등 각종 도시운영 주체가 주도
	⑤ 데이터 공유	• 좁은 의미의 스마트도시 플랫폼 • 데이터의 자유로운 공유, 활용 지원 • 작은 공유(동일 분야 기관 간)와 큰 공유(다른 분야 간)로 구분하면 큰 공유 실현이 매우 중요 • 스마트도시 리더들의 주도적 역할이 필요	• 유형1: 도시주도 • 유형2: 데이터 시장이 형성되어 민간 주도
제도 및 서비스 계층	⑥ 알고리즘 & 서비스	• 실제 활용가능한 정도의 높은 품질과 신뢰도를 갖는 지능 서비스를 개발하는 계층 • 데이터를 처리·분석하는 데이터 활용능력이 일차적 관건 • 유럽의 Living Lab 등 다양한 시범사업 전개	공공·민간의 다양한 주체 등장, 신뢰성 관리가 도시의 역할
	⑦ 도시혁신	• 도시문제를 해결하기 위한 새로운 방법을 고안하고 새로운 서비스가 가능하게 도시제도를 혁신 • 정치적 리더십의 영역이자 사회신뢰 등 사회적 자본이 작용하는 영역 • 중앙정부의 법제도 혁신 기능도 중요	시민이 주도하고 정치권이 지원

출처: 황종성(2016)

현대화하는 목적으로 스마트도시 개념을 적용하고 있다.

2 스마트관광도시

1) 스마트관광도시의 개념

관광과 도시는 서로 밀접한 관련이 있다. 관광은 많은 도시의 주요 산업이자 경제 원동력 중 하나이다. 뿐만 아니라 도시에 활력을 불어넣고 새로운 변화를 가져오기도 한다. 끊임없이 변화하는 도시환경과 발생하는 문제들을 대처하기 위해서 지속적으로 관광객을 관리하는 동시에 지역사회와 관광객의 요구에 부응할 수 있도록 도시를 개발하는 것이 중요하다. 세계관광기구(WTO)가 발행한 「도시관광에 대한 세계보고서의 진술」은 도시가 관광객과 지역사회의 문제를 해결하기 위해 끊임없이 새로운 아이디어에 적응하고 변화해야 하는 것을 제안한다. 스마트 기술의 사용은 새로운 아이디어 중 하나이며, 차세대 관광을 이끌어갈 새로운 트렌드로 제시된다. 스마트 기술은 도시를 '스마트도시'로, '스마트도시'를 '스마트관광 목적지'로 바꾸는 데 초점을 맞춘다.

그림 6-2 | 스마트도시와 스마트관광도시 그리고 스마트관광의 위치

스마트관광도시(smart tourism city)는 관광객이 관광(목적)지의 주민의 삶과 관련된 공공시스템을 관광객을 위한 환경으로 확장 또는 변환하고 이를 통해 관광객이 목적지의 스마트도시 기능을 관광목적에 최적화하여 사용할 수 있도록 조성한 도시를 의미한다. 오늘날 관광객은 스마트폰을 통해 관광지를 선택하기 이전에 관광지에 관한 정보를 검색하는 것이 일상화되었으며, 항공, 숙박, 이동교통수단, 주요 방문지에 관한 예약까지 모든 과정을 해결하고자 원한다. 관광객이 세계 최대 규모의 여행정보를 제공하는 모바일 앱인 '트립어드바이저(TripAdvisor)'를 이용하여 목적지에서 유명한 레스토랑을 찾으려고 한다고 가정해보자. 관광객이 목적지에서 데이터를 자유롭게 사용하지 못하거나 와이파이 서비스를 이용하지 못한다면 트립어드바이저는 무용지물이 될 것이다. 또한 트립어드바이저에서 찾은 정보에 대해서 찾아갈 수 있는 구글지도와 레스토랑에서 결제할 수 있는 시스템은 스마트도시의 잘 갖추어진 인프라를 이용하여 스마트관광을 가능하게 한다.

[그림 6-3]은 스마트관광과 스마트도시의 개념을 설명한다. 이 개념 모델은 스마트관광지로서 스마트도시의 질을 향상시킨다. 스마트관광지는 스마트 경험, 스마트 비즈니스 생태계, 스마트 기술을 제공한다. 반대로 스마트도시는 지속가능성, 삶의 질, 스마트성, 도시화의 4가지를 핵심목표로 한다.

그림 6-3 | 스마트관광도시의 개념 모델

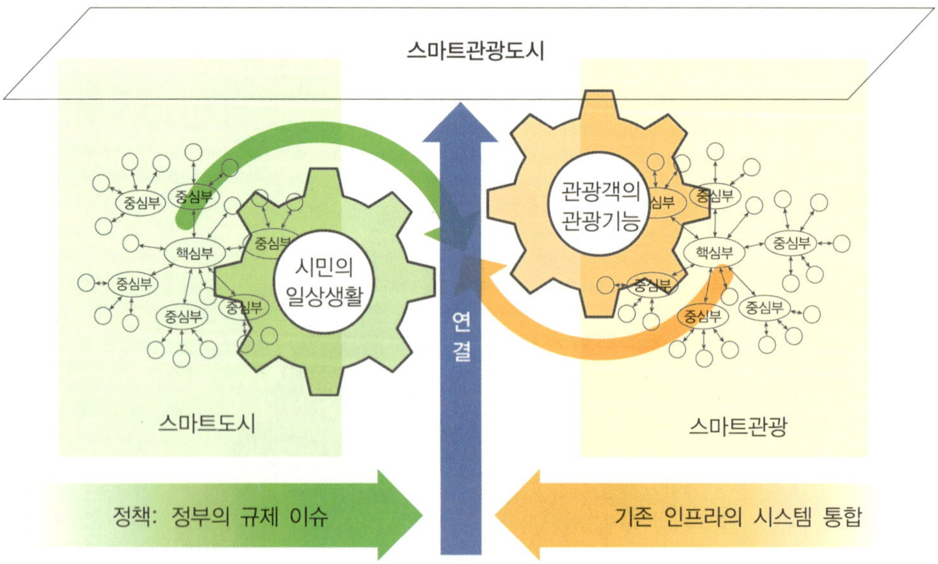

출처: 구철모(2019)

2) 스마트도시와 스마트관광의 연결

스마트도시는 주민의 일상생활이 편리하도록 설계되어 있으며, 여행 및 관광을 목표로 하지는 않는다. 스마트폰 앱을 통해 다양한 유형의 사람들(예 주민, 관광객)이 상호 연결된다는 것은 훨씬 더 예상하지 못한 결과를 이끌고, 사람들의 일상생활과 관광 맥락에서 더 큰 영향력을 발휘하게 되었다. 사물인터넷(IoT)을 표준으로 받아들이는 진보적인 스마트도시는 데이터의 중요성을 깨달았다. 광범위한 운영 영역의 데이터 주도적 접근방식이 주민의 삶을 개선하는 동시에 비즈니스 투자와 인재 영입에 도움이 된다는 사실을 발견했다. 부할리스(Dimitrios Buhalis) 교수에 따르면 **스마트도시는 집단적인 경쟁력을 발전시키고, 브랜드를 강화하기 때문에 관광으로 이어진다**. 또한, 네트워크 경제와 마케팅의 장점을 활용하여 상호 운용성과 상호 연결을 가능하게 했으며, 이를 통해 스마트도시는 **관광 서비스의 생태계를 개발하고 고객과 긴밀히 협력하여 가치를 극대화한다**. 협력하여 모든 이해관계자의 가치와 지역의 이익을 극대화하여 창출하는 것이다.

그림 6-4 | 스마트관광도시 아키텍처

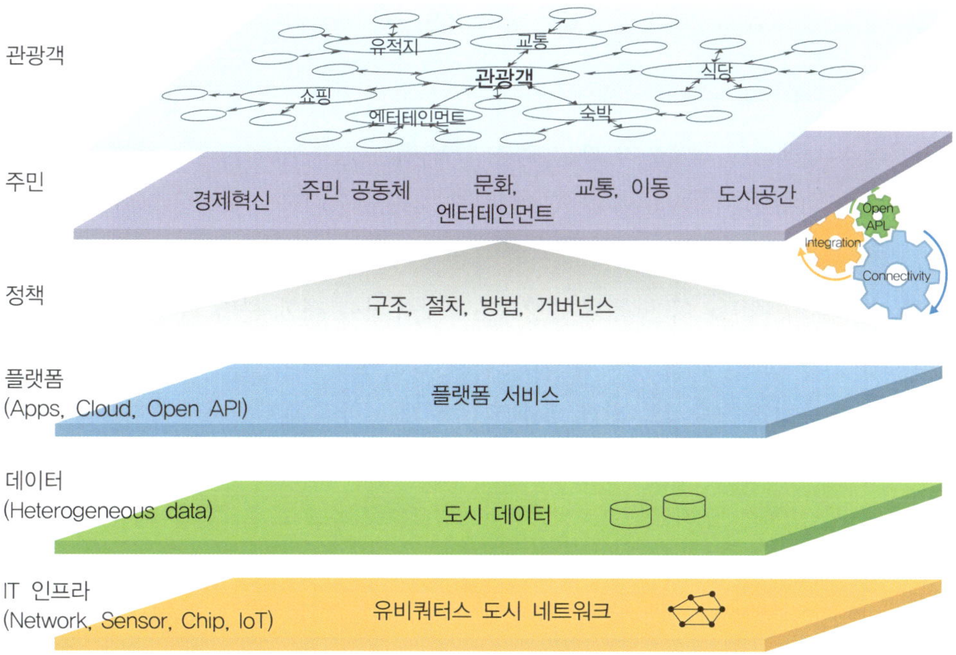

출처: Koo et al.(2017)

스마트도시는 다양한 종류의 이해관계자들이 관광에 참여하고 있기에 모든 사람이 스마트관광도시가 되도록 협력하고, 모두에게 혜택을 주는 방법을 고려해야 한다. 만일 도시가 관광객에게만 집중한다거나 정부나 공급업체에만 유리하는 등 일부의 이해관계자에게만 유익한 경우에는 도시 자체의 기능을 손실하게 된다. 스마트도시 위에 구축된 스마트 기능들을 관광분야의 주요 서비스인 관광, 숙박, 교통, 안전 등과 끊김 없이 연결할 때에 스마트관광 목적지의 경쟁력을 달성할 수 있다([그림 6-4]). 아울러 스마트도시와 스마트관광을 완벽하게 연결하기 위해서는 정부 차원의 정책적 지원과 기존에 구축된 시스템들을 통합하는 노력이 뒷받침되어야 한다.

3) 스마트관광도시 고려 요건

그렇다면 어떻게 모두를 참여시키며 문제를 해결할 수 있을까? 스마트도시는 이를 스마트 기술로 해결하고자 노력한다. 다음은 스마트도시가 관광문제를 해결하기 위해 취한 조치의 예이다.

(1) 교통

교통은 관광객과 지역주민 모두에게 중요한 문제이다. 관광객이 낯선 곳에서 대중교통을 이용하여 자신들의 목적지까지 가는 길을 알아내는 것은 쉽지 않다.

스마트 기술은 Uber나 Mobike와 같은 승차공유 서비스에 대한 아이디어를 가능하게 만들었다. 스마트폰에서 앱을 사용하여 도시의 모든 곳에서 목적지까지 갈 수 있는 차 또는 자전거를 호출할 수 있다. 이를 통해 관광객은 이동수단에 대한 준비, 두려움, 스트레스 등을 덜어낼 수 있게 되었으며, 지역은 일자리를 창출하고 새로운 트렌드를 받아들이게 되었다. 그러나 관광객수 증가로 인한 교통 혼잡 문제는 아직 해결되지 않았다. 연구원들은 이를 해결하기 위해 AI 기술에 집중하고 있다. 교통신호 제어, 네트워크 설계, 횡단보도 감지, 이동시간 예측, 단기교통량 예측 등과 같은 운송 응용 프로그램을 분석하기 위해 AI를 활용하고 있다.

(2) 안전

도시의 치안과 범죄율은 도시의 이미지에 큰 영향을 미친다. 관광객은 쉽게 범죄의 대상이 될 수 있으며, 주민들 역시 낯선 사람이 자신의 지역으로 들어오게 되면서 치안이 열약해지는 것을 두려워한다. 관광객과 주민, 지역사회 모두를 보호하기 위해 도시는 AI 기술을 사용하여 범죄를 탐지하고, 감소시키며, 예방하는 방법을 고안하고 있다. 예를 들어, 총상위치, 붐비는 장소의 무인가방과 같은 의심스러운 장비탐지, 과거 발생한 범죄의 데이터분석 및 강조, 얼굴인식을 통한 범죄발생 예측 등의 기술을 AI로 만들어내고 있다.

기존의 도시들은 CCTV, 접근 통제, 사이버 보안 등으로 공공안전을 지켜왔다. 그러나 IoT의 발전은 이러한 안전의 패러다임을 근본적으로 바꾸었다. 도시를 더 안전하게 보호하면서 주민들의 세금 부담을 줄이는 디지털화되어 가는 것이다. 호주의 퀸즈랜드주 골드코스트 공항은 데이터를 분석하여 안전을 강화하고 있다. CCTV와 생체인식을 결합하여 데이터를 수집 및 분석하고, 프라이버시 보호기능, 경보전송 등의 기능을 포함하여 효율적으로 운영한다. 영상 분석을 활용하여 여행객의 안전을 보장할 뿐만 아니라 대기 줄을 파악하여 보안 검색대 인력 배치를 최적화하고 여권 확인 프로세스를 개선하는 등의 효과를 얻을 수 있었다.

그림 6-5 | 골드코스트 공항 전경

출처: 골드코스트 공항(https://www.goldcoastairport.com.au)

(3) 환경

도시와 관광산업은 둘 다 엄청난 양의 폐기물을 생산한다. 스마트도시에서 중요한 점

중 하나는 '지속가능성'이다. 지속가능한 도시가 되려면 이러한 폐기물을 재활용하는 것이 중요하다. 이를 위한 도시 재활용 시설은 AI 기술을 활용하여 만들 수 있다. 대표적인 예시가 폴란드의 'NVIDIA Jetson TX1'이다. 폴란드의 스타트업 Bin-e은 재활용을 쉽게 할 수 있도록 자동적 분류 시스템을 개발했다. 쓰레기통에 쓰레기가 투입되면 내장된 카메라가 이미지를 인식하고, 일련의 AI 알고리즘을 바탕으로 쓰레기가 어느 카테고리로 분류되어야 하는지 식별한다. 이에 따라 쓰레기는 알아서 재활용된다. 이와 같이 AI 기술은 도시 재활용 시설을 보다 효율적으로 운영하는 데 도움이 되고 있다.

또한 석유 에너지 사용 역시 환경 문제를 발생시키는 요인이 되고 있다. 이에 스마트도시들은 신재생 에너지로 도시에 필요한 에너지를 대부분 자급하고자 한다. 스마트 기술을 활용한 친환경 기술을 지원하고, 민간 사업자와 함께 개발하는 등의 노력을 기울이고 있다.

그림 6-6 | Bin-e사의 NVIDIA Jetson TX1

출처: Bin-e 홈페이지

(4) 데이터 통찰력 및 데이터

관광객로부터 얻은 방대한 양의 데이터를 처리하고 분석함으로써 수요, 행동 및 움직임에 대한 통찰력을 얻을 수 있다. 이동통신사업을 대표하는 무역단체 세계이동통신사업자연합회(GSMA: Global System for Mobile communication Association)는 관광을 증진시키기 위한 스마트 인프라의 중요성을 강조했다. GSMA는 방문자수가 증가함에 따라 대중교통이나 인기 관광지 등에서 효과적인 군중관리 서비스가 필요하다고 밝혔다. 바르셀로나와 지역 네트워크 운영자인 Orange사가 어떻게 사그라다 파밀리아(Sagrada Familia) 관광객의 방문객수를 모니터링하고 있는지를 예로 들었다.

위와 같은 맥락에서 **스마트관광을 네트워크와 연결하는 것은 빅데이터를 사용하여 외부정보를 수집하고, 상황에 맞는 프로모션 메시지 및 가치를 전달하는 데 도움을 준다.** 스마트관광은 많은 양의 데이터를 필요로 하며 데이터는 빠른 속도로 증가하고 있다. 이에 데이터를 관리하고 분류하고 분석하는 것은 도시들에게 새로운 과제가 되고 있다. 또한 관광객과 관광 경험에 대한 기대감이 증대하고 있으며, 스마트폰과 인터넷 기술의 발달로 세상은 연결되어 있다. 이러한 상황에서 스마트도시들은 관광지, 접근성, 편의시설, 관광활동, 서비스 등을 개선하고 유지하기 위해 빅데이터를 활용하고 있다.

3 스마트관광도시 사례

1) 싱가포르

싱가포르는 2014년에 스마트시티즈위원회(Smart Cities Council)가 선정한 가장 앞선 스마트도시 중의 하나로 아시아 국가 중에서 유일하다. 이 위원회는 스마트 정부(Government), 스마트 인간(People), 스마트 환경(Environment), 스마트 경제(Economy)의 네 가지 평가 영역에서 스마트도시를 선정한다.

싱가포르의 스마트 국가(Smart Nation)의 일환으로 '버추얼 싱가포르(Virtual Singapore) 프로젝트'를 2014년부터 시작했다. 싱가포르는 기술과 데이터, 네트워크를 효율적이고 지능적으로 활용해 국민의 삶의 질을 높이고자 시도하고 있다. 이 프로젝트는 싱가포르 국립연구재단(NRF), 국토청(SLA), 정보통신개발청(IDA)이 협력하고 있다. 국토청은 3D 지형 데이터를, 정보개발청은 정보·통신·기술의 전문지식을 제공한다. 이 프로젝트의 목표는 3D 플랫폼에 싱가포르의 전 국토를 가상현실로 구현하는 것이다. 산, 바다 등의 자연지형과 건물, 도로, 상하수도 등의 인공지형을 그대로 복제한다. 뿐만 아니라 기후정보, 인구통계정보 등의 도시운영과 관련된 정보, 지리공간정보, 위상기하학(Topology) 등의 전문

데이터도 통합된다. 프랑스의 3D 설계 소프트웨어 전문 회사인 프랑스의 다쏘시스템이 프로젝트 협력사로 참여하고 있다.

싱가포르 정부는 3D 가상현실로 본뜬 가상공간 속의 싱가포르를 도시의 여러 문제를 해결하는 지능형 정보플랫폼으로 활용할 계획이다. 즉 스마트폰, 카메라, 센서가 실시간으로 수집한 데이터를 활용하여 도시문제를 해결하는데 버추얼 싱가포르를 활용할 계획이다. 시민은 버추얼 싱가포르에서 날씨정보, 버스정보 등을 얻을 수 있고, 기업은 시민들을 더 편리하게 할 애플리케이션을 개발할 수 있으며, 연구기관들은 복잡한 환경 데이터를 수집해 과학적인 문제해결에 활용할 수 있다.

버추얼 싱가포르의 목표는 가상화(Virtual), 시각화(Visual), 벤처화(Venture), 즉 3V이다. 가상화는 싱가포르 도시를 완전히 복제하는 것을 의미한다. 다시 말해서 '디지털 트윈(digital twin)'을 만드는 것이다. 기존에 존재하는 건물뿐만 아니라 현재 건축 중인 건물의 진행상황을 실시간으로 보여줄 수 있으며, 시민의 눈에는 보이지 않는 지하시설의 복잡한 구조까지도 보여줄 수 있다. 시각화는 도로에 육교를 설치하면 교통흐름이 어떻게 바뀌는지, 장애인들이 제대로 건널 수 있는지를 시뮬레이션하여 의사결정을 지원한다.

싱가포르가 중점을 두는 또 다른 스마트도시 조성 부문은 교통이다. 도시국가인 싱가포르는 자동차로 인한 교통혼잡과 환경오염에 민감하다. 이에 자가용 차량 사용을 줄이는 차량공유 서비스를 빠르게 도입했다. 우버(Uber), 그랩(Grab)과 같은 차량공유 서비스는 버스나 택시처럼 이미 대중화되었다. 자율주행차량의 개발이 스마트 국가의 주요 프로젝트가 된 것은 당연하다. 싱가포르 정부는 자율주행 무인차가 교통혼잡을 줄이고 온실가스 배출을 줄여 더욱 친환경적일 것으로 기대한다.

2) 파리(프랑스)

(1) 자율대여 전동킥보드 라임(Lime)

파리시는 자동차 줄이기 정책의 한 가닥으로 저속이동수단 권장 정책을 지속적으로 펼치고 있다. 이에 최근 유행하는 각종 전기동력 이동수단을 활용하는 자율대여사업을 활발히 전개 중이다. 무공해 이동수단 권장 정책에 힘입어 스타트업 업체의 자율대여 전동킥보드 'Lime'이 대표적이다. 이는 공유 자전거, 공유 스쿠터 서비스에 이어 2018년 6월부터 파리에 진출한 미국의 전동식 킥보드 공유 서비스 업체이다. 스마트폰 앱을 내려받아 가입하면 사용할 수 있는 킥보드의 실시간 위치정보가 지도상에 표시된다. 한번에 50km까지 충전없이 주행할 수 있어 시내 이동수단으로 적합하다. 사용요금은 첫 잠금해제 시 1유로(약 1,300원)이고, 주행시작 이후 분당 0.15유로(약 190원)이다. 2018년 6월 이후 2019년 2월까지 8개월 동안 총 300만 번 이상의 주행이 기록됐고 200명 이상의 직원을 고용했다고 밝혔다. 현재 파리 시내 약 3,000여 대의 전동 킥보드를 운영 중이다.

(2) Cinema City

파리시와 프랑스 국립영화제작센터, 프랑스 Arte TV, 스마트폰 앱 개발사인 SmallBang 사의 공동개발로 영화 속 파리의 명소를 찾아주는 무료 앱 '스마트시티'가 개발되었다. 앱은 위치정보를 이용해서 파리가 등장하는 400여 영화의 촬영 장소를 알려주고, 그 장소에 가면 해당 장면을 동영상으로 제공한다. 영화 촬영지뿐 아니라 유명 배우나 감독과 관련된 기념비적인 장소들도 지도를 통해 알려주고, 상징적인 영화 속 장소들을 연결하는 산책 코스도 제공한다. 예를 들어 장 폴 벨몽도가 주연한 느와르 영화를 떠올리면서 센강변과 샹젤리제 거리를 산책하고, 센강 좌안을 아네스 바르다의 '5시에서 7시 사이의 클레오'를 생각하며 산책하는 식이다.

3) 뉴욕(미국)

(1) MaaS(Mobility as a Service)

지불과 보안 기술을 여행 계획 및 티켓팅 기능에 접목시킴으로써 교통 서비스를 제공하는 기관들과 도시들은 Mass(Mobility as a Service) 솔루션을 구현한다. 마스터카드(Mastercard)의 지불 및 보안 기술과 키시오 디지털(Kisio Digital)의 여행 계획 및 티켓팅 기능이 통합되어 여행객들은 단 한 개의 앱을 통해 여행의 모든 계획, 검색, 예약 및 지불 등을 할 수 있다. 미국에서 현재 16개 도시에서 실행 중이고 5년 이내 새로운 형태의 솔루션들이 20개 이상의 도시에서 실현될 것으로 보고 있다. 뉴욕시는 지하철과 버스정류장에서 탭-앤-고(tap-and-go)라는 지불방식을 시작할 예정이다. 또한 마스터카드가 투자를 하고 있는 모바일 티켓팅 회사인 마사비(Massabi)는 우버 고객들이 라이드-해일링(ride-hailing, 스마트폰을 통해 택시를 부를 수 있는 교통수단) 앱을 통해 기차와 버스표를 구할 수 있게 하고 있다.

(2) 스마트 쓰레기통

폐기물관리 전문업체인 빅벨리(Bigbelly)는 뉴욕시에 배치된 재활용 쓰레기통을 활용해 시민과 관광객에게 무선인터넷을 공급하고 있다. 뉴욕 맨해튼에는 170개 이상의 무선인터넷(Wi-Fi) 장치가 장착된 재활용 쓰레기통이 거리 곳곳에 설치되어 있다. 단순히 무선인터넷 제공을 넘어 재활용이 불가능한 정도로 악취가 심하게 나거나 쓰레기로 꽉 차면 쓰레기통 내부에 있는 센서가 이를 감지하여 청소부에게 알려주는 기능도 포함되어 있다. 정부가 폐기물을 관리하거나 공공 서비스 홍보 및 안내를 위한 정보를 제공할 수 있도록 데이터를 수집해서 정부에 전달하는 역할도 수행한다. 뉴욕시는 미래형 공중전화 및 무선인터넷 허브로 뉴욕 시민과 수백만 명의 관광객에게 무선인터넷뿐 아니라 휴대전화 충전, 무료 국내전화 서비스 등을 제공하고 있다.

4) 바르셀로나(스페인)

바르셀로나시에서는 주차 여부를 판단해 주기 위해서 아스팔트 도로 밑에 작은 센서를 설치하여 운영 중이다. 이 센서는 최대 7년까지 자가 발전을 통해 작동하며 금속을 탐지하는 역할을 수행한다. 해당 지역에 차량이 주차되면 센서가 감지하여 주변 와이파이망을 통해 데이터센터에 관련 정보를 전송, 중앙관제시스템에서 운전자에게 해당 정보를 앱을 통해 전달한다. 또한 스마트 주차 앱 파커(Parker)는 주차공간이 비어 있음을 알려주는 서비스를 사용자들에게 제공하고 있다.

5) 암스테르담(네덜란드)

암스테르담은 2017년 두바이에서 열린 세계정부 정상회의에서 최우수 정부 신흥기술상을 수상하였다. 스마트도시 암스테르담은 기후 및 에너지 프로젝트에서 엑셀러레이터로서 중요한 역할을 수행하고 있다. 적극적인 민관 협력과 더불어 여러 방안을 사전에 검토해 대규모 프로젝트에 성공적으로 적용했으며, 다른 도시에도 도입가능한 성공적인 사례로 소개된다.

암스테르담 스마트도시 랩 체험은 암스테르담 및 여러 테마의 도시들로부터 수십 개의 스마트도시 솔루션을 찾을 수 있는 연구소이다. 스마트도시 랩 체험에서는 모빌리티, 에너지, 디지털 연결성 및 사물인터넷, 순환도시, 지속가능한 공간 개발 등 특정 주제에 대한 맞춤형 소개 프레젠테이션 및 투어 프로그램을 제공하고 있다. 또한 앱을 통해 셀프 가이드 투어정보를 제공한다.

6) 베를린(독일)

독일 베를린시는 장애인이 쉽게 도시를 관광하고 경험할 수 있도록 하는 '베리어 프리'(Barrier-free) 관광이 앞으로 도시의 성장동력이 될 것으로 판단하고, 주요 관광지의 휠체어 접근성을 높이는 것은 물론 시각장애인을 위해 청각 · 촉각 등으로 경험할 수 있는 도시 관광상품을 마련하고 홍보하는 등 다양한 노력을 기울이는 중이다. '모두를 위한 관광'(Reisenfur Alle)이라는 국가인증제도와 파트너십을 맺고 주요 관광지 · 문화기관 · 교통편 등의 장애인 접근성 데이터를 수집한다. 데이터를 기반으로 각 시설의 베리어 프리 서비스 가능 여부를 파악하고, 이를 '액세스 베를린'(acessBerlin)과 같은 지도 앱과 경로안내 등에 활용하고 있다. 휠체어 이동가능 경로를 제공하여 대중교통 이용 시 리프트 고장 여부 등 여행에 필요한 실질적 정보와 함께 기차역, 극장, 레스토랑, 쇼핑센터 등의 휠체어 접근성 여부를 제공한다. 관광 도중 휠체어가 고장났을 때는 베를린 휠체어 관리 홈페이지나 적십자 홈페이지를 이용해 24시간 수리 서비스를 받을 수 있고, 긴급상황에는 휠체어 교환도 가능하다. 바우하우스 아카이브, 오토봐이트 박물관, 유대인 박물관 등에서는 시각장애인을 위한 투어도 제공하고 있다. 오토봐이트는 시각장애를 갖고 있었으며, 제2차 세계대전 당시 시작장애 유대인들의 강제송환을 막은 인물로, 오토봐이트 박물관의 모든 전시물은 점자로 씌여져 있다. 베를린 링반과 시내 중심가를 순환하는 지하철 100번 노선에서는 오디오 가이드를 제공하며, '귀 안의 도시'(Stant im Ohr) 웹사이트는 800년 베를린 역사를 오디오 드라마로 경험할 수 있다.

7) 헬싱키(핀란드)

헬싱키는 2014년 스마트시티즈위원회가 선정한 가장 앞선 스마트도시 중의 하나이다. 핀란드는 세계 최초로 교통 인프라와 관련된 서비스와 정보, 결제를 하나의 플랫폼으로 제공하는 'MaaS(Mobility as a Service)'를 시작했다. 이 프로젝트는 핀란드 정부와 헬싱키의 공공기관인 HSL, 핀란드의 통신장비 제조업체인 에릭슨(Ericsson)과 지멘스(Siemens), 우버(Uber) 등 정부와 기업 간의 울타리를 넘어 다양한 조직과 기업이 참여하고 있다.

MaaS는 이동하고자 하는 사람 또는 물건이 주체가 되어 정보통신기술과 교통 인프라와 서비스, 정보, 결제 서비스를 통합해 각각의 요구에 가장 적합한 수단을 원스톱으로 유연하고 원활하게 제공한다. 이동성의 가치를 최우선으로 하는 이동정보 서비스를 제공하고 있는 것이다. 홈페이지나 모바일 앱을 통해 출발지와 목적지를 입력하면 최단경로를 찾아 결제까지 한번에 이루어진다. 유럽의 경우 아직까지 교통수단 간의 결제정보가 연계되지 않아 일일이 따로 결제를 진행하고 이용하는 경우가 대부분이기 때문에 MaaS를 사용할 경우 더 편리하게 교통수단 이용이 가능하다.

4 스마트관광도시의 발전 방향성

1) City Breaks: Creating Innovative Tourism Experiences

2018년 10월 16일 스페인 마드리드에서 열린 UNWTO 컨퍼런스 〈City Breaks: Creating Innovative Tourism Experiences〉는 관광 거버넌스와 디지털 경제가 함께 어우러져 여행자들에게 다양하고 진정한 경험을 제공하는 도시가 바로 스마트관광지가 될 것이라고 결론내렸다. 이 회의에서는 공공부문과 민간부문의 관광 리더들이 모여 '단기 여행 추세(City Breaks)'에 레저 및 여가로 대응할 방법을 분석했다. 초연결 및 초정보 관광객들의 새로운 요구에 대응하기 위해 민관협력, 지역사회 동참, 스마트관광지 창출이 필수적이라며 이를 위해 도시는 지속적으로 지식을 얻고 정책을 정의해야 한다고 결론지었다.

세계관광기구(UNWTO)의 부회장인 제이미 카발(Jaime Cabal)은 **"새로운 기술을 이용해 지속가능성과 포괄성을 높이는 방향을 관광객의 발전을 이해해야 한다. 점점 더 까다로워지는 관광경험을 만들어내기 위해서는 창의성과 혁신이 필요하다"**라고 말했다. 스페인 관광부의 관광개발 및 지속가능성 부국장 루벤 로페즈 풀리도(Ruben Lopez Pulido)는 관광객뿐만 아니라 디지털 및 경제의 발전에 대응하기 위해 관광개발 모델을 바꿀 것을 제안했다. **스마트하고 지속가능한 목적지가 되는 것은 단순한 이름표가 아니라 관광지의 종합적인 변화를 위한 과정이며 지속가능한 개발 목표의 달성을 목표로 해야 한다**고 주장했다. 회의의 연설자였던 디터 하드트 슈트레마이어(Dieter Hardt-Stremayr)는 단기 여행의 성장을 위한 주요 과제인 교통문제, 계절성, 관광수요 분산 등을 설명했다. "우리의 주요 과제는 지금 이순간 방문객들이 바로 오도록 유도하는 것이다. 이를 위해서 관광지 관리자들은 '임시적' 관광에 초점을 맞춰야 한다"라고 결론지었다.

회의의 주요 결론은 도시 관광 거버넌스 모델이었다. 점점 더 많은 관광객이 단기 여행을 함에 따라 **도시들은 주민들과 관광객에게 똑같이 혜택을 제공해야 한다**고 강조했다. 또한, 관광 정책 입안자들은 관광이 도시의 수익성과 지속가능성에 미치는 영향을 연구하고, 관광지를 정책 변화의 중심에 두어야 한다. **도시 관광객에게만 제공되는 경험을 단순히 홍보하는 것을 넘어서서, 스마트도시 관광의 전반적인 관리로 초점을 옮겨야 한다**고 결론지었다.

그림 6-7 | City Breaks: Creating Innovative Tourism Experiences

2) 스마트관광도시의 문제점과 발전 방향성

관광객과 호스트 커뮤니티 간의 의사소통은 관광객들에게 더 좋은 관광경험을 제공하고 도시의 발전과 환경에 중요하다. 그러나 때때로 언어장벽으로 인해 어려울 수 있다. 일본의 로그바(Logbar) 회사는 사람들이 대화할 때 즉시 다른 언어로 번역해주는 번역기를 발명했다. 와이파이나 인터넷 접속이 필요하지 않은 웨어러블 번역기는 언어에 상관없이 원활한 의사소통을 가능하게 만들었다. 이처럼 도시에는 스마트 기술이 적용된 다양한 사례들이 있다. 수많은 도시와 회사가 스마트 기술에 집중하여 도시를 발전시키고, 관광산업에서 발생하는 문제점 등을 해결하는 방법을 모색하고 있다.

그러나 문제는 여전히 **스마트 기술의 잠재력**을 인지하지 못한다는 점이다. AI가 범죄를 감지하고 줄일 수 있다는 강점을 가지지만, 시민들은 자신의 개인정보가 수집되는 것에 부정적이며 스마트의 보안 측면에 대한 신뢰성에 의문을 제기한다. 많은 사람은 스마트 기술로 인해 기본 생활 기술과 의사소통 기술을 잃어버릴까 걱정하고, 스마트 기술에 적응하기 어렵다고 판단한다. 스마트 기술이 편한 삶을 가져올 수 있는 잠재력이 있음에도 부정적인 태도는 여전하다. 스마트 기술에 대한 부정적 인식은 긍정적 인상보다 더 많이 발생하고 있으며, 스마트도시가 발전하고 성장하는 데 장애물이 된다. 도시와 우리의 삶에 스마트 기술을 효과적으로 적용하기 위해서는 모든 사람이 스마트 기술이 가져올 **잠재력과 기회에 대해 긍정적인 시각**을 갖는 것이 중요하다. 관광산업은 성장을 지속할 것이고, 도시에 큰 영향을 미칠 것이다. 관광에서 스마트관광 목적지로 인해 발생한 문제를 해결하기 위해서는 관광객, 지역주민, 회사, 정부, 그리고 가장 중요한 스마트 기술 등 도시와 관련된 모든 요소가 협력하여 발전해야 한다.

학습내용 정리

01 스마트도시는 인간이 삶을 영위해 나가는데 도시의 다양한 서비스 및 상업적인 활동을 포함한 도시민의 욕구에 인공 지능적으로 응답할 수 있는 능력을 갖춘 도시로, 지속가능한 경제적 개발과 아울러 인간의 삶의 질을 개선하는 것을 목표로 한다. 스마트관광도시(Smart Tourism City)는 관광객이 관광(목적)지의 주민의 삶과 관련된 공공시스템을 관광객을 위한 환경으로 확장 또는 변환하고 이를 통해 관광객이 목적지의 스마트도시 기능을 관광목적에 최적화하여 사용할 수 있도록 조성한 도시를 의미한다.

02 스마트도시는 경쟁력을 발전시키고, 브랜드를 강화한다는 점에서 관광과 연결된다. 네트워크 경제와 마케팅의 장점을 활용하여 상호 운용성과 상호 연결을 가능하게 했으며, 이를 통해 관광 서비스의 생태계를 개발하고 고객과 긴밀히 협력하여 가치가 극대화된다. 모든 이해관계자의 가치와 지역의 이익이 극대화된다.

03 모든 이해관계자를 참여시키며 문제를 해결하기 위해 스마트도시가 고려해야 할 요인으로는 교통, 안전, 환경, 데이터 통찰력 및 데이터가 있다.

04 스마트관광도시는 상당한 잠재력을 가지고 있지만, 여전히 스마트 기술에 대한 부정적인 인식이 있다. 이는 스마트도시가 발전하고 성장하는 데 장애물이 된다. 도시와 우리의 삶에 스마트 기술을 효과적으로 적용하기 위해서는 모든 사람이 스마트 기술이 가져올 잠재력과 기회에 대해 긍정적인 시각을 갖는 것이 중요하다.

학습내용 평가

01 다음 문제에 대한 O/X를 체크하시오.

1) 스마트도시에서 스마트 인프라를 구축하는 것이 매우 중요하다는 점에서, 스마트관광은 기술과 인프라에 초점을 맞춰 미시적인 관점으로 이해해야 한다.(   )
2) 스마트관광도시는 관광객이 관광(목적)지의 주민의 삶과 관련된 공공시스템을 관광객을 위한 환경으로 확장 또는 변환하고 이를 통해 관광객이 목적지의 스마트도시 기능을 관광목적에 최적화하여 사용할 수 있도록 조성한 도시를 의미한다.(   )
3) 스마트도시는 여러 이해관계자들이 관광에 참여하기 때문에, 모든 사람이 스마트관광도시가 되도록 협력하고, 모두에게 혜택을 주는 방법을 고려해야 한다.(   )

02 스마트관광도시와 사례를 맞게 연결하시오.

베를린 •	• 전통 킥보드 라임
싱가포르 •	• MaaS
헬싱키 •	• 스마트시티 랩
뉴욕 •	• 스마트 쓰레기통
바르셀로나 •	• 모두를 위한 관광(Reisenfur Alle)
파리 •	• 카사바트요 VR/AR 가이드
암스테르담 •	• 스마트 국가(Smart Nation)

03 스마트관광의 문제점과 발전 방향성에 대해 논의하시오.

답 1. ×, ○, ○

2.

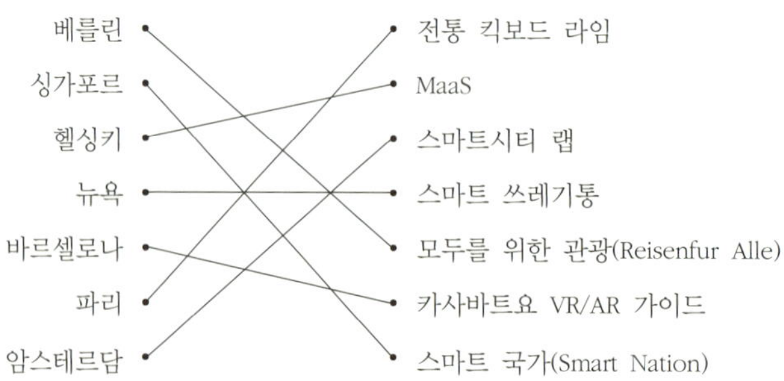

참고문헌

황종성(2016), "IT & Future Strategy 보고서," 한국정보화진흥원(NIA)

Harrison C., Eckman, B., Hamilton, R., Hartswick, P., Kalagnanam, J., Paraszczak, J. and Williams, P.(2010), "Foundations for Smarter Cities," *IBM Journal of Research & Development*, 54(4), 1-16.

Koo, C., Park, J. and Lee, J. N.(2017), "Smart tourism: Traveler, business, and organizational perspectives," *Information and Management*, 54(6), 683-836.

김재욱(2017), "스마트시티 핵심은 공공안전이다," 디지털 타임스 http://www.dt.co.kr/contents.html?article_no=2017092002102351053001

Chapter 07

스마트관광 생태계

개관

이 장에서는 스마트관광 생태계의 개념을 살펴보고, 스마트관광에 필요한 구성요소와 이해관계자들을 설명한다.

학습목표

1. 스마트관광 생태계의 개념을 이해한다.
2. 이해관계자들의 역할을 학습한다.
3. 스마트관광 생태계 속 기업 및 국가의 예를 살펴본다.

핵심용어

스마트관광 생태계, 공유가치, 데이터, 이해관계자, 생태계 구축, 관광 클러스터

1 스마트관광 생태계

정보통신기술(ICT)의 발달은 사회에 다방면적으로 영향을 미쳐왔으며, 특히 집약적 정보를 필요로 하는 관광산업에서 더 큰 영향을 끼쳐왔다. 정보통신기술은 관광객의 관광활동에 적극적으로 관여하면서 스마트관광을 만들어냈다. 스마트관광 시대에서 관광 기업 및 관광지 관련 종사자들은 스마트관광의 **정보통신 인프라**와 역량을 활용하여 관광경험을 증대시키고 있다. 그러나 아직 국내 관광산업은 IoT(사물인터넷), 빅데이터, 패턴인식, 증강현실 등의 기술을 파편적으로 사용하고 있으며 관광으로 기업 및 지역사회가 누릴 수 있는 경제적인 혜택에만 초점을 맞추고 있다. 관광산업의 **이해관계자들**을 비롯한 관광 생태

계가 원활히 작동하기 위한 가치를 제공하지는 못하는 상황이다. 관광의 이해관계자들이 참여하고 혜택을 누리는 관광 생태계 차원에 초점을 맞출 때 가치는 발생한다. 지속가능한 스마트관광 생태계를 만들고, 생태계 전체 이해관계자들이 자생적으로 가치를 창출하고 이를 공유하여 생태계 자체가 경쟁력을 확보할 수 있도록 해야 한다. 스마트관광 생태계를 구성하는 이해관계자들에는 관광기업, 결제기업, 주민, 관광객, 공공기관 그리고 정부 등이 있다.

1) 생태계의 개념

생태계(Ecosystem)는 상호작용하는 유기체들, 그리고 서로 영향을 받는 환경을 통틀어 부르는 용어이다. 유기적이고 포괄적인 가치 네트워크를 내포하며, 초연결 사회에 이르러 이해관계자 간의 상호작용에 기반을 둔 생태계 이론이 중요하게 등장하였다. 무어(James Moore, 1993)는 자연 생태계에 뿌리를 둔 **비즈니스 생태계**의 개념을 제시했다. 비즈니스 생태계란 상호연관 있는 자연환경과 생물집단이 경쟁과 협력을 통해 함께 생존하고 진화하는 자연계의 현상을 비즈니스에 적용한 개념으로, 상호작용하는 조직이나 개인에 기반을 둔 경제공동체로 정의할 수 있다. 기업들이 영위할 수 있는 모든 비즈니스 공간 내에서 혁신적인 아이디어를 통합하고 상호보완적인 관계를 유지하며, 핵심주체를 중심으로 이해관계자들과 강력한 공진화(co-evolution)를 꾀하는 네트워크를 의미한다.

비즈니스 생태계는 고객, 공급자, 유통업체, 아웃소싱 기업, 관련 기업 및 조직 등의 유연한 네트워크를 바탕으로 구성되며, 지속적인 상호작용을 통해서 진화한다. 글로벌 비즈니스 환경에서 경쟁은 더욱 복잡하고 치열해지며, 네트워크로 연결된 경쟁주체들은 개별기업의 경쟁력뿐만 아니라 개별기업을 포함하는 시장과 산업 전체의 경쟁력에 영향을 받는다. 진화하고 있는 관광산업에서 지속적인 성공을 목적으로 끊임없는 혁신과 경쟁을 통해 주체들을 연결 및 통합하여 새로운 가치창출을 일으킬 수 있다.

스마트관광 생태계는 기본적으로 비즈니스 생태계와 그 맥락을 같이한다. 기업의 정보화는 관광산업에서도 적극적으로 성장하는 분야이다. 관광 이해관계자들은 정보를 수집하여 관광객들이 여행정보를 얻고 예약할 수 있는 고객친화적 서비스 환경을 조성하고 있다. ICT는 관광의 수요와 행태 부분의 변화를 가져왔고, 지속가능한 경쟁력을 향상하는 핵심동력이 되었다. 관광산업은 다양한 산업과 복잡한 연결고리를 갖고 있으며, 이 연결고리는 스마트관광의 시대로 전환되면서 더욱 강화된다. 스마트관광은 정보통신기술을 바탕으로 기존의 관광산업의 특성인 타 산업과의 연계를 강화하고 있어, 스마트관광을 인식하기 위해서는 생태계 전반적인 관점에서 바라볼 필요가 있다.

스마트관광 생태계는 핵심산업, 연관산업, 유관산업, 외부환경 등 크게 4가지 영역으로 구분한다([표 7-1]).

- **핵심산업**: 관광활동에 필요한 제품 또는 서비스를 생산하는 핵심기업
- **연관산업**: 핵심사업을 중심으로 소재 및 부품, 서비스 지원기능을 담당하는 주체
- **유관산업**: 핵심산업과 연관산업에 직·간접적인 영향을 미치는 이해관계자
- **외부환경**: 스마트관광 생태계 전반에 영향을 미치는 외부적 환경

표 7-1 스마트관광 생태계 영역 및 구성요소

영역	내용
핵심산업	스마트관광 생태계 내에서 관광객의 관광활동에 필요한 여행 서비스, 관광상품 등 핵심적인 서비스를 제공하는 영역 • 관광객: 관광목적, 체류기간, 동반형태 등 다양한 특성을 보여주는 개인이나 집단으로, 스마트관광 생태계 안에서 다양한 ICT를 바탕으로 과거와는 달리 주체적인 활동을 나타냄 • 서비스제공자: 관광객의 관광활동에 필요한 숙박, 교통, 식음료, 오락, 여행 서비스 등 관광상품이나 서비스를 제공하는 기업으로, 공급부문의 가치사슬을 형성하는 핵심적인 주체를 의미
연관산업	핵심산업을 구성하는 관광기업의 경영활동을 위한 소재 및 부품공급, 서비스를 지원하는 기능을 담당하는 주체 • 항공, 식음료, 외식, 공연, 이벤트, 웨딩, 통역 서비스 등의 산업
유관산업	핵심산업과 연관산업에 직·간접적인 영향을 미치는 이해관계자 집단 • 관광관련 중앙 및 지방정부, 관광공기업, 관광연구기관, 관광 사업자단체 등
외부환경	스마트관광 생태계 전반에 영향을 미치는 제반 환경 • 정치, 경제, 사회, 문화, 기술적 환경 등

출처: 김덕기 · 김현주(2013)

이러한 구성요소는 [그림 7-2]와 같이 시각적으로 표현할 수 있다.

▶ 그림 7-1 | 스마트관광 생태계 구조

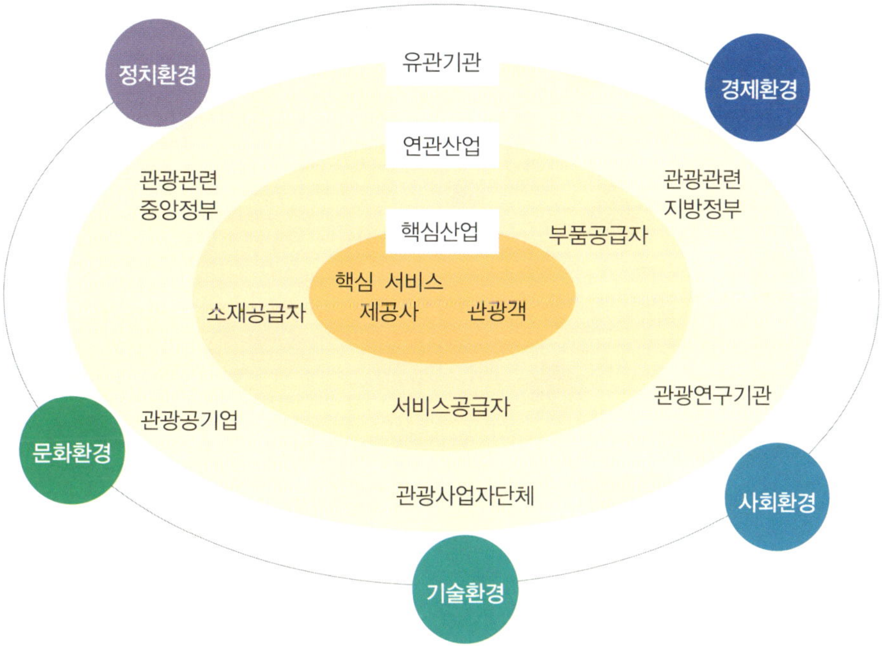

2) 스마트관광 생태계의 특징

스마트관광 생태계는 지능적 관광 서비스나 경험의 창출, 관리, 전달에서 스마트 기술의 이점을 가진 관광시스템으로 정의된다. 각자의 이해관계를 가진 구성체들의 협력 및 협동으로 구성되어 있으며, 집약적 정보공유와 공유가치의 창출을 특징으로 한다([그림 7-2]). 스마트관광 생태계는 정보기술 기반의 관광활동을 바탕으로 이해관계자들이 공동의 목표를 가지고 **사회적 가치를 창출**할 수 있는 가능성을 갖는다. 관광활동을 통해 생성되는 데이터가 이러한 가능성의 핵심요인이다. 따라서 전통적인 관광기업 및 관광객의 활동과 더불어 정보통신기술을 기반으로 관광 서비스를 제공하는 기업과 그를 활용하는 관광객의 소비행위 역시 중요하다. 관광활동을 통해 생성되는 방대한 데이터를 보유하고 있는 기업 역시 스마트관광 생태계의 핵심 이해관계자라 할 수 있다.

그림 7-2 | 스마트관광 생태계

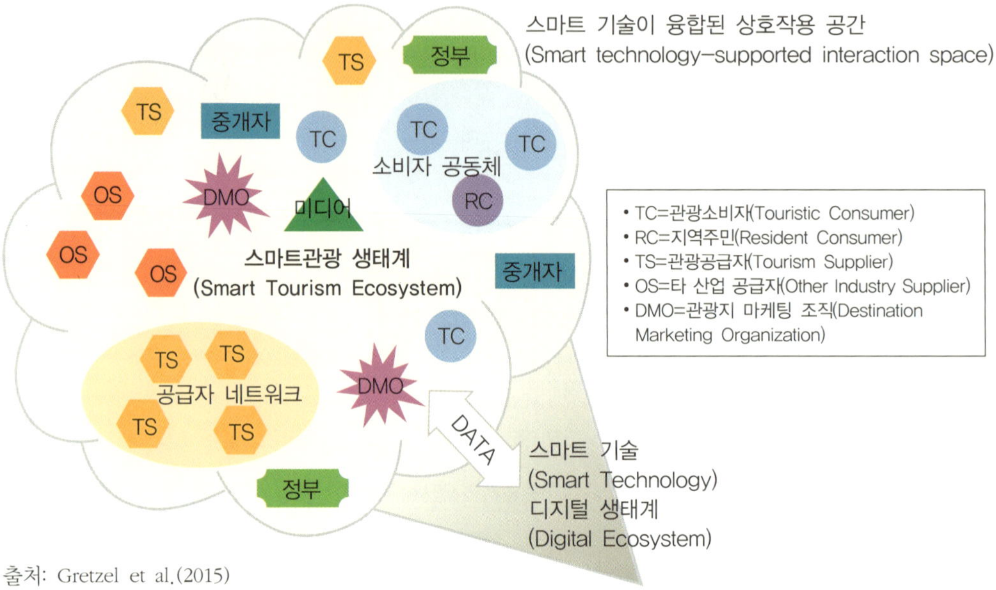

출처: Gretzel et al.(2015)

그림 7-3 | 스마트관광과 관광행동

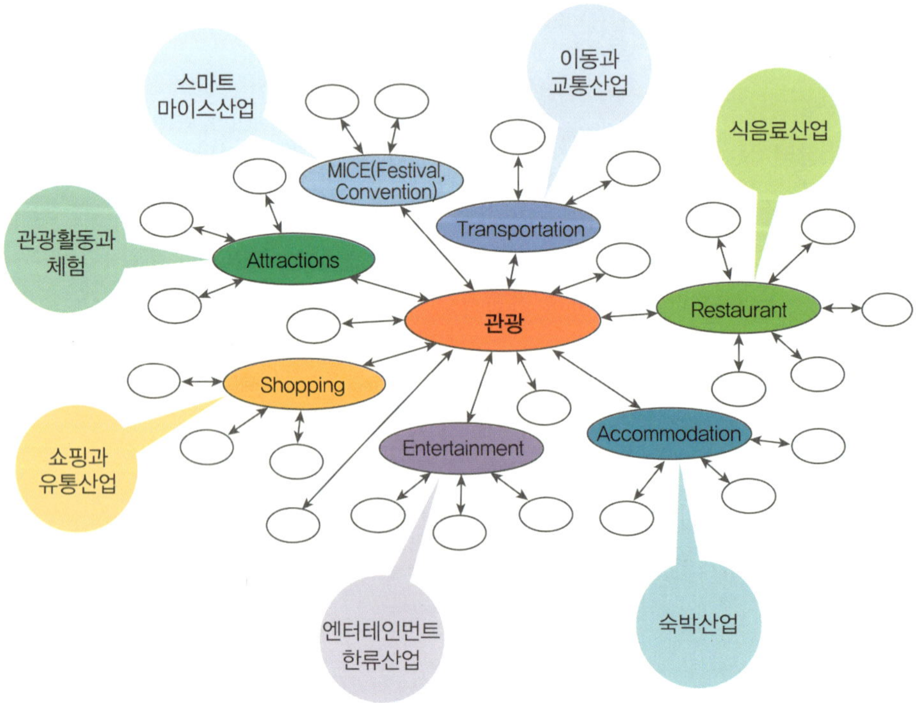

3) 스마트관광 생태계와 공유가치 창출

현지 클러스터는 기업이 자원 및 관련업체 등과 지리적 위치를 기반으로 결합되어 있음을 의미한다. 기업이 성공하기 위해서는 현지 클러스터를 기반으로 공유가치를 창출하는 것이 중요하다. 현지 클러스터의 개념은 관광산업에도 적용된다. 스마트관광 시스템은 지역을 기반으로 형성되고, 이들을 포함한 스마트관광 생태계가 구축된다. 지역과 밀접한 관계를 맺는 관광 클러스터를 통해 공유가치가 창출된다. 관광산업이 급변하는 환경에 적응한 결과로 스마트관광이 발생했다. 스마트관광 내 공유가치를 창출하기 위해서는 자원을 재배치하고, 생태계 내에서 생성되는 정보를 습득하여 환경에 적응할 수 있는 역량을 갖출 필요가 있음을 알 수 있다. 이러한 맥락에서 스마트관광 생태계의 주요 이해

그림 7-4 | 스마트관광 생태계를 통한 공유가치 창출

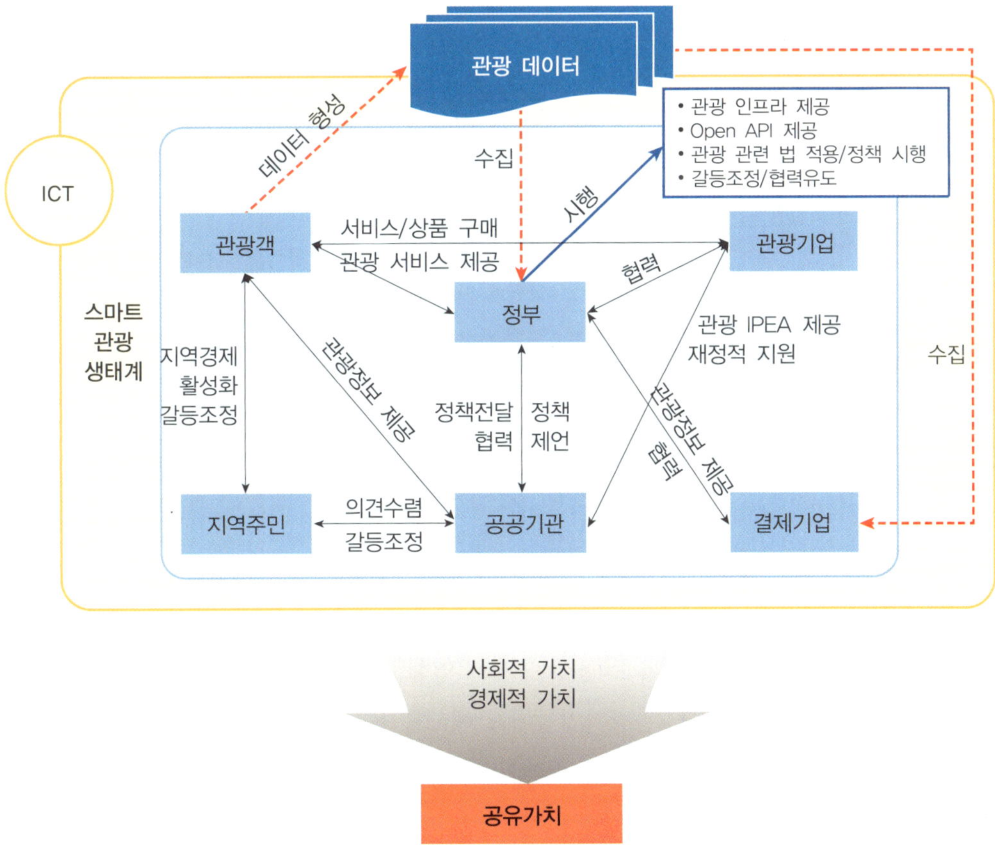

관계자인 관광기업, 결제기업, 공공기관, 정부의 역할을 재정립할 수 있다. 먼저, 관광기업을 통해 자원이 재배치되고, 결제기업은 보유한 빅데이터를 기반으로 관광 생태계 내 활용가능한 정보를 제공하고, 공공기관과 정부는 이들이 제 역할을 수행할 수 있는 환경을 조성한다. 스마트관광 생태계와 관련된 모든 이해관계자가 급변하는 환경에 적응할 수 있는 역량을 갖춤으로써 지속가능한 공유가치를 창출하게 된다([그림 7-4]).

4) 스마트관광 생태계의 산업·사회문제 해결 기여

스마트관광 생태계는 정보통신기술을 바탕으로 모든 요소 및 주체가 같이 발전하여 스마트관광을 가능하게 하는 전체적인 환경으로, 공급업체, 유통업체, 정부, 지역사회 및 관광객 및 기타 네트워크와 유기적으로 연결되어 계속 진화하는 하나의 생태환경이다. 관광객으로 인한 관광지의 사회문화 및 환경문제, 한정된 관광 콘텐츠, 글로벌 OTA(Online Travel Agency) 강세에 의한 호텔업계의 수수료 부담, 공유경제의 활성화를 위한 새로운 플랫폼 비즈니스에 대한 법제도 개선, 관광산업의 융복합 창조인력 양성에 대한 문제 등이 등장하고 있다. 이는 궁극적으로는 스마트관광 생태계에 영향을 미친다. 이로 인해 산업과 사회문제를 해결하기 위한 연구의 필요성이 대두된다.

특히, 2020년 전 세계가 코로나19의 영향을 받게 됨에 따라 관광산업 내 위기관리에 관한 연구의 필요성이 대두된다.

- **위기관리(crisis management)**: 각 정부정책과 비자정책에 따라서 항공산업이 멈춰서고 관광객의 교류가 중지되어 관광산업의 모든 기반시설이 붕괴되고 있다. 따라서 관광산업 이해관계자에게 의사결정에 대한 문제에 관한 연구가 필요하다.
- **직원 및 인력(workforce)**: 위기상황 속에도 운영할 수 있는 중요한 관광활동 클러스터를 파악하고 이 작업을 수행하는 직원과 필요한 기술을 보유한 직원을 설정하고 파악해야 한다. 이 위기가 진정되었을 때 관광산업 분야에 있는 격차 극복을 위한 기술 향상을 가속할 수 있어야 한다. 유동성 문제로 인해 관광기업들이 직원 해고 및 계약 종료를 고려하게 되고 있다. 관광기업들에게 해고를 통해 비용을 절감보다 다른 대안을 찾을 수 있도록 연구되어야 하며, 정부의 부양 프로그램 및 세금 혜택의 영향을 포함한 인력 모델링은 기업이 여러 선택지를 제시할 수 있도록 연구되어야 한다.

- 공급망(supply chain): 항공과 교통이 코로나로 인하여 올 스톱된 상황에서 세계경제가 얼마만큼 둔화될 것인지를 감안하여 수요를 현실적으로 파악해야 하는 연구가 필요하다. 코로나가 풀리고 수요가 증가할 때를 대비해 주문 재활성화 계획을 세워야 한다.
- 세금 및 무역(tax and trade): 정부는 코로나에 대한 대응으로 세금 규제를 바꾸고 있다. 이는 부양책의 한 형태이며, 세율과 마감일의 변화는 회사의 현금 및 계획에 관한 연구가 필요하다.
- 재무와 유동성(finance and liquidity): 유동성 관리는 관광기업의 지불능력 유지를 위해 가장 중요하며, 최상의 시나리오와 최악의 시나리오를 테스트할 수 있는 단기 현금흐름 예측 개발을 포함해 유동성 분석과 계획에 관한 연구가 필요하다.

그림 7-5 | 산업과 사회문제 해결 모델

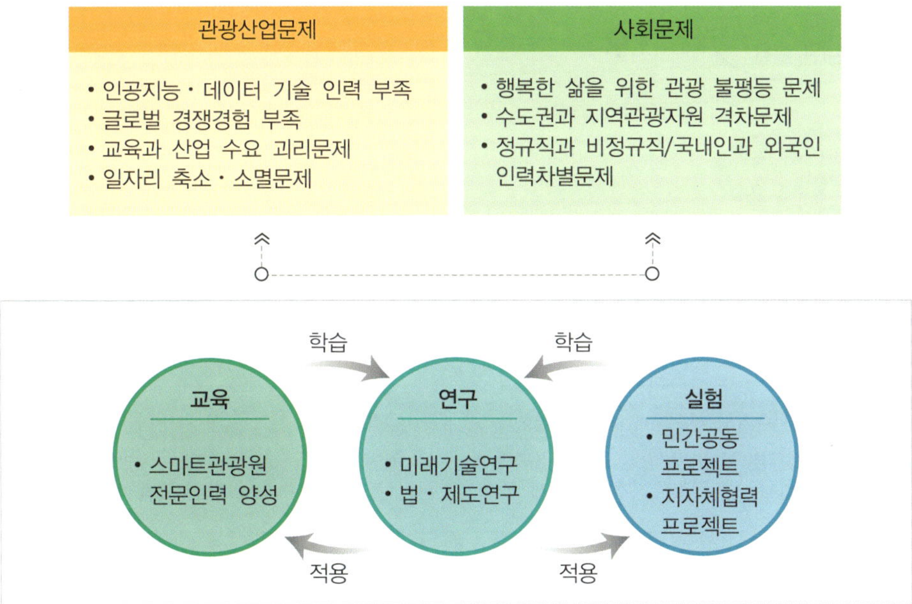

그림 7-6 | 산업과 사회문제 관련 스마트관광 생태계 시스템

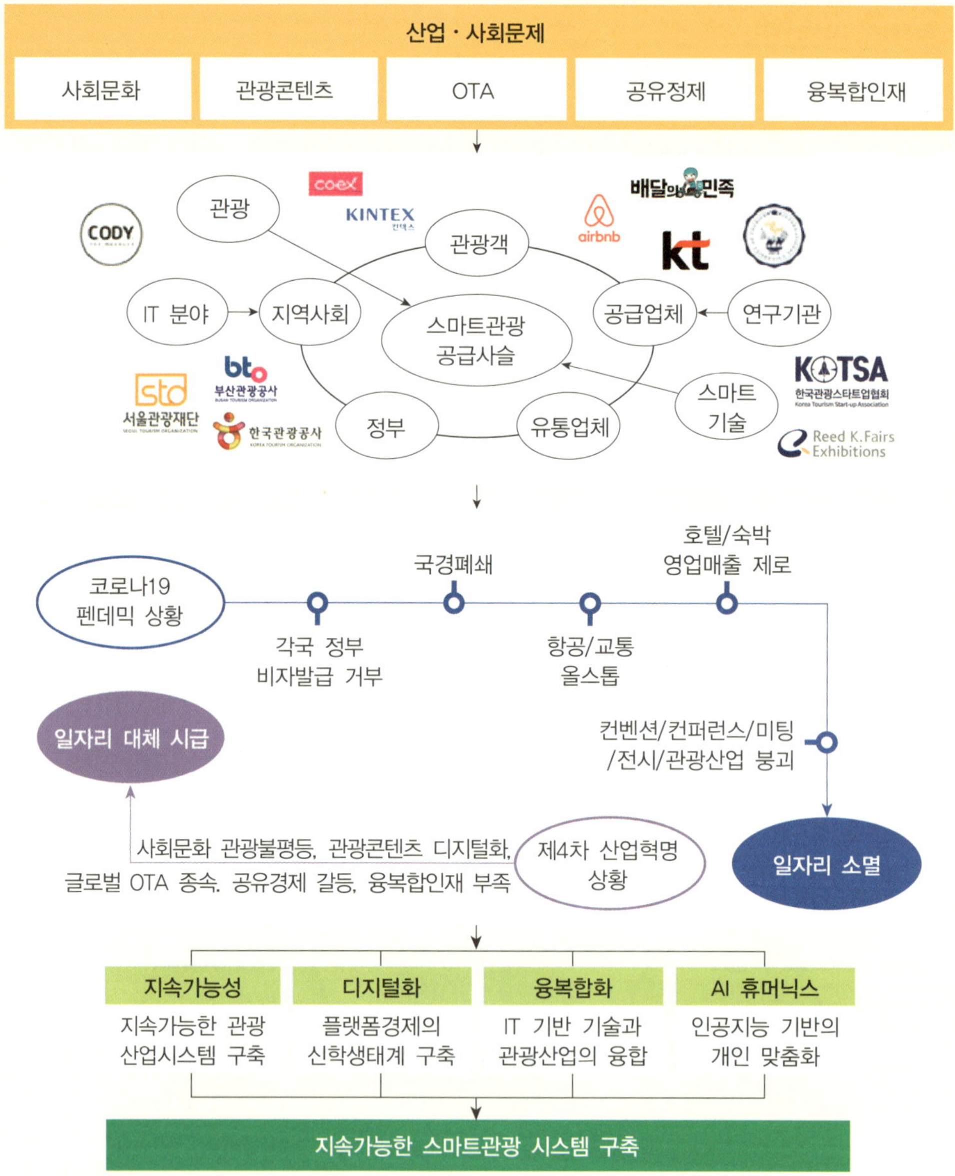

2 이해관계자들의 역할

1) 관광기업의 역할

관광객은 스마트관광 생태계 내 소비자로서 관광기업의 플랫폼을 적극적으로 이용한다. 관광기업은 **관광객에게 도움을 주는 플랫폼 및 서비스**를 제공하여, 관광객의 관광경험을 증가시킨다. 대표적인 관광기업으로는 구글 맵, 트립어드바이저, 그리고 에어비앤비를 예로 들 수 있다. 구글 맵은 지도 플랫폼으로 이해관계자들을 생태계 내 교통으로 연결한다. 공유숙박 플랫폼 에어비앤비는 지역주민의 거주공간 중 사용하지 않는 집을 관광객에게 공유한다. 일정기간 동안 사용하지 않은 잉여공간을 관광객에게 제공하고 그 대가를 받는 플랫폼으로, 집을 빌려준 호스트는 경제적 혜택을, 집을 빌린 관광객은 새로운 경험을 제공한다. 트립어드바이저는 관광객에게 관광활동과 음식점 그리고 숙박시설 등의 정보를 제공하여 스마트한 의사결정을 할 수 있게 도와준다.

2) 결제기업의 역할

정보통신기술을 기반으로 이루어지는 관광활동인 스마트관광은 방대한 양의 데이터를 생성하고 활용한다. 스마트관광 생태계의 핵심은 **데이터**라고 할 수 있다. 특히 카드사와 같은 결제기업은 스마트관광 활동에서 생성되는 빅데이터를 활발하게 사용하고 있다. 소비자들의 결제수단이 현금에서 카드로 넘어가게 되면서, 신용카드 및 체크카드를 통한 소비활동은 모두 카드사에 소비자 데이터로 저장된다. 이렇게 저장된 빅데이터는 스마트관광 생태계의 중요한 정보로 전환된다. 수집된 소비자 데이터는 관광산업 발전의 기초자료로 활용된다. 관광기업, 관광 관련 종사자, 정부 등에 공유되어 관광객들의 이동경로 파악, 새로운 관광지 발굴 등에 기여하여 관광객을 대상으로 한 신규 비즈니스 모델 개발에 도움을 줄 수 있다. 예를 들어, 신한카드는 국내를 방문한 관광객들의 신용카드 거래내역을 빅데이터로 분석하여 20대와 여성이 제주도 관광을 주도한다는 것을 파악하였다.

카드사의 빅데이터 분석을 통해 관광객의 소비패턴을 파악할 수 있고, 이는 관광객과

직·간접적으로 연결된 모든 이해관계자의 네트워크를 파악하여 중추적인 역할을 하는 기업 혹은 기관을 파악할 수 있다. 즉, 스마트관광 생태계의 이해관계자들이 함께 성장할 수 있는 공유가치 창출이 가능할 것이다. 이러한 점에서 카드사가 보유하고 있는 빅데이터는 상당한 잠재적 가치가 있음이 분명하다. 현재 카드사의 데이터는 개인정보와 관련한 법적 문제로 인해 매우 제한적으로 활용되고 있지만, 잠재적 가치가 높은 만큼 이를 적극적으로 활용할 필요가 있다. 따라서 카드사는 자신들이 보유하고 있는 데이터를 효과적으로 활용할 수 있는 방안을 모색하고, 지속적으로 관심을 가질 필요가 있다.

3) 주민 및 관광객의 역할

관광 활성화는 지역경제 발전을 위한 하나의 수단으로 추진되어오고 있다. 지역의 관광지화로 인해 관광객이 증가하면 관광객의 소비활동에 따른 **경제적 파급효과**는 지역주민의 소득증가로 이어진다. 지역 내 관광 관련 일자리가 창출되면서 고용이 증가할 수 있다. 주민들은 지역 특색을 살린 축제나 이벤트, 농촌관광 등을 활용하여 관광을 유치하는 역할을 한다. 또한, 주민들은 교통, 결제, 장소 등과 관련된 앱 및 서비스를 꾸준히 사용하여 데이터를 축적하여 관광객의 정보수집에 도움을 줄 수 있다. 관광객은 스마트관광 생태계에서 관광을 즐기는 주체로서, 스마트관광 생태계를 통해 공유가치를 창출하기 위한 필수적인 존재이다. 지속가능한 관광에 대한 인식을 기반으로 관광지 훼손을 최소화하고, 주민들의 삶의 영역을 해치지 않는 관광을 할 필요가 있다. 이를 통해 지역의 사회적 가치와 경제적 가치를 함께 추구하여 공유가치 창출을 이룰 수 있다.

4) 공공기관의 역할

관광산업이 지역사회를 기반으로 계획되고 발전되는 것은 바람직한 발전 방향이다. 지역을 기반으로 성장할 때 관광산업의 생산성은 극대화될 수 있고, 사회적 문제를 해결하는 과정에서 공유가치가 창출될 수 있다. 스마트관광 생태계를 구축하는 과정에서 기업과 지역사회를 연결해주는 **중간 매개자의 역할**이 중요하다. 지역 내 공공기관은 관광 클러스터의 기반을 마련할 때 발생하는 사회적 문제에 적극적으로 개입하여 해결할 수 있으며, 이와 같은 관광기업의 성공은 지역관광을 활성화시키고, 궁극적으로 지역사회의 성공으로 이어진다.

관광산업에 있어 공공기관은 크게 중앙정부, 지방정부, 공사, 정부 산하기관, 협회, 시민단체 등으로 구성된다. 지방정부의 관광 담당 기관의 경우 지역의 행정적 업무집행, 지역관광개발사업에 대한 인·허가를 하며 지역 관광안내소 운영 등을 통해 중앙정부와 지역관광관련 단체를 연결하고 있으며, 지역활성화 전략을 수행한다. 관광공사의 경우 관광마케팅 및 홍보지원, 민간단위 투자지원, 관광관련 교육 및 컨설팅 등의 사업을 수행한다. 정부 산하기관에서는 정책개발연구, 각종 관광관련 조사를 수행하고, 연구를 진행한다. 이 밖에 협회나 시민단체 등의 공공조직은 관광과 관련한 집단의 요구사항을 수렴·제시하여 지역 관광 발전에 기여하고 있다.

5) 정부의 역할

전통적으로 정부는 다양한 산업환경에서 지원, 통제, 조정 등의 역할을 하며 국가의 경제활성화를 위해 노력해 왔다. 특히 관광산업은 복합적인 성격이 강하기 때문에 관광과 관련된 이해관계자들 사이에서 정부의 조정 역할이 중요하다. 초기 관광의 발전단계에서 정부는 기본적인 관광 인프라 구축, 관광과 관련된 정부기관 및 부처 수립, 관광정책 기획 및 시행, 민간기업의 제도적·재정적 지원 등과 같이 기본적인 산업발전에 필요한 역할을 수행해 왔다. 정부는 2010년부터 스마트폰 사용자의 증가에 따라 스마트폰을 활용한 관광서비스를 제공했다. 지자체 단위 관광 앱 개발, 관광 주요지역 와이파이 설치, 다국어 관광정보 제공 및 통역지원 서비스 운영, 관광정보 공유를 위한 Open API 서비스 등을 운영함으로써 스마트관광을 본격적으로 육성하기 시작했다.

3 스마트관광 생태계 사례

1) 국내 스마트관광 생태계

스마트관광 생태계를 구축하기 위한 국가주도의 정책이 시행되고 있다. 스마트관광 투자환경 조성, 법적·제도적 기반 마련, 데이터 표준 정립 등 다양한 지원정책이 마련되고 있다. 특히, 개방형 스마트관광 플랫폼을 통한 데이터 연계 및 빅데이터 분석에 초점을 맞추고 있다. 정부, 지자체, 공공기관, 민간기업 등 관광 이해관계자들의 유기적인 협업 및 공유체계를 구축하여 지속가능한 스마트관광 생태계를 구축하기 위한 노력이 이어지고 있다.

(1) Open API

한국관광공사는 11종, 35,000여 개에 이르는 상당한 양의 관광콘텐츠를 Open API를 통해 개방하고 있다. 이를 활용하여 총 160여 개에 이르는 IT 서비스가 개발되고 운영되고 있다. 관광공사 내·외부로부터 데이터를 수집하여 관광 빅데이터 시스템을 구축하고, 스마트관광 도시에 제공함으로써 지능형 챗봇 서비스 등을 개발할 수 있는 기반을 만들고 있다.

그림 7-7 | 한국관광공사 관광 빅데이터 시스템 구축안

(2) 제주도 스마트관광 플랫폼 사업

제주도는 4차 산업혁명 시대에 맞춰 제주 미래 비전으로 **스마트관광 섬 구축**을 제시하며, 2016년부터 ICT 구축을 시작했다. 도내 주요 관광지 및 관광객 밀집지역 600여 곳에 공공 와이파이를 설치했다. 1회 인증으로 24시간 사용할 수 있는 4개 국어 기반의 와이파이를 사용할 수 있는 구조를 만들어 개방형 스마트 플랫폼을 구축했다. 관광객들이 공공 와이파이에 접속할 때 입력하는 국적, 성별, 나이, 체류시간, 이동경로, 소비행위 등의 데이터를 수집한다. 이를 기반으로 관광객의 패턴을 분석하고, 여행 패턴에 맞는 관광정책과 마케팅 전략을 수립한다. FIT(개별여행객)의 증가에 따른 관광 소비패턴을 분석하기 위해 카드 소비를 분석하기도 한다. 표준화된 내·외부 데이터를 수집하고 이를 공공데이터로 개방하여 민간기업이 관련 빅데이터를 활용할 수 있도록 정보를 개방한다.

그림 7-8 | 제주도 내국인 이동경로 빅데이터 분석

출처: 제주특별자치도 스마트관광 생태계 구축 전략(2017)

2) 관광기업의 스마트관광 생태계 사례

(1) 구글지도

구글맵은 구글에서 제공하는 지도 서비스로, 전 세계 많은 국가에서 구글지도를 이용하여 목적지까지의 경로를 검색할 수 있다. 구글지도는 스마트관광 생태계 중 목적지까지의 경로안내를 가장 집중해서 제공하고 있다. 예를 들어 영국 런던에서 캠브리지까지 갈 경우 검색한 시점을 기준으로 구글지도는 두 가지 경우를 제시한다. [그림 7-9]는 구글 생태계와 교통 그리고 관광지가 연동되는 장면을 보여준다.

첫 번째는 대중교통 중 기차로 가는 방법이다. 기차로 이동을 선택하면 도착지까지의 예상소요시간과 도착시각, 출발역, 기차 출발시각과 해당 기차의 종착지, 중간 정착지 정보까지 알 수 있다. 이는 구글지도가 스마트관광 생태계 구성의 역할을 하며 관광객에게 목적지까지 가는데 위치와 이동수단 그리고 결제수단과 옵션 등을 다양하게 제시하고 있다는 점이다. 여기서 구글 생태계의 공유가치는 목적지까지 움직이는 교통수단과 관광지를 스마트하게 연결하기 때문에 불확실성을 크게 줄이며 편리하고 간단하게 결제를 할 수 있도록 도와주기 때문에 이해당사자들이 구글 생태계 안에서 수익을 발생할 수 있다는 점

그림 7-9 | 구글지도 생태계

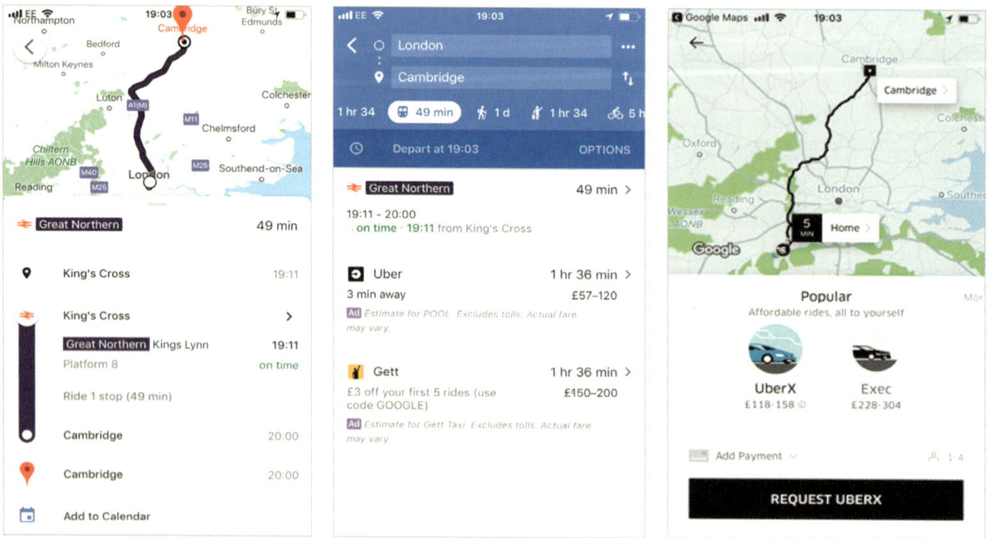

출처: 구글지도(Google Map)

에서 공유가치 실현을 가능하게 하고 있다.

두 번째 제안은 택시이다. 구글지도와 연동된 두 개의 택시회사가 제안된 것을 볼 수 있다. 각 택시회사를 이용했을 경우 도착지까지 예상소요시간과 예상요금까지 알 수 있다. 원하는 택시회사를 결정하여 누르면 해당 택시회사의 앱으로 자동연결된다. 예약을 원할 경우 기존에 입력해 둔 카드정보를 사용하여 한 번에 결제까지 가능하다. 이제는 해외여행 시 길거리에서 다른 사람에게 길을 물어볼 필요도, 기차역에서 기차시간을 알아보고 탑승권을 구매할 필요도 없이 택시를 탈 때 언어가 다른 기사와의 의사소통 과정 없이 모바일 앱으로 예약할 수 있도록 돕는다.

구글지도는 단순 지도검색 및 경로안내를 넘어선 스마트관광 생태계를 구축한다. 구글지도를 이용하면 장소검색, 경로 및 도보 길찾기를 할 수 있지만, 더 나아가서는 장소의 세부정보를 알 수 있다. 관광객은 구글지도에서 음식점을 검색하여 메뉴와 운영시간 등의 정보를 얻을 수 있고, 실제 다녀온 사용자의 리뷰를 통해 의사결정을 할 수 있다. 최근에는 호텔예약 등의 서비스까지 제공하며 스마트관광 생태계 구축을 확장해나가고 있다.

(2) 트립어드바이저

트립어드바이저는 여행사이트로, 약 770만 개 이상의 국가별 숙박, 항공, 관광지 및 식당을 결정하는 데 도움이 되는 정보를 제공한다. 또한 6억 61천만 건 이상의 리뷰와 의견을 제공하여 많은 정보를 제공한다.

다른 온라인 플랫폼과의 차이점은 믿을 수 있는 가장 최신의 리뷰를 제공한다는 점이다. 특히 트립어드바이저의 음식점 리뷰는 메뉴, 위치, 연락처, 영업시간, 실제 리뷰 등의 정보를 제공하기 때문에 관광객들이 여행지에서 식당을 결정할 때 가장 많이 활용되는 정보 원천 중 하나이다. 날짜, 시간, 인원 등을 기재하여 예약할 수 있고, 딜리버리 서비스로 연동되어 온라인으로 주문 및 결제하여 배달을 요청할 수 있다. 리뷰는 경험을 통하지 않고는 알기 어려운 정보를 제공한다. 예를 들어, 특정 시간에만 제공되는 체험 및 메뉴를 공유하기도 한다. 리뷰에 댓글을 달아 서로 공감을 하기도 하고, 때로는 다른 경험을 이야기하고 정보를 정정하기도 한다. 트립어드바이저를 통해 비행기, 호텔, 음식점, 근처 관광지 등을 검색 및 예약할 수 있고, 정보까지 공유하여 스마트관광 생태계를 형성한다([그림 7-10]).

그림 7-10 | 트립어드바이저 음식점 정보 및 리뷰

출처: 트립어드바이저 홈페이지

4 스마트관광 생태계의 방향성

스마트관광 생태계는 이해관계자들이 공유가치를 창출할 수 있도록 통합적 관점에서 살펴보아야 한다. 관광산업 내 관광객, 공급업체, 유통업체, 정부, 지역사회 등이 공유가치를 창출하며, 이 가치가 선순환될 수 있도록 해야 한다. 스마트관광은 다양한 산업 분야와의 융합을 통해 비즈니스 모델을 창출하고, 관광 참여자 간 공유가치를 형성하여 디지털 생태계의 한 분야로 자리잡았다. 바람직한 생태계 구축을 위해서는 생태계를 구성하는 이해관계자 간 공생에 관한 인식 형성이 전제되어야 하며, 협업과 협력을 위한 산업 환경조성이 요구된다. 스마트관광 생태계가 잘 유지되고 성장하기 위해서는 구글이나 트립어드바이저와 같이 관광객들의 경험을 공유하여 투명하고 스마트한 선택이 가능하도록 해야 한다. 또한, 공공의 영역에서는 스마트관광 생태계를 구성하는 기업이나 지역사회 등 주요 이해관계자를 지원하고, 이들이 서로 협업할 수 있는 기반을 마련하고, 상생을 위한 정책수단을 발굴할 필요가 있다.

학습내용 정리

01 스마트관광은 정보통신기술을 바탕으로 기존의 관광산업의 특성인 '타 산업과의 연계'를 강화하고 있어 스마트관광을 인식하기 위해서는 생태계 전반적인 관점에서 바라볼 필요가 있다.

02 스마트관광 생태계는 관광활동에 필요한 제품 또는 서비스를 생산하는 핵심기업인 '핵심산업', 소재 및 부품, 서비스 지원기능을 담당하는 주체인 '연관산업', 핵심 및 연관산업에 직·간접적인 영향을 미치는 이해관계자 '유관산업', 스마트관광 생태계에 영향을 미치는 외부적 환경인 '외부환경'으로 구성된다.

03 스마트관광 내 공유가치를 창출하기 위해서는 자원을 재배치하고, 생태계 내에서 생성되는 정보를 습득하여 환경에 적응할 수 있는 역량을 갖출 필요가 있다. 이러한 맥락에서 스마트관광 생태계의 주요 이해관계자인 관광기업, 결제기업, 공공기관, 정부의 역할이 중요하다.

04 관광기업은 관광객이 소비자로서 이용할 수 있는 플랫폼을 제공한다. 결제기업은 카드 소비에서 얻는 빅데이터를 분석하여 관광객들의 이동경로 파악, 새로운 관광명소 발굴, 신규 비즈니스 모델 개발에 기여한다.

05 관광객의 소비활동에 따른 경제적 파급효과는 지역주민의 소득증대로 이어진다. 관광기관의 경우 지역 관광 개발사업에 대한 허가 등을 통해 지역활성화 전략을 수행하며, 관광공사는 관광마케팅 및 홍보지원, 민간단위 투자지원, 관광관련 교육 및 컨설팅 등의 사업을 수행한다. 관광산업은 복합적인 성격이 강하기 때문에 관광과 관련된 이해관계자들 사이에서 정부의 조정 역할이 중요하다.

학습내용 평가

01 스마트관광 생태계 구조의 그림에서 빈칸에 알맞은 말을 적으시오.

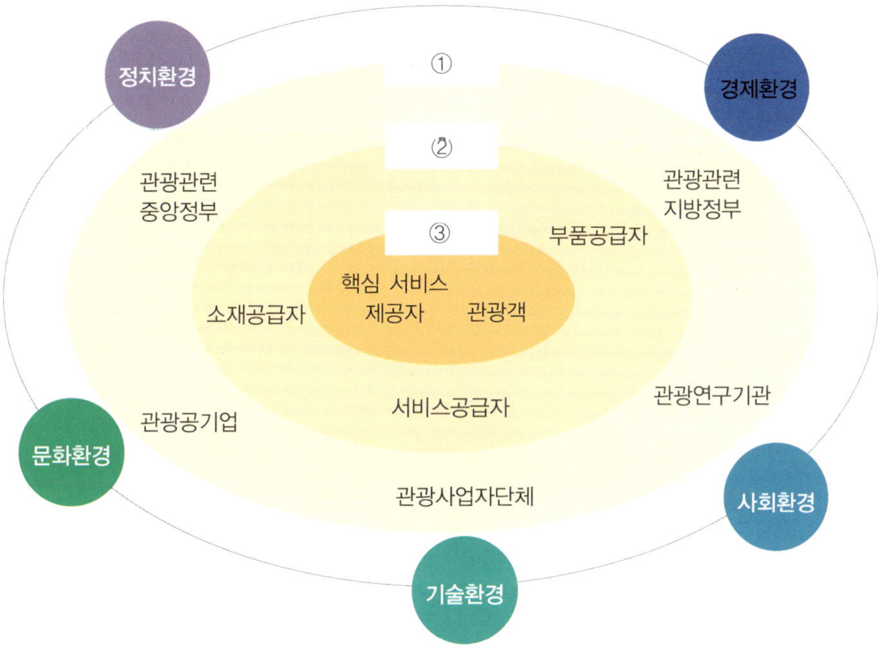

02 스마트관광 생태계 내에서 관광활동을 통해 생성되고, 이해관계자들이 사회적 가치를 창출하는 가능성의 핵심요인인 것은 무엇인가?

① 지식 ② 협동 ③ 데이터
④ 자본 ⑤ 정책

03 스마트관광 생태계의 이해관계자 중 결제기업이 하는 역할에 대해 서술하시오.

답 1. ① 유관기관 ② 연관산업 ③ 핵심산업
2. ③

참고문헌

Moore, J. F.(1993), "Predators and Prey: A New Ecology of Competition," *Harvard Business Review*, May-June, 75-86.

김덕기 · 김현주(2013), "관광산업의 고도화를 위한 생태계 구축 방안," *한국문화관광연구원*

Gretzel, U., Werthner, H., Koo, C. and Lamsfus, C.(2015), "Conceptual foundations for understanding smart tourism ecosystems," *Computers in Human Behavior*, 50, 558-563.

Porter, M. E. and Kramer, M. R.(2011), "Creating shared value: Redefining capitalism and the role of the corporation in society," *Harvard Business Review*, 89(1/2), 62-77.

시사오늘(2016), "신한카드 빅데이터 센터, 20대와 여성이 제주관광 주도," http://www.sisaon.co.kr/news/articleView.html?idxno=48046

경희대 스마트관광연구소(2019), "스마트 관광도시 조성 연구보고서," 서울관광재단

제주특별자치도 정보융합담당관(2017), "제주특별자치도 스마트관광 생태계 구축 전략"

PART

4

스마트관광 비즈니스 모델과 기술

Chapter 08

에어비앤비Airbnb 사례

개관

이 장에서는 스마트관광 비즈니스모델의 첫 번째 사례로 공유경제를 바탕으로 한 관광기업 에어비앤비에 대해 학습한다.

학습목표

1. 에어비앤비의의 공유경제 플랫폼 비즈니스와 그 전략을 학습한다.
2. 에어비앤비의 호소법 요소와 온라인 리뷰의 특성을 이해한다.
3. 다양한 도시에서의 에어비앤비 규제 방식을 이해하고 올바른 규제목표를 수립하는 방향성을 학습한다.

핵심용어

에어비앤비, 공유경제, 온라인 리뷰, 호소법, 규제

1 에어비앤비의 개요

2008년에 설립된 에어비앤비(Airbnb)는 **공유숙박 플랫폼**으로 전 세계 191개국 81,000개 도시에서 5백만 개 이상의 숙소를 중개하고 있으며, 한국에는 2013년 도입되었다. 에어비앤비는 창업자 브라이언 체스키(Brian Chesky), 조 게비아(Joe Gebbia), 네이선 블레차르지크(Nathan Blecharczyk)는 미국 샌프란시스코에서 개최되는 국제회의 기간에 숙박에 대한 수요가 많다는 점을 발견했고, 샌프란시스코 라우시 거리에 있는 자신들의 아파트, 에어 베드(air bad)를 대여해주면서 출발했다. 대여 경험을 바탕으로 여행객에게 저렴한 가격에 빈방을 빌려주는 아이디어를 고안해 숙박 공급자와 수요자를 연결해주는 인터넷 중개 플랫폼 서비스를 구축했다. 자신들이 빌려준 '에어 베드'와 '아침식사'에서 따온 Air Bed & Breakfast라고 이름을 지었으며, 줄여서 '에어비앤비(Airbnb)'라고 한다. 2008년 벤처캐피털 회사인 '와이 콤비네이터'의 설립자인 폴 그레이엄으로부터 창업 연수 프로그램 교육과 2만 달러를 지원받아 서비스를 시작하였다. 2011년 예약일이 100만일이 넘으면서 점차 주목받기 시작했고, 힐튼이나 메리어트 등 전통적인 호텔 브랜드와 경쟁할 정도로 전 세계에서 가치 있는 숙박 관련 기업으로 자리잡았다. 현재까지 에어비앤비의 총 게스트 체크인수는 누적횟수로 4억 명이 넘고, 게스트의 평균 인구는 약 200만 명이며, 1,000개 이상의 도시에서 에어비앤비를 경험할 수 있다.

그림 8-1 | 에어비앤비

출처: 에어비앤비 홈페이지

2 공유경제 플랫폼 비즈니스 모델과 전략

숙박중개 플랫폼 서비스를 제공하는 에어비앤비는 중개수수료와 광고를 주 수입원으로 가진다. 호스트(숙박공급자)가 객실 제공을 하고 싶은 경우 객실 사진, 가격 및 정보 등을 결정하여 에어비앤비 홈페이지나 앱에 등록한다. 게스트(숙박수요자)는 홈페이지나 앱에서 숙박하고 싶은 객실을 선택한 후 예약 및 결제를 진행한다. 에어비앤비는 호스트로부터 금액의 3%, 게스트로부터 객실에 따라 6~12%의 수수료 수익을 얻는다.

그림 8-2 | 에어비앤비(Airbnb)의 비즈니스 모델

1) 공유경제 플랫폼 비즈니스 모델

에어비앤비는 자체적으로 보유한 숙소 없이 전 세계인에게 숙박을 제공하는 공유경제 시스템이다. 집을 떠나서도 집에 머무는 **경험을 제공**한다. 공유 및 대여는 적은 생산, 그로 인한 적은 낭비를 의미하며, 궁극적으로 **환경을 보호**하는데 기여한다. 협력적 소비(collaborative consumption)는 **사회성**을 장점으로 가진다. 핵가족, 소규모 만남이 증가하고 있는 시대에 온라인상의 만남은 의미 있는 관계 형성으로 이어질 수 있다. 옥스퍼드 대학교수이자 공유경제를 최초로 강의한 레이첼 보츠만(Rachel Botsman)은 개인 간(peer-to-peer) 공유는 새로운 커뮤니티 형성의 일환이며 사람들이 서로를 믿기 때문에 가능한 일이라고 말했다. 한 연구에 따르면, 사람들은 다른 사람의 물건을 위탁받았을 때 신경전달물질인 옥시토신이 분비되어 기쁨을 느낀다고 한다. 사람은 서로를 믿고 신임을 받는 것에 가치를 둔다는 것을 뜻하며, 공유사회의 기본은 여기서 시작된다.

2) 에어비앤비의 비즈니스 전략

(1) 신뢰성 구축

공유경제 플랫폼은 **신뢰**를 기반으로 사람과 사람을 연결한다. 더 나아가 산업과 또 다른 산업을 연결하는 핵심 플랫폼이 되고 있다. 에어비앤비는 공유경제 플랫폼을 기반으로 한 시스템이기 때문에, 중개 과정에서 '과연 호스트를 믿을 수 있는가'라는 정보의 비대칭 문제는 중요한 이슈이다. 에어비앤비는 사용자들의 리뷰(review)를 통해 이 문제를 해결한다. 실제 숙박한 사람들이 호스트와 게스트가 어떤 사람인지 직접 평가하게 하는 것이다. 리뷰가 쌓일수록 호스트와 게스트에 대한 신뢰가 강화되고 정보의 비대칭이 해결되는 선순환이 생긴다.

호스트의 속성은 호스트에 대한 신뢰에 유의미한 영향을 준다. 특히 호스트의 진실성과 호감성은 신뢰를 쌓는 데 필요한 중요 요인이다. 게스트는 호스트의 고객지향적인 행동과 호감을 유발하는 요소들로부터 신뢰를 인지한다. 이에 호스트가 예약 시 안내했던 약속들에 대해서 잘 이행을 하고 있는지 점검할 필요성이 제기된다. 또한, 게스트가 호스트에 대한 신뢰를 바탕으로 다시 이용을 할것인지 결정한다는 점에서, 호스트에 대한 신뢰는 게스트의 재이용도에 영향을 미치는 것을 알 수 있다. 호스트는 신뢰를 쌓는데 중요한 요인인 진실성과 호감도를 높이기 위해, 리뷰 등을 신경써야 하며, 에어비앤비 자체에서도 지속적으로 호스트가 평판을 높여갈 수 있도록 관리해야 한다.

(2) 애착관계 형성

회사나 동료 호스트에 대한 애착은 호스트의 자발적인 행동으로 이어진다는 점에서, 조직시민행동을 장려하는 중요한 요소이다. **조직시민행동**(Organizational Citizen ship Behavior)이란 공적인 담당 업무가 아니며 적절한 보상이 없음에도 자신이 속한 조직의 발전을 위해 구성원들이 자발적으로 행동하는 것을 의미한다. 호스트의 애착을 강화하기 위해 다양한 방법들이 필요하다. 첫째, 호스트와 적극적으로 협업해야 한다. 호스트를 비즈니스 파트너로 인식하고 이들과 연결되어 정보를 공유하고 업데이트하여 애착관계를 형성한다. 또한, 에어비앤비에 참여함으로써 얻게 되는 사회경제적 보상을 포함한 혜택을 제공함으로써 소속감을 제공한다. 둘째, 에어비앤비는 호스트에게 권한을 부여한다. 호스트는 제품 및 서비스의 독립체이기 때문에 개별 파트너의 권한을 부여받는다. 이들의 서비스 수행방법을 존중하고 회사의 미래 방향성 및 비전을 함께 논의하는 것이 필요하다. 셋째, 호스트 간의 관계에 관심을 기울여야 한다. 동료 호스트와 공유되는 특성이나 스타일, 개인별 정보 공개 등은 한 호스트를 다른 호스트와 연결하는 중요한 요소이다. 따라서 호스트가 자신의 삶을 공유하거나 다른 호스트와 경험을 주저 없이 공유할 수 있도록 해야 한다. 이를 위해 실제 에어비앤비는 온라인상의 자체 커뮤니티 웹페이지 운영을 통해 서로의 호스팅 이야기를 공유하고, 호스트들이 스스로 정기모임을 가질 수 있도록 하고 있다.

(3) 상호작용

온라인 환경에서 호스트에 대한 신뢰는 서비스 이용의 결정 요인으로 작용한다. 이러한 신뢰도는 **높은 상호작용**을 통해 발생한다. 에어비앤비에서는 McMillan and Hwang(2002)이 제안한 세 가지 요소(의사소통 방향, 사용자 컨트롤, 시간)를 토대로 상호작용을 평가하기 위해 ① 의사소통 방향, ② 반응 속도, ③ 개인화(반응의 정확도)를 적용했다. 에어비앤비 사용자가 인지하는 상호작용이 설득력 있는 단서와 신뢰와의 관계에 있어서 호스트의 신뢰에 직간접적으로 어떠한 영향을 미치는지 밝혔다.

그림 8-3 | 에어비앤비 내 소비자 구매결정에 영향을 끼치는 요인

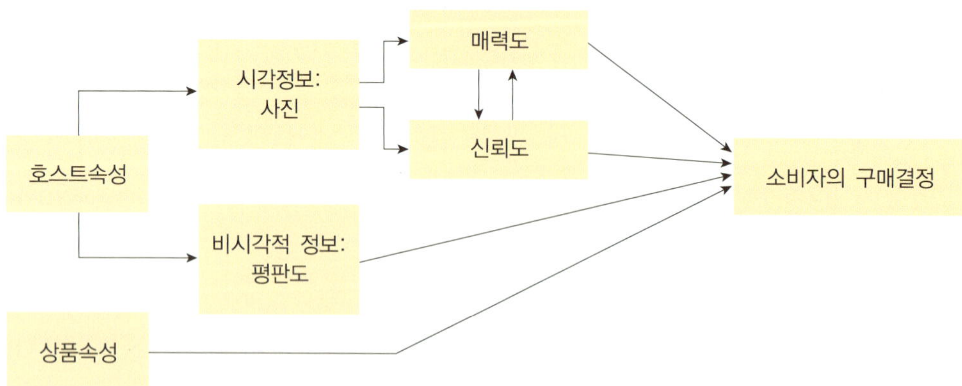

출처: Ert et al.(2016)

(4) 평판도

긍정적인 **평판**은 신뢰를 높이는 데 핵심적이다. 평판이 신뢰의 필수조건은 아니지만, 사람들은 믿을만한 평판 없이도 낯선 사람을 믿기도 한다. 예를 들어 투자 및 신뢰 게임과 관련된 실험에서 사람들은 불합리한 상황에서 완전한 타인을 신뢰할 수도 있다는 것으로 드러났다. 사회적 거리, 상대방과의 신분 및 의사소통의 정도 역시 신뢰구축에 유의미하다.

3 에어비앤비의 커뮤니케이션 기술

소셜미디어가 보급되면서 온라인 정보 메시지나 온라인 정보에 대한 아리스토텔레스의 수사학과 호소법(Appeals)이 개인 및 비즈니스에 상당한 영향을 미치게 되었다. 소셜 미디어를 비롯한 온라인 정보가 사람들을 자극하고, 설득하고, 고무시키는 데 영향을 주는 방법에 대한 이해가 필요하다.

슈퍼 호스트 배지, 리뷰, 인증 정보는 아리스토텔레스의 호소법 중 신뢰에 호소하는 **에토스**(ethos)에 해당된다. 슈퍼 호스트 배지는 특히 게스트가 머물 곳을 선택하는데 가장 영향력 있는 요인으로 드러났다. 2014년부터 운영 중인 '슈퍼 호스트' 제도에서 호스트는 슈퍼 호스트 배지를 획득하기 위해서는 연중 최소 10박 이상을 예약 성공하고, 5점 중 4.8점 이상을 얻어야 하며, 24시간 안에 최소 90% 이상 답변을 해야 한다. 부득이한 경우를 제외하고 확정된 예약을 취소하지 않아야 한다. 게스트는 슈퍼 호스트 배지와 여러 장소가 있는 숙련된 호스트가 소유한 숙소를 선택하는 경향이 있다. 별표 평가 역시 게스트의 의사결정에 중요한 영향을 미쳤다. 더 높은 평점을 받은 숙소에 대해서 게스트는 높은 기대치를 가진다. 높은 등급이 정확하면 신뢰도 및 만족도가 증가하지만, 숙소의 상태가 높은 등급과는 달리 좋지 않을 경우, 잘못된 평가로 인해 실망감을 크게 느끼게 되며 결과적으로 신뢰성이 저하된다. 에어비앤비 시스템이 게스트가 호스트와 숙소를 평가할 수 있을 뿐만 아니라 호스트가 게스트를 평가할 수 있는 상호 평가이기 때문에 일반적으로 에어비앤비의 별 등급이 부풀려지는 경향이 있기도 하다.

에어비앤비 웹페이지의 숙소와 장소에 대한 설명은 아리스토텔레스 수사법 중 감정에 호소하는 **파토스**(pathos)에 해당된다. 호스트는 단순 숙소 정보 이상으로 감정적이고 친밀한 단어들을 사용하여 게스트가 친구 집에 머물 듯 편안한 느낌을 받을 수 있도록 친근한 사회적 장소로 설명하는 것이 필요하다. 마지막으로 아리스토텔레스의 수사법 중 논리 및 근거를 이용한 합리적 호소인 **로고스**(logos)에 해당하는 커뮤니케이션 요소는 가격, 날짜, 수용 가능 인원, 장소 사진, 편의시설, 평점 등이다. 숙소에 대한 정보를 제공할 때 가능한 많은 시각적 사진을 제공하는 것이 효과적이다. 지나치게 낮은 객실 가격은 게스트로 하여금 해당 객실의 품질이 낮다고 인식하게 할 위험이 있기에 호스트는 숙소 가격을 주의 깊게 고려할 필요가 있다. 게스트가 적을수록 구매율이 높아지기도 한다. 실제로 숙소가 게스트로 붐비는 경우, 호스트는 모든 게스트에게 주의를 기울이기 어렵고, 지역정보를 원하는 게스트와 효율적으로 소통하지 못한다. 이때 게스트는 호스트의 서비스에 만족하지 못할 수 있다. 오히려 호스트가 적은 수의 제한된 게스트에게 집중하여 더 좋은 품질의 서비스를 제공하는 것이 게스트의 만족도 및 재구매의사에 긍정적인 영향을 미칠 것이다.

그림 8-4 | 에어비앤비 웹페이지

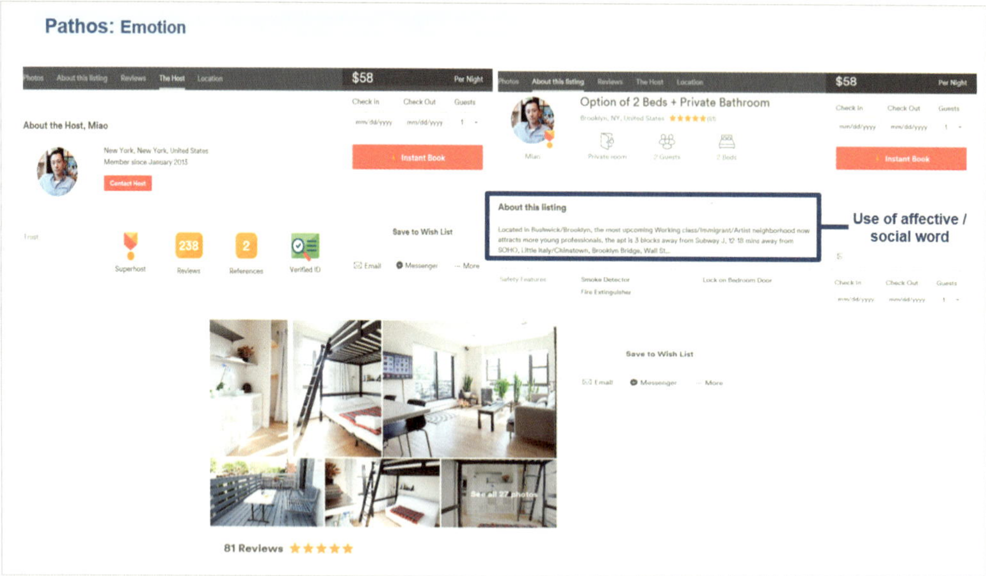

4 온라인 호텔 리뷰와 에어비앤비

1) 에어비앤비 온라인 리뷰

2019년 Cheong & Jin이 발표한 '에어비앤비 사용자들의 온라인 리뷰코멘트 분석 결과'에 따르면 사용자들은 장소(location), 쾌적함(amenities), 부대시설(facilities), 방(room), 호스트(host), 호스트의 도움(helpfulness of the host), 호스트의 유연성(the flexibility of the host), 소통(communication), 애완동물(animals) 등을 고려하는 것으로 밝혀졌다. 다음은 리뷰 코멘트 분석 결과에 대한 구체적인 설명이다.

(1) 장소(location)

장소에 대한 고려사항은 관광지, 주변 교통, 상점이나 카페 등과의 접근성을 말한다. 장소는 식당, 교통시설, 쇼핑센터, 주차장과의 지리적인 거리뿐 아니라 주변 산책로나 장소의 안정성까지 의미한다. 장소에 대한 부정적인 리뷰는 주변 소음 또는 숙박 건물의 높은 주차비 등이 포함된다.

(2) 쾌적함(amenities)

쾌적함은 숙소를 선택할 때 중요한 부분이다. 게스트는 숙소의 부대시설을 포함한 객실의 컨디션에 대한 쾌적함의 정도를 주의깊게 살펴본다. 숙소 주변의 야간 환경이나 주변 시설도 포함된다.

(3) 부대시설(facilities)

부대시설은 집 전체를 포함해 정원, 수영장, 발코니 등을 포함한 숙소 주변시설과 숙소 내 시설 모두를 의미한다. 호텔에서의 부대시설과는 다르게 에어비앤비 사용자들은 부대시설로부터 집 같은 편안함을 기대한다. 예약 전 에어비앤비 예약 페이지에 설명된 부대시설과 실제가 다를 때 사용자들은 부정적인 리뷰를 남겼다.

(4) 방(room)

방과 관련된 고려사항은 공간, 침대, 방 디자인, 깨끗함, 인테리어 등이 분석됐다. 게스트는 소음 등 숙면을 위한 요소, 호스트로부터의 사생활 보호, 함께 공유하는 사람들, 장소의 북적이는 정도 등을 리뷰에 남겼다.

(5) 호스트(host)

호스트에 대한 리뷰는 호스트의 도움(Helpfulness), 유연성(Flexibility)을 들 수 있다. 예를 들어 숙소에서 개인 물품을 분실했을 경우 호스트가 도와주는 경우 큰 도움이 될 수 있다. 또한, 체크인과 체크아웃 시 호스트가 게스트의 요청에 도움을 주려는 정도도 이에 포함될 수 있다. 호스트의 도움 정도는 전혀 도움이 안 되는 경우부터 아주 친절한 경우까지 다양하다는 점에서 리뷰에서 많이 다뤄지는 고려사항이다.

(6) 의사소통(communication)

게스트와 호스트 사이의 의사소통은 다른 시기(예약 전, 숙박 중, 예약 후)에 다양한 목적(체크인, 체크아웃, 부대시설이용, 도움)으로 온라인 또는 대면방식으로 이루어진다. 에어비앤비 의사소통의 특징은 예약 전 호스트가 에어비앤비 웹사이트상에 기재해 준 정보가 의사소통에 큰 영향을 미친다는 것이다. 온라인으로 사전 의사소통을 한 후 숙박 장소에서 면대면 소통으로 이루어지는데 사전 의사소통이 좋을수록 신뢰를 쌓고 낯선 장소와 호스트에 대한 불안감을 경감시키는 것으로 나타났다.

(7) 애완동물(animals)

리뷰 분석에서 보이는 의사소통 고려사항에서 호스트의 애완동물이 나타났는데, 친근감 있는 애완동물은 호스트의 높은 환대를 반영했고, 반대로 친근하지 않은 애완동물은 게스트의 경험에 부정적인 영향을 미치는 것으로 나타났다.

2) 에어비앤비의 새로운 리뷰 방식

리뷰의 중요성을 인지한 에어비앤비는 최근 새로운 후기 작성 방식을 선보였다. 게스트가 특정 카테고리(청결도, 정확성, 편의시설, 체크인, 의사소통)에 별 4개 이하를 줄 경우 개선할 사항이 무엇인지 구체적으로 작성해야 한다. 이때 작성한 내용은 비공개로 호스트와 게스트만 볼 수 있으며, 숙소 페이지에는 표시되지 않는다. 예를 들어 청결도에 별 4개를 받았다면 청소에 좀 더 신경을 써야 하는 곳이 욕실인지 바닥과 카펫인지 알 수 있다. 호스트는 후기를 통해 알게 된 정보에 따라 서비스를 개선하고, 숙소 페이지를 업데이트할 수 있다. 새로운 후기 작성 방식에서는 게스트가 비공개 피드백을 쉽게 보낼 수 있어 호스트도 유용한 정보를 더 많이 받을 수 있다. 실제로 후기 작성 방식이 변경된 이후 별 4개 이하의 평가를 받은 호스트가 받은 비공개 피드백의 양이 세 배 늘었다고 한다.

그림 8-6 | 에어비앤비 비공개 피드백

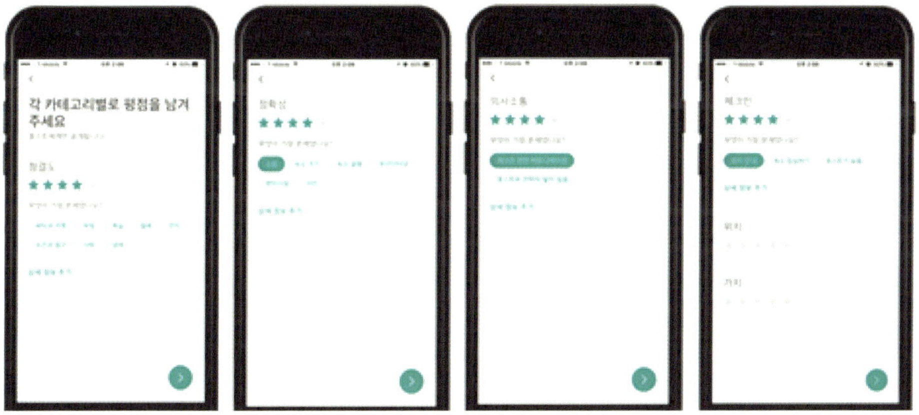

출처: 에어비엔비 홈페이지

5 에어비앤비의 문제점과 규제

숙박에 있어 수요는 탄력적인 반면 공급이 매우 비탄력적이기 때문에 공유숙박은 하나의 대안이 될 수 있다. 또한 공유숙박은 공급자와 소비자 모두에게 편리함을 제공한다. 유휴자산을 활용하여 수익을 창출할 수 있고, 플랫폼을 통해 편리한 거래가 가능하다는 점도 장점이다. 이러한 이점으로 꾸준히 성장하고 있으나, 이와 관련된 문제점도 지속적으로 제기되고 있다. 특히 시장경쟁, 소비자 보호와 안전 문제, 부동산 가격 상승 측면에서 문제점이 거론된다.

1) 공유숙박 서비스의 문제점

(1) 시장경쟁 측면

기존의 숙박시설은 공중위생관리법에 따른 의무와 **세금납부 의무**를 가진다. 그러나 공유숙박 단기숙박임대업자는 이 의무에 해당 대상이 아니다. 기존 사업자와 신규 진입자 간의 법적 의무 차이로, 신규 진입자의 시장 점유는 증가하는 반면 기존 사업자는 위축될 우려가 존재한다. 또한 신고하지 않은 숙소를 공유숙박 플랫폼을 활용하여 법의 사각지대에서 운영하는 경우도 생긴다. 정당하게 등록된 숙소가 부담하는 세금이나 의무에서 제외된 채 이익은 가져가기 때문에 경쟁 측면에서 역차별이 발생할 수 있다.

(2) 소비자 보호와 안전 문제

공유숙박 시설에서 **범죄나 안전사고**가 종종 발생하지만 이에 대한 엄격한 규정이 부족하다. 불법으로 운영되는 숙소의 경우 소방설비 설치 의무가 없어 화재 위험에 취약하다. 주택가에서도 공유숙박을 영업할 때에는 여행객으로 인한 주변 소음이 발생하는 문제가 있다. 낯선 여행객의 등장은 인근 주민들의 안전에 잠재 위협요소가 될 수 있다.

(3) 부동산 가격 상승 유발 가능성

주거용 오피스텔이나 원룸은 원래는 영업이 불가능한 주택 유형이다. 하지만 현재 공유플랫폼을 통해 오피스텔을 단기간 임대하는 사례가 많은 것으로 파악된다. 이는 관광지 역세권을 중심으로 오피스텔의 수요가 증가하여 **부동산 가격 상승**을 초래한다. 샌프란시스코나 뉴욕에서는 공유숙박 서비스가 실제로 부동산 가격 상승에 영향을 주는 것이 밝혀졌으며, 이를 방지하기 위해 관련 법의 제정 및 개정이 이루어졌다.

위에서 언급한 문제점들은 에어비앤비의 사용에 규제가 필요함을 의미한다. 장점을 최대화하고 발생할 수 있는 문제는 방지하면서 서비스를 활성화하기 위해서는 규제가 뒷받침되어야 한다. 그러나 시장에 새롭게 등장한 공유경제에 전통적인 숙박산업에 관한 규제 법령이 그대로 적용되는 것에 관한 의문이 제기된다. 공유경제의 혁신을 저해하지 않는 선에서 어떤 방식의 규제가 도입되어야 하는지 검토할 필요가 있다.

2) 도시별 에어비앤비 규제

대표적인 공유숙박 플랫폼 에어비앤비는 각 국가로부터 규제의 대상이 되고 있다. 관광

그림 8-7 | 주요 관광지 단기허용 비교 규제

도시	샌프란시스코	뉴욕	암스테르담	런던	베를린	파리	바르셀로나	레이캬비크	비엔나	호바트	도쿄
공유숙박 플랫폼 등장 이전	앤드런(End-run)	갭(Gap)	갭(Gap)	앤드런(End-run)							
2008	공유 서비스 시작	공유 서비스 시작	공유 서비스 시작		갭(Gap)						
2009				공유 서비스 시작		갭(Gap)	갭(Gap)	앤드런(End-run)	앤드런(End-run)	앤드런(End-run)	앤드런(End-run)
2010		강력 규제									
2011		규제 및 과세			공유 서비스 시작						
2012						공유 서비스 시작	공유 서비스 시작 등록 서비스 도입	공유 서비스 시작	공유 서비스 시작	공유 서비스 시작	공유 서비스 시작
2013			강력 규제								
2014	규제 및 과세		협업 규제 및 과세	규제 및 과세	강력 규제	규제 및 과세	강력 규제				
2015	등록 시스템 도입		등록 시스템 도입	등록 시스템 도입	규제 개선	협업	규제 및 과세			규제 및 과세	
2016	규제 개선	규제 개선	규제 개선		등록 시스템 도입		규제 개선	규제 및 과세	규제 및 과세 등록 시스템 도입		
2017	협업		협업	협업			규제 개선	등록 시스템 도입		등록 시스템 도입	
2018		협업	규제 개선		규제 개선	등록 시스템 도입	협업	규제 개선	규제 개선		등록 시스템 도입
2019	규제 개선	규제 개선	규제 개선			규제 개선	규제 개선			협업	협업
2020			규제 개선			협업 규제 개선	규제 개선		규제 개선		규제 개선

출처: Von Birel, D. & Dolnicar, S.(2020)

수요가 높고 공유숙박 서비스가 대중화됨에 따라 어려움을 겪고 있는 지역, 샌프란시스코, 뉴욕, 암스테르담, 런던, 베를린, 파리, 바르셀로나, 레이캬비크, 빈, 도쿄, 호바트, 총 11개 지역의 에어비앤비 규제를 조사한 내용이다. 에어비앤비에 대한 규제는 4가지 유형으로 나뉜다.

① 단기임대의 규제 및 과세(regulation & taxes)
② 단기임대를 신고하기 위한 등록시스템 도입(registration)
③ 규제의 개선 및 수정(refinement)
④ 정부와 P2P 공유숙박 플랫폼과의 협업(collaboration)

11개 도시 중 6개 도시에서는 공유숙박 서비스가 대중화되기 전부터 이미 단기임대를 강력히 규제하였다(샌프란시스코, 호바트, 빈, 런던, 도쿄, 레이캬비크). 이를 **엔드런(End-run)**이라고 한다. 기존 법률이 새롭게 등장한 혁신을 모호하게 다룬다는 것이다. 엔드런의 상황에서는 사업혁신이 불법이라 할지라도 성공할 수 있다. 엔드런 도시들은 Airbnb가 시장에 등장했을 때 법을 수정할 필요가 없었다. 혁신자들은 그들의 사업은 새로운 것이고 기존 법에 저촉되지 않기 때문에 불법이 아니라고 주장한다. 많은 호스트들은 이러한 주장에 찬성하며, '허락이 아닌 용서를 구한다'는 생각으로 자신의 공간을 공유 플랫폼에 등록하였다. 엔드런 도시에서는 규제를 도입하기 전까지의 시차가 생긴다. 이 시기에 호스트와 관광객들의 요구가 증가하면 엔드런 도시들은 강력했던 규제를 약하게 변경할 수밖에 없다.

두 번째 그룹의 도시는 **갭(Gap)** 상황이다. 갭도시들의 기존 법은 공유숙박 서비스를 다루지 않았기 때문에 새로운 정책을 수립해야 한다. 도시별로 규제 조치는 다양하다. 뉴욕과 바르셀로나는 에어비앤비가 시장에 등장하자마자 규제 조치를 시행했다. 바르셀로나는 등록 시스템을 먼저 도입하였고, 2년 뒤에 엄격한 규제를 실시했다. 반면, 암스테르담과 베를린은 비슷한 조치를 취했지만 시행되기까지 상당한 시간이 걸렸다. 파리는 중간 수준의 규제 조치와 시간 지연이 있었다.

'비즈니스 혁신에 의해 시작된 정책 중단에 대한 법률 이론'(law theory about policy disruptions initiated by business innovation: Biber et al., 2017)의 이론적 프레임워크를 사용하여 도시별, 연도별 규제의 엄격성을 평가한 내용(1=규제되지 않음, 10=극도로 강력한 규제)은 엔드런과 갭의 결과 패턴을 보여준다.

▶ 그림 8-8 | 엔드런(End-run) 도시에의 정책적 진화

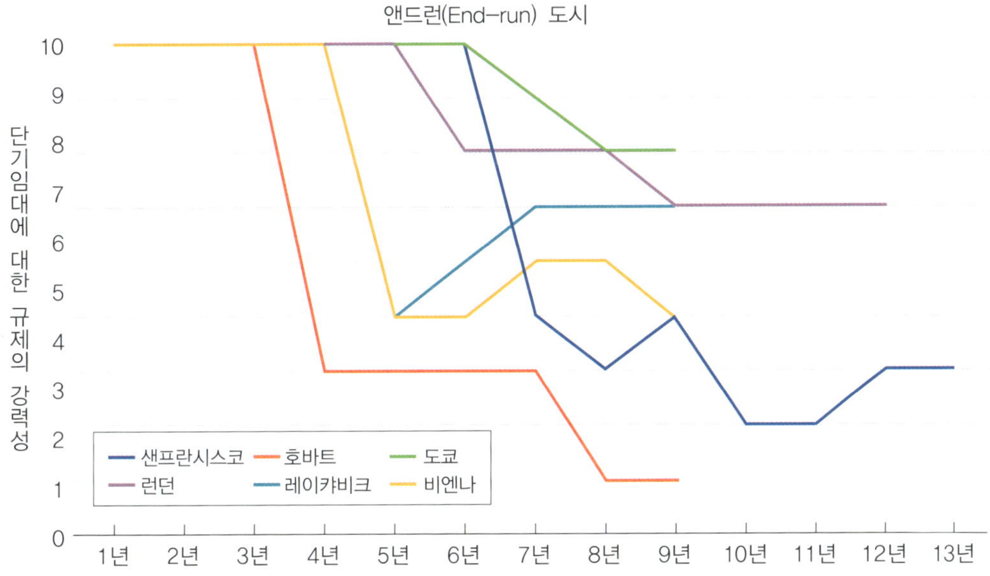

▶ 그림 8-9 | 갭(Gap) 도시에의 정책적 진화

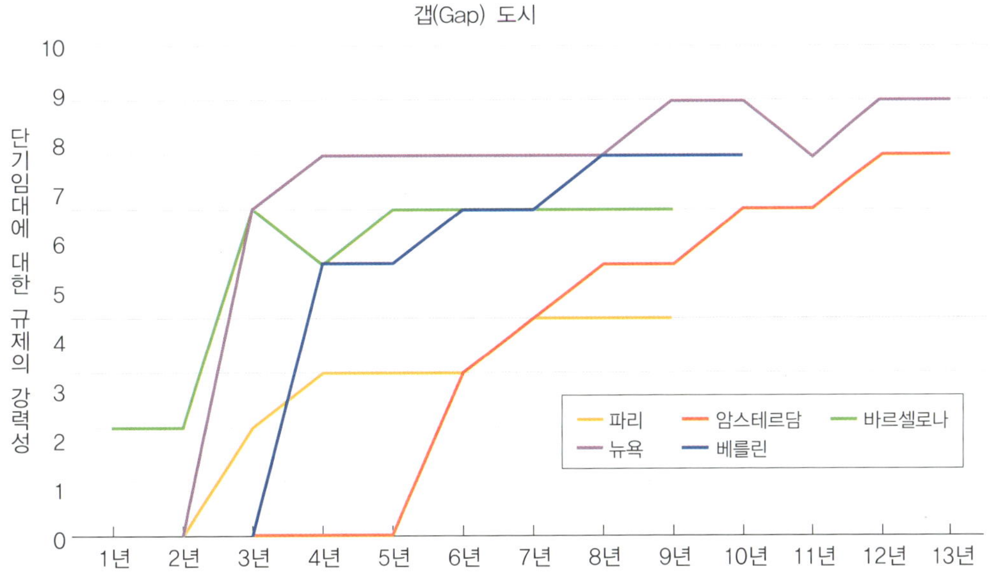

그래프는 도시마다 다르지만 모든 엔드런 도시들은 높은 엄격도에서 낮은 엄격도로, 즉 높은 규제를 완화하는 방법으로 여러 단계를 거쳐 이동한다. 모든 갭 도시들은 규제를 점차 강화하는 방향으로 나아간다. 또한 엔드런과 갭도시 사이에 상당한 이질성이 있음을 보여준다.

3) 에어비앤비에 대한 규제 조치에 따른 도시 유형

에어비앤비에 대한 도시들의 규제에 따라서 도시들을 자율(liberal), 중간(moderate), 중간-협력적 관계(moderate-collaborative), 불법(protective) 4가지로 유형화할 수 있다. 샌프란시스코와 호바트는 '자율(liberal)' 도시이다. '자율(liberal)' 도시에서 판사, 입법자, 사용자 및 주민은 처음에는 규제가 엄격한가에 대해 논쟁하지만 결국 관대한 규제 프레임워크로 마무리된다. 예를 들어, 샌프란시스코의의 Ed Lee 시장은 에어비앤비를 옹호했다. 샌프란시스코에서의 에어비앤비는 샌프란시스코의 단기임대과(Office of Short-Term Rentals: 도시 계획부 내 전담 조직)에 호스트를 등록하고 숙박세를 시에 직접 납부할 수 있도록 유일하게 인증받은 플랫폼 사업자이다. 호바트(호주 태즈매니아주의 주도)는 처음에는 엄격한 규제를 시행하려 했으나 결국 완화된 규제를 선택했다. 현재, 태즈매니아는 심지어 에어비앤비가 제공하는 호스트 데이터에 의존하고 있다. 그러나 이와 달리 대부분의 다른 도시들은 독립적인 등록 시스템을 도입하여 데이터를 관리하는 것을 선호한다.

중간(moderate) 도시는 처음에는 '기다리며 지켜본다'는 접근법을 취한다. 공유숙박 서비스의 영향을 관찰한 다음, 약간의 규제와 세금 및 데이터수집 시스템을 도입한다. 중간-협력적 관계(moderate-collaborative) 도시는 공유숙박 서비스가 등장할 때 플랫폼 사업자 및 지역사회와 협력하겠다는 의지를 전달한다. 암스테르담은 에어비앤비와 2014년 MOU를 체결하며 법적으로 협업한 첫 번째 도시이다. 각서는 1년간 유효하며, 그 후 지역의 여러 문제를 고려하여 재협상하는 방식이다. 바르셀로나는 에어비앤비에 압도당했다는 명성에도 불구하고 협력적인 접근법을 취했다. 바르셀로나는 5년마다 공유숙박 플랫폼 운영자를 포함한 관광 이해관계자들과 함께 관광계획을 수립한다. 또한 인증된 호텔, B&B(Bed & Breakfast로 민박과 유사), 단기임대의 수를 제한한다. 이들은 모두 같은 종류의 라이센스로 운영되고 있다. 바르셀로나는 최근 공유시설에 더 많은 허가를 부여하고 있다. 중간-협력적 관계(moderate-collaborative) 도시는 규제를 개선해 나가는 것을 관광 계획 프로세스의 일부로 보기 때문에 규칙을 가장 자주 수정한다.

불법(protective) 도시로는 도쿄, 런던, 레이캬비크, 뉴욕, 베를린이 있다. 단기임대는 허용하지만 이를 무겁게 규제하고 언제, 어떻게, 어느 지역에서 영업할 수 있는지에 제한을 둔다. 불법(protective) 도시는 규제를 거의 개선하지 않는다. 레이캬비크는 'protective'의 정도가 가장 낮은데, 등록 시스템이 자동으로 시설 이용을 허가하고, 최대 수익은 호스트에게 주어진다. 도쿄, 런던, 뉴욕은 가장 엄격한 도시로, 제한된 수의 협의회 및 건물에만 단기임대 운영을 허가하고 있다. 뉴욕과 베를린에서는 허가되지 않은 임대는 금지된다. 그러나 이들 도시에서도 공유숙박 산업이 성행하고 있다. 공유산업은 엄격한 규제에도 적응하고 있기 때문이다.

4) 완벽한 규제를 위한 규제 목적 및 조치

공유숙박 서비스에 대한 올바른 완벽한 규제조치는 없다. 그러나 현재 또는 미래에 규제정책을 수립하는 정책 입안자들은 이미 핵심 규제목표를 수립한 도시로부터 배우고 달성하기 위해 노력해야 한다. 다음은 규제목표와 세부내용을 정리한 것이다.

- **거주자를 위한 저렴한 주택 구입 보장**: 주민에게 충분하고 저렴한 주택을 보장하기 위한 노력이 필요하다.
- **거주자의 삶의 질 보장**: 주민들이 단기임대로 인한 혼란을 겪거나, 특정 단기임대가 불법이라고 의심되면 불만을 제기할 수 있는 의회관리시스템을 설립해야 한다.
- **투숙객의 안전 보장**: 호스트들이 관련 건물 규정을 준수하고, 안전장치(화재 경보, 소화기, 가스 차단 밸브, 비상 대피로 표지판)를 보유하고 있는지 확인해야 한다.
- **도시계획에 정보 제공**: 호스트는 자신의 이름, 주소, 전화번호, 토지이용 준수 여부 등과 관련된 데이터를 의회에 제공하고, 의회는 이를 평가하여 이를 기재해야 한다.
- **적절한 세금 보장**: 등록시스템을 갖춘 도시 중 약 절반이 호스트에게 세금 파일 번호를 제출하도록 요청한다. 일부 도시에서는 호스트가 예약을 신고하여 직접 납부하고, 다른 도시에서는 에어비앤비가 호스트를 대신하여 직접 시에 납부한다.

- **규제기관과 산업의 독립성을 보장:** 대부분의 도시는 통제상태를 유지하기 위해 자체 데이터를 수집한다. 또한 공유숙박 플랫폼 운영자가 제공한 데이터에 의존하는 극소수의 도시도 있다.

단기임대 규제는 높은 관광수요에 의해 지역주민이 압박을 받는 경우에만 필요하다. 이러한 부정적인 외부효과를 경험한 도시들은 수년 동안 단기임대에 특화된 규제 프레임워크를 도입해 왔다. 대부분 도시에서는 호스트들이 의회에 직접 활동을 신고하도록 만드는 간단한 등록 시스템을 사용한다. 일부 호스트들은 의회에 직접 관광세를 납부한다. 다른 일부 지역에서는 에어비앤비가 이를 징수해 납부하기도 한다. 시간이 지나면서 규제 프레임워크가 발전하는 것이 일반적이다. 일부 도시는 규제를 정기적으로 검토하고 수정한다. P2P 공유 플랫폼과의 협업은 초기 에어비앤비와 긴장 상태였던 도시에서도 다양한 형태로 전개된다. 규제 개선 및 수정 과정을 거친 도시들이 쌓아온 풍부한 경험은 이제 거둬들여져야 한다. 이러한 경험은 현재 규제 프레임워크 설계 과정에 있거나 앞으로 그렇게 해야 하는 관광지에 도움이 되어야 할 것이다.

학습내용 정리

01 2008년에 설립된 에어비앤비는 공유숙박 플랫폼으로 전 세계인들이 이용하고 있으며, 브라이언 체스키, 조 게비아, 네이선 블레차르지크가 미국 샌프란시스코 국제회의 기간에 아파트의 에어베드를 대여해주며 시작되었다.

02 에어비앤비 호스트와 게스트 중개 과정에서 가장 중요한 이슈인 신뢰를 형성하기 위해 '리뷰(Review)'를 이용하고 있으며, 리뷰가 쌓일수록 호스트와 게스트에 대한 신뢰가 강화되고 이러한 과정을 통해 정보의 비대칭이 해결되는 선순환이 생긴다.

03 아리스토텔레스의 수사학과 호소법 중 에어비앤비 게스트의 숙소선택에 가장 큰 영향을 주는 것은 숙련된 호스트임을 보여주는 '슈퍼 호스트 배지'인 것으로 나타났다.

04 에어비앤비 온라인 리뷰 코멘트 분석 결과, 게스트는 장소, 쾌적함, 부대시설, 방, 호스트, 의사소통, 애완동물 등을 고려하는 것으로 밝혀졌다.

05 에어비앤비는 시장경쟁, 소비자 보호와 안전 문제, 부동산 가격 상승 유발 가능성 등의 측면에서 문제점을 가진다. 에어비앤비에 대한 규제는 도시마다 다른데, 규제를 실시하는 도시를 크게 자율, 중간, 중간-협력적 관계, 불법 총 4가지로 유형화할 수 있다. 단기임대에 대한 규제 프레임워크를 도입하여 개선 및 수정 과정을 거친 도시들의 경험을 토대로 공유숙박에 적합한 규제를 만들어내야 한다.

학습내용 평가

01 다음 제시되는 문장에 대해 O/X를 체크하시오.

1) 에어비앤비의 약자는 에어베트&브랙퍼스트(AirBed&Breakfat)이다.( )
2) 에어비앤비는 저가의 민박만 보유하고 있다.( )
3) 미국은 에어비앤비로 인한 임대료 및 집값 상승 문제를 겪고 있다.( )

02 다음 내용 중 괄호 안에 들어가는 단어로 적절한 것을 고르시오.

아리스토텔레스의 수사법 중 논리 및 근거를 이용한 합리적 호소인 ( )에 해당하는 커뮤니케이션 요소는 가격, 날짜, 수용가능 인원, 장소 사진, 편의시설, 평점 등이다.

① 에토스 ② 파토스 ③ 로고스

답 1. O, X, O
2. ③

참고문헌

Rachel, R. Rogers(2010), "What's mine is yours: The rise of collaborative consumption," *NY: HarperCollins.*

Ert, A. Fleischer, N. Magen(2016), "Trust and reputation in the sharing economy: The role of personal photos in Airbnb," *Tourism Management* Volume 55, 62-73.

Edward, L. David, S. Jos?, C. Soutter(2000), "Measuring trust," *Quarterly Journal of Economics.*

T. Rhee, S. B. Yang(2015), "Does hotel attribute importance differ by hotel? Focusing on hotel star-classifications and customers' overall ratings," *Computers in Human Behavior.*

Bohnet, B. S. Frey(1999), "Social distance and other-regarding behavior in dictator games: Comment," *American Economic Review.*

Berg, J. Dickhaut(1995), "Trust, reciprocity, and social history," *Games and Economic Behavior.*

Cheng, X. Jin(2019), "What do Airbnb users care about? An analysis of online review comments," *International Journal of Hospitality Management,* Volume 76, Part A, 58-70.

McMillan, J. S. Hwang(2002), "Measures of perceived interactivity: An exploration of the role of direction of communication, user control, and time in shaping perceptions of interactivity," *Journal of advertising.*

권혁진 · 김진후 · 이충훈(2017), "에어비앤비 호스트 특성이 호스트신뢰 및 재이용의도에 미치는 영향," 호텔경영학연구 제26권 제7호(통권 제103호), 55-70.

에어비앤비, 2018.8.30.

정희정 · 구철모 · 정남호(2019), "스마트관광의 경제적 지속성을 위한 스마트관광 체험의 지불가치 추정: CVM 을 이용하여," 지식경영연구

송태원(2015), "공유경제를 통한 혁신과 규제에 관한 일 고찰."

최현경 · 이동규(2018), "공유경제 관련 산업 활성화를 위한 규제 정립 방안 - 숙박공유업을 중심으로," 유성사, 53-58.

한희정 · 신승훈 · 정남호 · 구철모(2019), "Which appeals(ethos, pathos, logos) are the most important for Airbnb users to booking?," *International Journal of Contemporary Hospitality Management*, Vol. 31, No. 3.

이한나 · 양성병 · 구철모(2019), "Exploring the effect of Airbnb hosts' attachment and psychological ownership in the sharing economy," *Tourism management* 70.

양성병 · 이경민 · 이한나 · 구철모(2018), "In Airbnb we trust: Understanding consumers' trust-attachment building mechanisms in the sharing economy," *International Journal of Contemporary Hospitality Management.*

Von Birel, D. & Dolnicar, S.(2020), "The evolution of Airbnb regulation - An international longitudinal investigation 2008-2020, *Annals of tourism research*, 102983.

Chapter 09

스마트 모빌리티

개관

이 장에서는 스마트 비즈니스 모델의 두 번째 사례로 스마트 모빌리티를 학습한다. 스마트 모빌리티의 개념과 활용 사례를 살펴본다.

학습목표

1. 모빌리티와 스마트 모빌리티를 정의한다.
2. 스마트 모빌리티 현상인 공유 자전거 및 공·유 킥보드 차량공유 서비스, 차량호출 서비스, 기타 서비스를 학습한다.
3. 모빌리티 현상이 관광에 적용되는 예시를 살펴보고, 관광의 측면에서 모빌리티의 발전과 혁신을 이해한다.

핵심용어

스마트 모빌리티, 모빌리티, 온디맨드 라이드 서비스, 모빌리티 현상

1 모빌리티와 스마트 모빌리티

1) 모빌리티

현대 사회에서 모빌리티(Mobility)는 현대인과 떼어놓을 수 없는 개념이 되었다. 모빌리티는 '이동성'이라고 번역할 수 있다. 전통적으로 이동이란 출발하는 곳에서 도착하는 곳까지의 일련의 여정을 의미한다. 통신기술의 발달로 인해 물리적인 이동성은 낮아질 것이

라 예상했으나 오히려 사회적 교류가 넓어짐에 따라 물리적 이동은 잦아지고 거리도 확장되는 추세이다. 4차 산업의 발달과 함께 이동성 패러다임은 네트워크상에서도 발전하고 있다. 정보의 교류를 바탕으로 데이터 교환이 활발하게 이루어지고 있으며, 쿠팡 로켓 배송, 아마존 배송 등 시공간적 제약을 극복하는 다양한 서비스 등의 발달과 함께 재화의 이동성 역시 변화하고 있다. 모빌리티는 현재 넓은 의미로 사람들의 이동을 편리하게 만들며 각종 서비스를 폭넓게 아우르는 단어로 통용되고 있다. 기존에 존재하던 전통적인 의미의 교통수단에 IT를 결합하여 사람들의 필요에 맞게 효율과 편의성을 높였다. 현재 모빌리티는 사회 전반에서 다양한 모습으로 나타나고 있다.

2) 스마트 모빌리티

(1) 스마트 모빌리티의 개념

스마트 모빌리티는 '전기 자전거, 전동 휠, 전동 킥보드 등 전력을 동력으로 한 차세대 개인용 이동수단'으로 정의할 수 있다. 스마트폰을 이용하여 목적지까지 빠르게 이동하면서 다양한 활동(업무, 여가, 연락, 사교 등)을 동시에 누릴 수 있는 것이다. 내비게이션 앱, 버스노선도, 경로검색 등이 대표적인 스마트 모빌리티의 예시이다. 단순한 교통 편의성 제공뿐만 아니라 ICT 기술과 융합한 전자요금 지불, 교통안전, 교통단속 등도 포함되는 개념이다.

현대인들이 가장 편리하게 사용하고 이점을 누리고 있는 카쉐어, 차량호출 서비스, 전동킥 보드와 같은 모빌리티 서비스가 공유 서비스의 대표적이다. 카풀의 개념인 승차 공유는 기존에 존재하던 택시와 같은 유사 업계와의 공존을 위한 방안을 찾아가는 과정 중에 있다. 반면, 차량호출 서비스, 전동 킥보드 공유 서비스는 4차 산업혁명의 '**소유가 아닌 공유**'라는 패러다임 아래 빠른 속도로 시장을 장악했다. 차량공유에 관한 관심과 빠른 성장 속도는 글로벌 기업들의 투자를 통해서도 쉽게 확인할 수 있다. 예를 들어, 소프트뱅크(SoftBank)는 모빌리티 분야 기업 12곳에 투자하고 있으며(2020년 기준), 12개의 기업 중에는 유니콘 기업인 우버(Uber)와 그랩(Grab)도 포함되어 있다.

유니콘 기업(기업가치가 1조 원이 넘는 비상장 스타트업 기업) 리스트를 살펴보면, 2019년 상장을 거친 우버(Uber)와 리프트(Lyft)를 제외하고도 디디추싱(DiDi Chuxing),

그랩(Grab), 올라(Ola), 누로(Nuro), 버드(Bird), 라임(Lime) 등의 여러 모빌리티 기업들이 이름을 올리고 있다. 이를 통해 차량공유, 전동 킥보드 공유 등 모빌리티 서비스에 대한 수요가 지속적으로 증가하고 있음을 유추할 수 있다.

모빌리티와 스마트 모빌리티의 정의

- **모빌리티(Mobility)**
  - 사람들의 이동을 편리하게 만드는 각종 서비스
  - 사람들의 필요에 맞게 편의성을 높인 이동성
- **스마트 모빌리티(Smart Mobility)**

  스마트 기술을 활용하여 목적지까지 빠르게 이동할 수 있는, 전력을 동력으로 이용한 차세대 개인용 이동수단

(2) 스마트 모빌리티의 필요성 및 편익

세계의 도시화 정도는 이미 55%를 넘어섰고, 2050년에는 약 64억 명의 인구가 도시에 살 것으로 전망된다. 급증하는 도시 집중화로 인한 차량증가, 환경오염, 교통체증 등 도시 환경 문제가 대두된다. 서울은 우리나라에서 가장 교통체증이 심각한 곳으로, 수도권에서 서울로 출퇴근하는 구조와 더불어 도시 밀집 및 도심 교통정체가 심각한 문제로 떠오르고 있다. 이에 따라 이동성과 편의성을 향상하기 위한 다양한 정책이 시행되고 있다. 도시 과밀화의 증가에 따라 시대의 흐름에 맞는 교통수단의 방안이 제시될 필요가 있다. 심각한 도심화의 문제해결로 스마트시티가 대두되는 맥락과 함께, 스마트 모빌리티는 도심의 교통흐름을 완화할 수 있는 긍정적인 해결방안으로 제시된다.

스마트 모빌리티가 활성화될 경우 얻게 되는 긍정적인 이점은 다음과 같다.

- 교통혼잡 완화
- 연료소비 절감 및 이산화탄소 배출 저감
- 대기오염 감소
- 이동시간 절약

3) 스마트 모빌리티 현상

현재 모빌리티는 사회의 다양한 분야에서 혁신적인 방법으로 발달하고 있다. 모빌리티 및 스마트 모빌리티 현상은 크게 공유 자전거 및 공유 킥보드, 차량공유 서비스, 차량호출 서비스, 기타 서비스와 같이 4가지 분류로 나눌 수 있다.

그림 9-1 | 스마트 모빌리티 현상

공유 자전거 및 공유 킥보드 차량공유 서비스 차량호출 서비스 모빌리티 기반 서비스

(1) 라스트 마일 모빌리티 – 공유 자전거 및 공유 킥보드

'라스트 마일 모빌리티(Last mile mobility)'란 유통망이나 물류운송 계획에서 생겨난 '라스트 마일'의 개념을 개인 이동형 운송수단에 접합시킨 단어이다. 최종 도착지까지의 마지막 1마일의 이동, 즉 짧은 거리의 이동을 가능하게 해주는 **개인 전동형 이동수단**을 의미

그림 9-2 | 미국 전동 스쿠터 Lime, 한국의 킥고잉

출처: WikiMedia, 올룰로

한다. 대중교통이나 차를 이용해서는 이동하기 힘든 단거리를 위해 주로 사용되며, 모빌리티의 이용방식이 '소유'에서 '공유'로 변화함에 따라 공유 서비스 형태의 활용이 트렌드로 자리잡았다. 미국에서 처음 등장하여 선풍적인 인기를 끌었던 버드, 라임 등의 전동킥보드 대여 서비스나 오포, 모바이크 등 공유 자전거 사업이 대표적이다. 사람들은 도심 속에서의 간단한 이동을 위해서 라스트 마일 모빌리티를 이용하며, 이는 관광에 이용되기도 한다. 모바일 앱을 통해 쉽고 간단하게 모빌리티의 위치를 파악하여 이용할 수 있으며, 등록을 통해 이용 시마다 원터치식으로 편하게 결제하여 이용할 수 있다는 장점을 가진다.

(2) 자차 혹은 상업용 차량공유 서비스(Car Sharing)

현대사회에 들어서면서 소유는 렌트로, 그리고 렌트는 공유로 점차 개념이 바뀌고 있다. 이는 차량에도 마찬가지로 적용된다. 구매하는 차량에서 **필요한 만큼 이용하고, 사용한 만큼 지불하는 차량 서비스**의 개념으로 발전하고 있다. 사람들의 니즈(needs)로, 유휴자원인 이용하지 않는 자차 혹은 남는 옆자리를 빌려줄 수 있는 플랫폼이 생겨나고, 특정 자동차를 공동으로 이용하는 서비스가 나타나기도 하였다. 대표적으로 카풀(carpool)의 개념으로 시작한 우버(Uber)가 있다. 우버는 자차를 운전하는 사용자가 동일 노선을 이동하는 사람에게 잉여 좌석을 제공하고 소정의 비용을 받을 수 있게 만들어진 플랫폼으로, 영업용 면허를 갖지 않은 사람도 자신이 소유한 유휴자원을 이용할 수 있다는 점에서 공유경제의 특징을 갖고 있다.

그림 9-3 | 우버(Uber) 앱을 이용하는 모습

출처: https://www.uber.com

차량공유(카쉐어링)는 자동차 소유권의 대안으로 떠오르고 있으며, 한국에서 서비스하고 있는 카쉐어링 업체로는 쏘카와 그린카가 있다. 카쉐어링 및 카풀은 주로 회원제로 운영되며, 모바일을 통해 계약하고 출퇴근 또는 단거리, 도심 운행에 주로 사용된다는 특징이 있다. 카쉐어링이 자동차 소유의 대안이 될 수 있다는 점과 공유경제가 점차 확산됨에 따라 이러한 모빌리티 서비스가 세일즈에 초점을 맞추던 기존의 자동차 산업의 패러다임을 바꿔가고 있다. 기존에 완성차를 만들던 자동차 제조업체들 또한 공유산업을 시작하고 있으며, 모빌리티 서비스에 자사 차량이 이용될 수 있도록 차량을 공급하기도 한다.

(3) 차량, 택시호출 서비스(Car Hailing)

차량 또는 택시호출 서비스는 **이동을 원하는 소비자와 이동 서비스를 제공하는 운전자를 실시간으로 연결해주는 호출형 차량공유 서비스**이다. 카헤일링은 택시와 같은 작은 차량이 호출한 이용자를 태우고 목적지로 이동하는 것이다. 미국의 우버(Uber), 리프트(Lyft), 중국의 디디추싱(DiDi Chuxing), 싱가포르의 그랩(Grab), 인도네시아의 고젝(GoJek), 한국의 카카오택시(Kakao Taxi)가 대표적이다. 카풀 또한 카풀을 이용하려는 사람과 카풀을 제공하려는 사람을 연결한다는 점에서 카헤일링에 속하지만, 카헤일링은 현재 택시와 승객 간의 호출 서비스로 더 통용되고 있다.

그림 9-4 | 중국의 디디추싱(DiDi Chuxing)

출처: https://mexico.didiglobal.com/ https://kr.saigoneer.com

우버는 차량 내 빈자리 등 유휴자원을 빌려준다는 개념에서 '카쉐어링'에 속하지만, 한편으로는 서비스 이용자와 제공자를 연결하고 택시를 호출할 수 있다는 점에서 카헤일링에 속하기도 한다. 중국을 기반으로 한 택시호출 서비스 '디디추싱(DiDi Chuxing)'은 모빌리티뿐만 아니라 의식주, 결제 서비스 등 생활 전반으로 서비스를 확장해 슈퍼앱(Super app)의 영향력을 보이고 있다. 인도네시아의 고젝(GoJek)은 오토바이 콜택시 회사로 시작해 현재는 오토바이 택시, 택배, 배달음식 서비스 이 3가지 기능을 제공하며 스마트 모빌리티 앱으로 변화했다. 싱가포르의 그랩(Grab)은 말레이시아 교통체증의 대안으로 등장해 소프트뱅크, 도요타, 마이크로소프트로부터 투자를 받으며 현재 동남아시아 8개국에서 서비스를 하고 있다. 한국의 카카오택시는 2020년 기준 2,300만 국내 이용자를 보유하였으며, 언제 어디서나 쉽게 연결되어 사용할 수 있기 때문에 소비자의 이용동기가 부여되고 있다.

(4) 모빌리티를 기반으로 한 기타 서비스

모빌리티를 활용해 서비스를 제공하는 사업모델도 다양하게 등장하였다. 직접적인 모빌리티 서비스는 아니지만 인기를 얻고 있는 서비스의 형태이다. 가장 대표적인 것이 배달 서비스와 주차 앱으로, 서비스 품목이 모빌리티는 아니지만 **모빌리티를 통해 다른 서비스를 제공하고 있다.**

모빌리티를 이용한 타 서비스 역시 모빌리티 현상이라고 볼 수 있다. 배달음식을 이용하는 사람들이 증가함에 따라 배달음식을 전달할 라이더의 필요성이 높아졌고, 이에 자전거, 오토바이 등의 모빌리티를 이용한 배달을 전문으로 하는 업체들이 늘어났다. 우버이츠(Uber Eats)의 경우, 우버이츠가 중간 중개인이 되어 음식점과 라이더 사이를 연결해주는 역할을 하고 있으며, 배달의 민족은 초기 사업모델이었던 배달음식 정보 제공 플랫폼을 넘어 자체적으로 라이더를 보유하고 이를 운영하고 있다. 또한, 주차 앱은 도심 내 차량 증가로 인해 혼잡이 발생하며 주차공간을 찾는 사람들에게 주차공간 정보를 제공하기 위해 만들어졌으며, 주차정보 제공 외에 결제 시스템도 연동되어 모빌리티를 이용하는 사람들에게 편의를 제공하고 있다.

그림 9-5 | 우버이츠와 배달의민족 라이더

출처: https://www.flickr.com/ http://www.baeminriders.kr

4) 온디맨드 라이드 서비스(On-Demand Ride Service)

수요에 의해 작동하는 모빌리티 관련 서비스는 **온디맨드 라이드 서비스**(ODR: On-Demand Ride Service)라고 한다. ODR 서비스는 소비자의 수요에 맞춰 즉각적으로 맞춤형 제품 및 서비스를 제공하는 경제활동인 온디맨드 서비스(On-Demand Service)에서 파생된 개념으로, 모빌리티에 초점이 맞춰진 경제활동을 말한다. 이러한 ODR 서비스가 많아지게 된 데에는 여러 가지 이유를 들어 살펴볼 수 있다. 우선, 산업혁명 이후 빠른 도시화와 함께 많은 사람이 도시로 몰리게 되었고, 도심 속 다양한 사회적 문제가 발생하게 되었다. 특별히, 교통체증과 대기오염 등의 문제와 함께 도심 내부의 이동이 복잡해짐에 따라 문제해결의 필요성이 대두되었다. 사회와 기술의 발전은 이와 같은 문제 속에서 사람들이 이동수단을 소유하지 않고, 필요한 경우에만 스마트 모빌리티를 사용할 수 있는 서비스를 가능케 하였다.

온디맨드 라이드 서비스(ODR: On-Demand Ride Service)

소비자의 수요에 따라 맞춤형 제품 및 서비스를 제공하는 경제활동

온디맨드 라이드 서비스의 경우 모빌리티와 관련된 소비자의 수요에 반응해 이를 반영한 서비스를 제공하는 것

사용자 측면에서의 스마트 모빌리티는 스마트폰을 활용하여 자신이 원하는 목적지까지 최적의 경로와 최소의 비용으로 이동할 수 있으며, 동시에 업무, 여가, 사교활동을 즐길 수 있다는 장점이 있다. 또한, 실시간 교통정보 기반의 내비게이션 앱을 이용한 최소비용 및 최소시간의 경로, 교통사고와 혼잡정보를 이용한 주행시간 최소화, 대중교통 노선정보와 도착정보 등을 활용한 대기시간, 탐색시간의 최소화 등을 장점으로 지닌다.

사회적 변화 및 특징들을 기반으로, 사람들은 크게 5가지의 요소에 의해 ODR 서비스를 이용하는 것으로 보인다. 사람들은 ODR 서비스에 관해 **언제 어디서나 접근할 수 있다는 점, 편리성, 정보성, 심리적 안전성, 상대적 매력도, 비용 대비 가치, 양방향 소통**이라는 7가지의 동기에 의해 ODR 서비스를 사용하게 된다. 7가지 동기는 5가지의 의사결정요인으로 이어질 수 있다. 먼저 발생한 7가지 동기가 구체화되어 ODR 서비스의 **상호성, 소비자에게 인지되는 정보성, 타 교통수단 대비 상대적 매력도, 심리적 안전성, 금전적 가치**라는 5가지의 이용 의사결정요인이 되는 것이다. 그러므로 이용자는 7가지 동기에 의해 ODR 서비스를 이용할 심리적 자극을 갖고, 이후 5가지 의사결정요인을 통해 서비스를 사용하고, 결과적으로

그림 9-6 | 카카오택시로 살펴본 ODR 서비스 이용동기와 의사결정요인

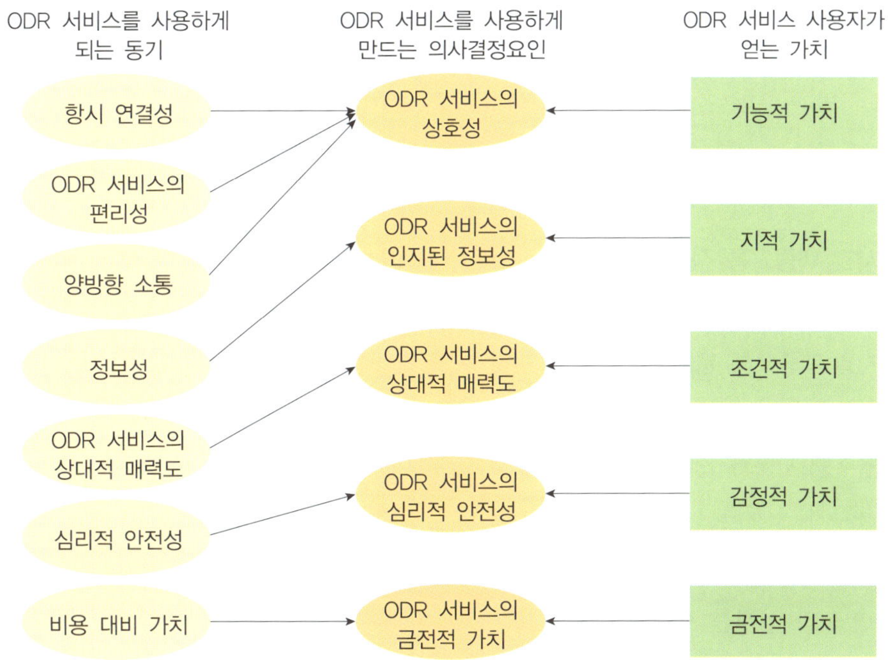

5가지의 가치를 얻게 된다.

2 모빌리티 현상과 관광

현대의 공간은 각각의 물리적 장소를 뛰어넘어 어떤 곳이든 가상과 네트워크로 연결되어 있다. 다양한 전자 데이터 수집을 통해 자산과 자원을 효율적으로 관리하는 데 필요한 정보를 제공하는 도시를 '스마트도시'라고 하며, 현재의 도시는 점차 스마트도시에 가까워지고 있다. 모빌리티 패러다임은 스마트관광도시라는 새로운 개념의 도시공간을 창출한다. 현대 기술은 삶 속 접속(connected)과 분리(disconnected)의 연속 및 비연속 선상에서 존재하며, 이는 공간 속에 존재하는 것을 의미한다. 그러나 점점 공간의 제약을 뛰어넘어 수많은 사람에게 주거체계, 교통체계, 교통량, 교통 서비스, 음식배달, 건강 서비스, 공공안전 경보 등의 다양한 접근 서비스를 제공함으로써 개인의 삶과 도시의 성장을 추구한다. 모빌리티 현상은 도시 내부의 사람뿐만 아니라 도시 밖에서 온 방문자들도 함께 접속하여 국내외 모두가 함께 세계적으로 연동된 시스템으로 발전시켜 나가고 있다.

예를 들어, 스마트도시의 다양한 교통 시스템과 기술들을 살펴보자. 스마트 모빌리티 앱은 도시별 인구밀도, 기존 대중교통의 인프라, 시민들의 통근 패턴을 앱과 연결하여 스마트하게 공간을 활용하고 사용 편리성을 증가시키고 있다. 교통 시스템의 예시는 다음과 같다.

- **실시간 대중교통 정보 제공:** 비공식적인 대중교통 시스템을 포함한 모든 대중교통의 도착 및 출발시간에 대한 정보를 실시간으로 제공한다.
- **디지털 대중교통 지불 시스템:** 선불 및 빠른 탑승을 허용하며 대중교통 수단의 디지털 및 터치리스 지불 시스템으로, 스마트카드 및 모바일 결제가 포함되어 있다.
- **자율주행 자동차:** 센서 및 자율주행 소프트웨어가 장착된 차량으로 자율주행이 가능한 자동차가 소개되고 있다.
- **교통 관련 인프라 수요예측 및 유지보수:** 센서를 통해 대중교통과 관련된 도로, 교량 등의 인프라 상태를 모니터링하여 고장이나 장애가 발생할 시기의 예측 및 유지관리가 가능하다.

그림 9-7 | '카카오내비'를 통한 실시간 정보제공과 '티머니(T-Money)' 대중교통 지불 시스템

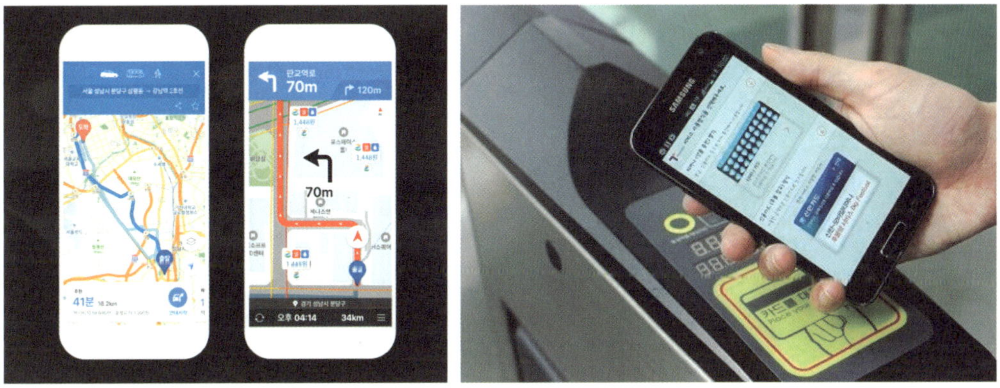

출처: https://map.kakao.com/ https://www.tmoney.co.kr

- 지능형 교통신호: 교통신호등을 제어하여 전반적인 교통의 흐름을 개선함으로써 도로의 혼잡성과 차량의 이동 및 정지의 빈도를 감소시킨다. 비상차량, 공공버스 등에 이동 우선권을 부여하는 교통신호등 제어 선점기술이 포함된다.
- 혼잡성에 따른 가격 탄력 책정: 특정 지역 및 수요가 많은 시간대 등에서 따라 각기 다른 수수료를 부과하여 교통 혼잡을 감소시킨다.
- 수요에 근거한 이동수단: 자동차나 택시와 같은 개인적 교통과 버스 같은 대중교통의 중간에 해당하는 교통수단을 가능하게 한다. 앱을 통해 예약하여 원하는 장소에서 타고 내릴 수 있는 서비스를 제공하여, 기존 대중교통 경로를 보완하며 과거의 수요패턴을 활용하여 경로, 차량크기, 주행빈도를 결정한다. 우버는 수요와 시간에 따라 탄력요금제를 적용하고, 인천 영종도에서 서비스를 시작한 수요맞춤형 버스 I-MOD(Incheon-Mobility On Demand)는 주민들의 호출에 따라 AI가 버스 노선을 결정한다.
- 스마트 주차: 운전자에게 주차가능한 공간을 직접 알려주는 시스템으로, 도시 혼잡성 완화에 영향을 준다.
- e-hailing(개인 및 공동): 모바일 기기를 통해 목적지와 출발지를 설정하여 운송수단을 직접 부르는 시스템이다. 실시간으로 지역별 수요를 최적화하여 호환가능한 노선을 제공하고, 별도로 호출되는 매칭을 포함하여 차량의 활용도를 높인다.

그림 9-8 | 우버의 탄력요금제와 인천의 I-MOD

출처: https://www.hyundai.com/kr/ko

- **자동차공유 시스템**: 차량 소유 없이 차량을 단기간 사용할 수 있는 시스템을 의미한다. 개인과 개인 간, 회사와 개인 간의 거래를 중개해 주는 플랫폼을 통해 이용할 수 있다.
- **자전거공유**: 도킹 허브 또는 프리 플로팅(free-floating) 방식의 공공 자전거로, 대중교통이용 및 개인 자전거 보유에 대한 대안을 제공한다. 대중교통이 사람들이 이용하고자 하는 곳까지 연결되지 않을 때 출발지와 도착지를 자전거를 통해 이동할 수 있도록 한다.
- **통합된 다양한 정보**: 다양한 방면으로 가격, 시간 및 차량 옵션의 가용성에 대한 정보를 실시간으로 제공한다.
- **택배 로드 풀링(parcel load pooling)**: 트럭을 수요와 매칭하여 택배 및 우편 등의 전달을 위한 차량 활용도를 극대화하고, 운송횟수를 줄이며, 불필요한 트럭의 이동을 최소화한다.
- **스마트 택배함**: 모바일 기기로 전송된 개별 접근 코드를 이용하여 택배 등을 픽업할 수 있도록 한다.

새로운 모빌리티 및 스마트 모빌리티 서비스는 시민들이 스마트한 삶을 영위할 수 있도록 대중교통을 포함하여 광범위하게 구축되어 있다. 뿐만 아니라 관광객들도 도시에 방문하여 이동 및 여가활동의 목적으로 합리적이고 편리하게 모빌리티를 즐길 수 있도록 한다. 관광객들은 스마트폰과 인터넷을 통해 관광지에 대한 정보를 쉽게 얻을 수 있으며, 패키지, 가이드 등의 전통적인 관광 안내를 따르는 것이 아니라 본인 스스로 선택하고 계획한 것에 따라 관광하는, 적극적이고 개별적인 관광의 선호가 높아지고 있다. 모빌리티는 지역주민들의 삶을 편리하게 개선함과 동시에 직접 참여하고 적극적으로 경험하는 새로운 관광의 패러다임을 가능하게 만들었다.

관광의 측면에 있어 모빌리티의 발전과 혁신은 관광객들의 이동을 자유롭게 한다는 면에서 중요하다. 공유 자전거, 전동 킥보드 등 저렴하면서도 편리한 모빌리티는 기존에 관광객들의 발길이 닿지 않았던 지역 커뮤니티까지 사람들을 불러들이고, 대중교통을 통해 발견하지 못했던 공간들을 발견하게 만든다. 관광객들이 단순 상업적인 관광을 넘어 현지인의 삶을 경험할 수 있게 되면서 목적지의 매력도를 크게 높여준다.

또한, 최근 해외여행객들에게 크게 각광받고 있는 카헤일링은 출발지와 도착지를 모바일 앱을 통해 설정하고, 언어가 통하지 않아도 이동할 수 있다는 점에서 관광객들에게 편리함을 제공한다. 결제 시스템까지 연동되어 스마트폰 하나로 계획, 실행, 결제까지 가능하다는 점에서 단순 모빌리티를 넘어선 스마트 모빌리티로써 스마트관광을 더욱 활성화하고 있다.

이제 모빌리티는 도시를 스마트하게 만들고, 소유의 개념을 넘어 공유의 대상으로 자리잡음으로써 도심 속의 여행과 관광을 더욱 자유롭게 한다. 전 세계적으로 데이터와 기

그림 9-9 | 모빌리티를 적극적으로 이용하는 관광객(예 런던/베를린 공유 자전거)

술로 연결된 스마트시티를 구축하기 위해 다양한 연구가 실행되고 있다. 특별히, 모빌리티의 꽃이라 할 수 있는 자율주행 자동차 또한 상용화시키려는 노력이 오랫동안 이어지고 있다. 자율주행 자동차의 상용화는 시니어 관광 등 관광 개발에 어려움을 느꼈던 관광약자를 위한 관광을 가능하게 하고, 더욱 다양한 분야의 관광을 발전시킬 수 있다는 점에서 큰 의미를 가진다. 모빌리티의 변화는 관광 생태계에 여러 변화를 가져올 것으로 예측된다.

학습내용 정리

01 모빌리티(Mobility)는 '이동성'을 의미하는 영단어지만, 현재는 사람들의 이동을 편리하게 만드는 각종 서비스를 폭넓게 아우르는 단어로 통용되고 있다.

02 온디맨드 라이드 서비스(On-Demand Ride Service)는 소비자의 수요에 맞춰 즉각적으로 맞춤형 제품 및 서비스를 제공하는 경제활동인 온디맨드 서비스(On-Demand Service)에서 파생되어 모빌리티에 조금 더 초점이 맞춰진 경제활동을 말한다.

03 수요를 기반으로 운영되고 있는 모빌리티 서비스이자 모빌리티 현상은 크게 4가지이며, 1) 라스트 마일 모빌리티에 해당하는 공유 자전거 및 공유 킥보드 2) 영업이 목적이 아닌 자차 혹은 상업용 차량 공유 서비스(Car Sharing) 3) 차량, 택시호출 서비스(Car Hailing) 4) 배달 등 모빌리티를 기반으로 한 기타 서비스가 있다.

04 도시생활 속에서 급속하게 발전하고 있는 현재의 기술은 우리의 삶 속 접속(connected)과 분리(disconnected)의 연속과 비연속 선상에서 공간 안에 있다. 그러나 공간의 제약을 뛰어넘어 수많은 사람들에게 주거체계, 교통체계, 교통량, 교통 서비스, 음식배달, 건강 서비스, 공공안전 경보 등의 다양한 접근 서비스를 제공함으로써 개인의 삶과 도시의 성장을 추구한다. 스마트시티의 다양한 교통 시스템과 기술로는 실시간 대중교통 정보 제공, 디지털 대중교통 지불 시스템, 자율주행 자동차, 지능형 교통신호, 혼잡성에 따른 가격탄력 책정, 수요에 근거한 이동수단, 스마트 파킹, 자동차공유 시스템 등이 있다.

05 모빌리티의 발전은 사람뿐만 아니라 다양한 모빌리티와 사람, 물건 모두가 네트워크로 연결되는 Peer to Peer 시대를 가능하게 하며, 관광객에게 있어 이동의 한계를 극복하게 해준다는 면에서 큰 의미를 갖는다. 관광객은 이동이 자유로워짐에 따라 관광도시와 지역 커뮤니티를 더욱 적극적으로 탐험할 수 있게 된다.

학습내용 평가

01 다음 제시되는 문장에 대해 O/X를 체크하시오.

1) 모빌리티의 발전은 기존의 전통적인 교통수단에 IT 기술이 결합되어 효율과 편의성을 높였다.( )
2) 사람들의 생활수준이 높아짐에 따라 4차 산업혁명 이후 현대의 모빌리티는 공유가 아닌 소유의 대상이 되었다.( )
3) 카쉐어링(Car Sharing)과 카헤일링(Car Hailing)은 서비스를 이용하려는 사람과 제공하려는 사람을 연결해준다는 점에서 공통된 특징을 갖지만, 제공하는 대상이 단순 모빌리티냐 기사를 포함한 상업적 행위냐에서 차이를 보인다.( )

02 다음 사례가 포함하고 있는 스마트 교통 시스템과 기술을 말해보시오.

> 뉴욕을 여행하며 구글맵을 통해 경로를 확인하고 가장 빠른 교통수단을 찾아보니 카풀 서비스인 우버(Uber)가 추천 순위에 떴다. 출발지와 도착지를 입력해 차량을 호출하니 퇴근시간 이용량 증가에 따라 기존 평균요금에 비해 1.5배 높은 요금이 책정될 예정이라는 안내가 떴다. 호출한 차량에 탑승하자 AI가 현재 차량 이동 흐름에 따른 최적의 경로를 안내했고 목적지에 도착하자 기존에 입력된 카드로 자동결제가 완료되어 쉽고 편하게 이용할 수 있었다.

답 1. ○, ×, ○

2. 실시간 대중교통 정보 제공, 디지털 대중교통 지불 시스템, 혼잡성에 따른 가격탄력 책정, 수요에 근거한 이동수단, e-hailing, 자동차공유 시스템

참고문헌

조영빈(2019), "DNA 플러스 2019, 스마트 모빌리티 서비스의 현황과 미래," 한국정보화진흥원

반미영(2012), "스마트 모빌리티 세상," 이슈&진단 제74호, 경기개발연구원, 재인용

조민성(2020), "[글로벌-Bix 24] EC · 핀테크 · 모빌리티 · 헬스케어…소프트뱅크 핵심투자 분야," 글로벌이코노믹

네이버 지식백과 '유니콘 기업'

So-Hyun Lee, Bo-Yeon Lee, Hee-Woong Kim(2019), "Decisional factors leading to the reuse of an on-demand ride service," *Information & Management*, 56.

가상현실과 증강현실

Chapter **10**

개관

이 장에서는 스마트 비즈니스 기술인 가상현실(VR)과 증강현실(AR)을 학습한다. 각 개념을 이해하고 관광에 적용한 사례와 중요성을 살펴본다.

학습목표

1. 가상현실(VR)과 증강현실(AR)의 개념을 학습한다.
2. 관광 분야에서 VR 및 AR의 중요성을 균형이론(Balance Theory)을 통해 이해한다.
3. 관광산업에 실제로 사용되는 VR · AR 사례를 살펴본다.

핵심용어

가상현실(VR), 증강현실(AR), 혼합현실(MR), 체험형 콘텐츠, 균형이론

1 가상현실(VR)과 증강현실(AR)의 개념

사람들을 사로잡을 수 있는 생생한 경험의 중요성이 거론되고 있다. 기술이 진화할수록 소비자들은 더욱 생생한 콘텐츠 체험을 원하며, 특히 게임, 영화, 오락, 교육, 방송, 자동차 업계에서 '실감형 체험 콘텐츠'에 대한 니즈가 높아지고 있다. 실감나는 체험형 콘텐츠는 인간의 감각기관과 인지능력을 자극해 실제와 유사한 경험 및 감성을 느끼게 해주는 콘텐츠로, **가상현실(VR)과 증강현실(AR)**이 실감형 체험 콘텐츠의 가장 대표적인 예다.

가상현실, 증강현실 기술은 최근 들어 대중적으로 알려졌지만, 이미 오래전 1980년대 후반 미국의 컴퓨터 과학자 재론 래니어(Jaron Lanier)에 의해 사용된 개념이다. 최초의 머

리 착용 디스플레이(HMD: Head Mounted Display)는 그보다 이른 1968년 미국 유타대학교의 이반 서덜랜드(Ivan Sutherland) 박사에 의해 개발되었다.

그림 10-1 | 재론 래니어 박사와 최초의 HMD를 착용해보는 이반 서덜랜드 박사

1) 가상현실

가상현실(Virtual Reality)은 복잡한 실제 상황과 환경을 시뮬레이션하여 사람들이 몰입, 탐색 및 상호작용을 할 수 있도록 컴퓨터로 생성된 3D 환경이라고 정의된다. 이는 실제로 존재하지 않는 현실을 구현해 사람이 실제와 같은 체험을 할 수 있도록 하는 기술이다. VR은 사람의 두 눈이 입체감을 느끼는 원리와 360도 카메라, 자이로스코프 센서 기술을

그림 10-2 | VR로 게임을 즐기는 모습과 증강현실을 이용한 게임 '포켓몬 고'

통해 2차원을 3차원으로 인식하게 하며, 이때 만들어진 가상의 환경이나 상황 등은 사용자의 오감을 자극하여 실제와 유사한 공간적, 시간적 체험을 하게 함으로써 현실과 상상의 경계를 자유롭게 드나들게 한다. 이를 통해 사용자는 가상현실에 단순히 몰입할 뿐만 아니라 실재하는 디바이스를 이용해 조작이나 명령을 가하는 등 가상현실 속에 구현된 것들과 상호작용을 하며 게임이나 영화 속에 직접 들어간 듯한 체험을 하게 된다.

2) 증강현실

가상현실(VR)과 함께 언급되는 증강현실(Augmented Reality)은 가상현실의 한 분야로, 실제로 존재하는 환경에 가상의 사물이나 정보를 합성하여 마치 원래의 환경에 존재하는 사물처럼 보이도록 하는 컴퓨터 그래픽 기법이다. 이는 컴퓨터 생성 이미지를 사용자의 현실 세계관에 겹쳐 합성된 뷰를 제공한다. 기존의 가상현실은 가상의 공간과 사물만을 대상으로 하고 있었으나, 증강현실은 현실세계의 기반 위에 가상의 사물을 합성하여 현실세계만으로는 얻기 어려운 부가적인 정보들을 추가적으로 제공하고 있다.

3) 혼합현실

혼합현실(Mixed Reality)은 현실을 기반으로 가상정보를 부가하는 증강현실(AR)과 가상환경에 현실정보를 부가하는 증강가상(AV: Augmented Virtuality)의 의미를 포함한다. 즉, 현실과 가상이 자연스럽게 연결된 스마트 환경을 제공하여 사용자는 풍부한 체험을 할 수 있다. 예로, 사용자의 손바닥에 놓인 가상의 애완동물과 교감한다거나, 현실의 방 안에 가

그림 10-3 | 폴 밀그램 박사의 혼합현실(Mixed Reality) 도식

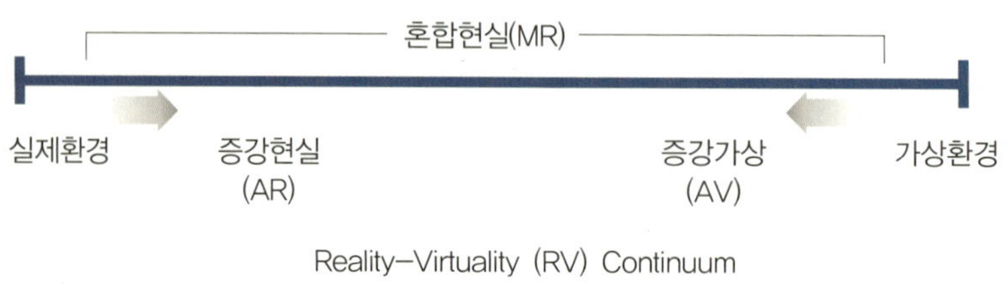

상의 게임 환경을 구축해 게임을 할 수도 있다. MR은 1994년 폴 밀그램(Paul Milgram)이 논문에서 처음 제시한 개념으로, 실제 현실환경과 가상환경 사이에서 증강현실과 가상현실의 혼합으로 설명된다.

2 관광산업과 가상현실 · 증강현실 기술

앞으로 신기술과 관련된 국내외 스마트관광 인프라 구축과 서비스 개발이 더욱 활발하게 이루어질 것으로 예상된다. 한국관광공사의 관광벤처기업 유형별 자료를 통해서도 관광산업 내의 신기술 활용에 대한 관심이 높아짐을 확인해볼 수 있다. 문화체육관광부와 한국관광공사의 관광벤처기업 육성 프로젝트를 통해 창업에 성공한 사업체를 살펴보면 여행사, 숙박업 등의 전통적인 여행업보다 창의적인 아이디어에 기반을 둔 융 · 복합 관광상품의 비중이 훨씬 높다.

표 10-1 2015~2018 관광벤처기업 유형별 분류

연도	IT 기반형	체험창조형(체험기반)	기설기반형	기타형	합계
2015	8	9	1	5	23
2016	9	8	1	2	20
2017	8	6	0	2	14
2018	10	9	2	7	28

출처: 한국관광공사

VR 기술은 다양한 관광문화 콘텐츠를 창출해내는 신사업의 핵심동력이 될 것으로 기대되고 있다. 세계는 지금 VR 기술과 관광을 접목시킨 융 · 복합 관광상품 플랫폼 서비스 구축을 선점하기 위해 발 빠르게 움직이고 있으며, VR과 게임, 영화, 테마파크, 항공, 의료 분야 등 다양한 분야와의 접목을 통해 새로운 콘텐츠 시장 창출을 기대하고 있는 분위기이다.

그림 10-4 | VR 하드웨어 및 콘텐츠 시장 전망

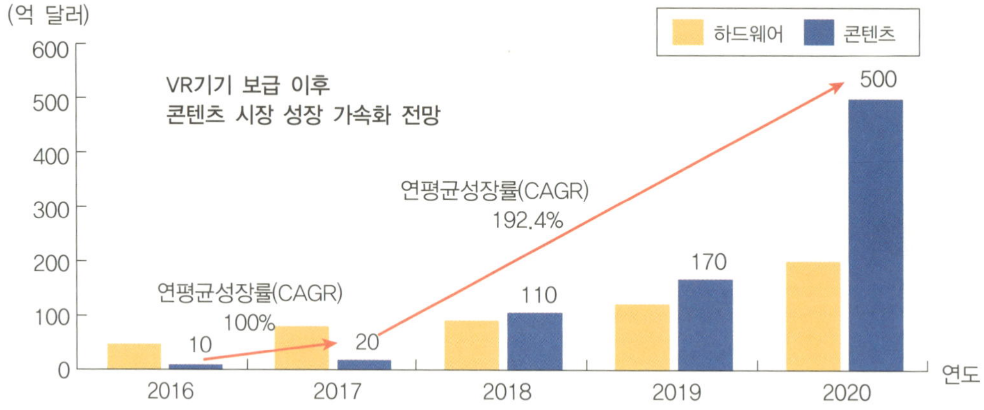

출처: https://contents.wku.ac.kr/?p=744

그림 10-5 | 서울 돈의문과 국립중앙박물관에서 체험할 수 있는 증강현실

체험형 콘텐츠는 관광 분야에서도 활발하게 시도되고 있으며, 체험형 콘텐츠를 관광 분야에 적용할 경우 관광객들에게 현실에서 느낄 수 없는 살아 있는 생생한 관광경험을 제공함으로써 관광의 질을 향상시킬 것으로 예상된다. 이에 따라 최근 여행업계에서는 관광계획에 대한 관광객의 직관적인 선택을 돕기 위하여 AR · VR 등 실감형 기술 도입을 점차 확산하는 추세다.

3 가상현실과 증강현실의 중요성

1) 세계시장의 콘텐츠 소비 방식의 변화

기존에는 주로 오프라인과 인터넷을 통해 콘텐츠를 소비했지만 모바일 기기의 발달과 5G의 등장으로 인터넷을 통한 소비가 증가하기 시작했다. 또한 물리적 공간과 디지털 공간의 경계에서 VR과 AR을 통해 제품과 서비스를 체험할 수 있는 체험형 소비가 가능해졌다. 5G 상용화 및 다양한 VR 디바이스의 경쟁적 출시와 콘텐츠 제작 여건의 개선으로 VR · AR 기술을 활용한 새로운 콘텐츠 및 서비스 개발 시도가 디지털콘텐츠 시장 전반으로 확산하고 있으며, 모루밍(Morooming),[1] O2O(Online-to-Offline),[2] 옴니채널(Omni Channel)[3] 서비스가 대두되었다.

그림 10-6 | 5G 상용화 전망

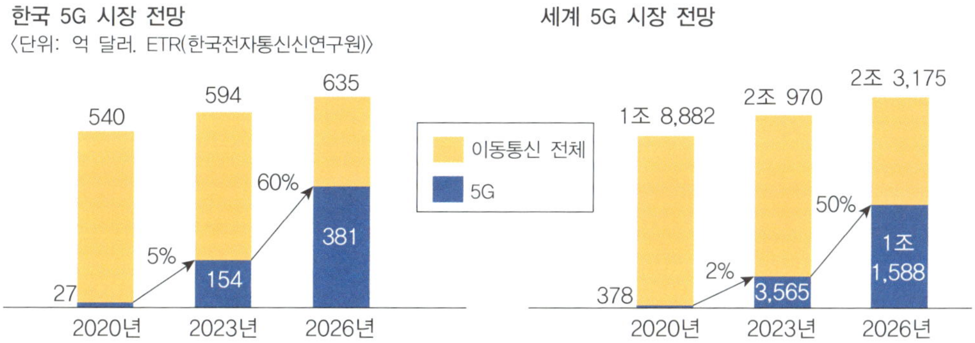

출처: https://cm.asiae.co.kr/article/2019031911295502968

VR · AR 기술은 특히 콘텐츠 분야에서는 소비자의 감성을 자극하며, 소비자의 관심 분

1) 제품을 오프라인 매장에서 자세히 살펴본 뒤 모바일 쇼핑을 하는 사람 또는 그런 무리
2) 온라인(Online)과 오프라인(Offline)이 결합하는 현상을 의미하는 말로, 주로 전자상거래 혹은 마케팅 분야에서 온라인과 오프라인이 연결되는 현상을 말하는 데 사용된다.
3) 소비자가 온라인, 오프라인, 모바일 등 다양한 경로를 넘나들며 상품을 검색하고 구매할 수 있도록 한 서비스

야, 해결하고 싶은 이슈를 해소해주는 핵심 분야로써 다양한 관광산업에 적용되어 국내외 경제 · 사회에 변화를 가져올 것으로 전망된다.

2016년 전 세계적으로 AR 열풍을 일으킨 게임 '포켓몬 고'로 인해 서울-속초 간 여행상품이 등장했으며, 2019년 SKT는 5G 서비스 활성화를 위해 'Jump AR' 앱 출시 및 '부스트파크' 캠페인을 진행하여 AR 체험에 대한 접근성을 증대시켰다. 이는 VR · AR을 활용한 체험형 콘텐츠가 관광지 연계 이벤트에 도움이 되고, 관광 상품화 가능성이 있음을 보여준다.

2) 균형이론

관광 분야에서 VR 및 AR의 중요성은 하이더(Fritz Heider) 박사의 **균형이론(Balance Theory)**을 통해서도 살펴볼 수 있다. 균형이론은 태도변화 이론으로, 사회적 행위자의 마음속에 있는 프로세스 메커니즘을 보여준다. 그는 POX 트리플의 개념을 소개했는데, 여기서 각각 P는 중심이 되는 사람, O와 X는 물체를 의미한다. 구성요소 P가 O와 강한 유대관계로 연결되어 있고 P가 X와 집중적으로 상호작용하면 O와 X도 서로 상호작용한다는 것이다.

그림 10-7 | 균형상태, 불균형상태를 보여주는 POX 트리플

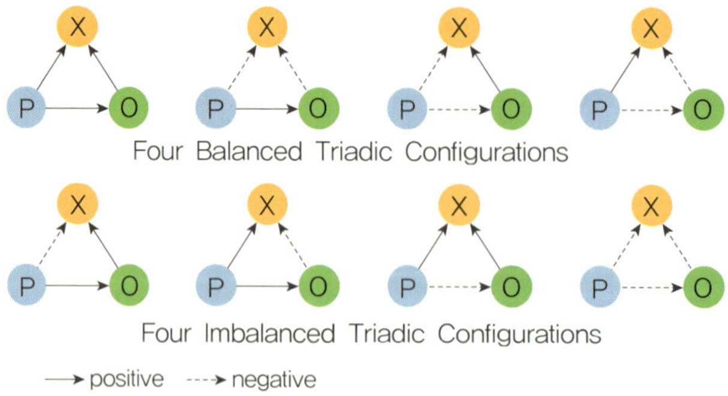

P와 O, X는 [그림 10-7]에서 확인할 수 있는 바와 같이 서로 긍정적인 관계 혹은 부정적인 관계를 가지게 된다. 만약 관계가 긍정적이면 균형상태, 부정적이면 불균형상태가

된다. 그러나 사람은 균형 상태를 좋아하기 때문에 이 균형이 깨지면 인지부조화 상태에 빠지게 되며 자신의 신념 및 태도를 바꾸거나 관련 사물의 긍정적인 면을 봄으로써 균형을 회복하려 하게 된다. 관광의 맥락에서 예를 들어보자면, 특정 관광지(O)에 만족하는 관광객(P)은 관광지를 기념하는 기념품(X)을 구입할 수 있다. 그러나 반대로, 관광객(P)이 관광지(O)에 대해 불만족한다면, 관광객은 기념품 수집을 좋아하더라도 기념품을 사려는 경향을 보이지 않을 것이다.

그림 10-8 | 균형상태를 유지하는 P, O, X의 관계

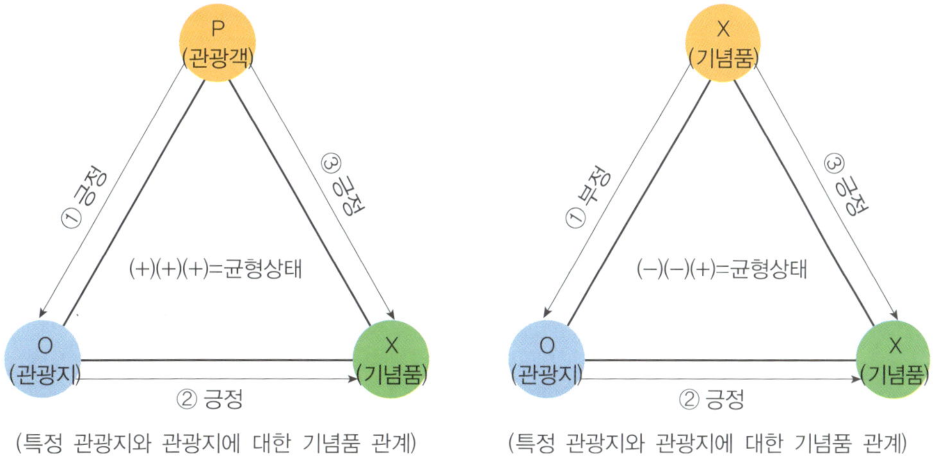

그림 10-9 | VR 및 AR을 통한 관광지 경험이 실 관광지에 대한 인식에 미치는 영향

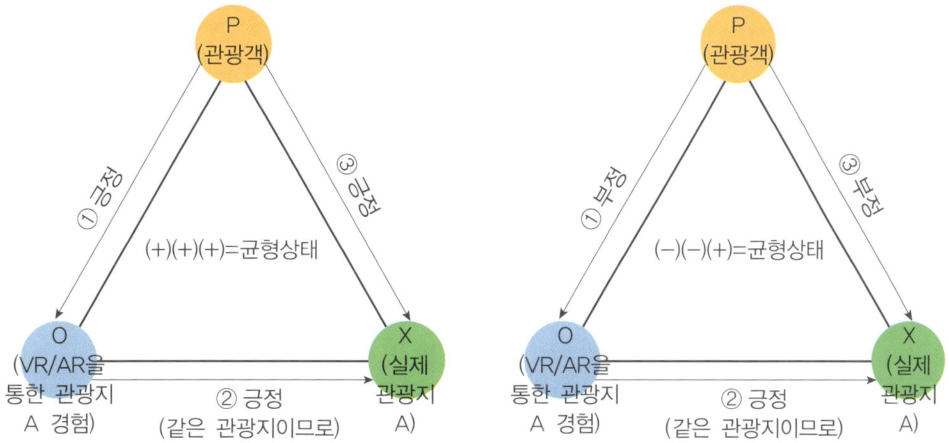

이 이론은 VR 및 AR 기술이 어떤 여행자의 목적지에 대한 태도에 어떤 영향을 미치는지를 설명하는 데도 매우 유용하다. 여행자가 VR 및 AR 기술을 통해 체험한 관광지 경험을 좋아하고 만족한다면 이러한 간접적인 만족은 실제 관광지에 대한 방문의사로 이어질 것이다. 상호적으로 여행자는 심리적 균형을 유지하기 위해 목적지를 더 좋아하는 경향 또한 보일 수 있다.

4 가상현실과 증강현실을 활용한 스마트관광 사례

현재까지 대부분의 VR과 AR의 체험형 관광콘텐츠는 상용화되기 전 단계로 관광객의 반응을 살펴보기 위한 테스트베드 단계에 가깝다. 이용기간이 제한되어 있는 단기성 체험 콘텐츠가 주를 이루고 무료로 제공된다는 점이 특징이며, AR 관광콘텐츠의 경우 주로 교육적 목적의 콘텐츠가 대부분이며, VR 관광 콘텐츠의 경우 오락적 목적의 콘텐츠가 주를 이루고 있다.

구체적으로, AR 기술은 위치정보 및 서비스, 모바일 디바이스와 접목한 콘텐츠 활용이 두드러지고, VR 기술은 몰입 및 실감형 체험의 콘텐츠 활용이 이루어지고 있다. 오락 분야는 VR · AR 기술을 활발히 적용하고 있는 분야로 기존의 '즐거움', 오락'이라는 의미를 넘어 새로운 부가가치 창출을 위해 다양한 분야와 융합하기 시작한 지 오래된 것처럼, 가상현실 또한 범용성을 가지고 다양한 분야와의 연결도구로서 대중들에게 빠르게 접근하는 추세이다.

'보는 것'에서 '체험하는 것'으로 진화하고 있고, 이미 VR 테마파크 및 고사양 콘텐츠의 확산으로 현재 사업성을 검증하는 단계에 접어들며, 국내 VR · AR 게임 시장은 2020년 5조 7,000억 원에 달할 것으로 예상이 된다.

1) 국내 사례

(1) 돈의문

돈의문은 본래 서울 4대문 중 서쪽에 위치한 문으로, 일제 강점기 때 도로 확장을 핑계로 철거되어 현재는 남아 있지 않은 사라진 문화유산이다. 2019년 문화재청은 3·1운동과 임시정부 100주년을 기념해 돈의문을 AR 기술로 복원한 앱을 출시했으며 정동사거리 주변에서 앱을 실행하면 옛 터에 자리한 돈의문의 모습을 감상할 수 있다. AR 기술을 통해 띄워진 돈의문을 사진 및 동영상으로 촬영하거나 이를 배경으로 사진을 남길 수도 있다. AR 기술을 통해 현존하지 않는 역사적인 장소까지 체험해볼 수 있어 AR의 다양한 장점을 보여준다.

그림 10-10 | 철거되기 전 돈의문의 모습과 AR로 복원된 돈의문의 모습

출처: https://www.sindohblog.com/1950

(2) SKT 부스트파크

SKT에서 초고속 네트워크를 기반으로 빠른 속도의 5G와 서비스, 혜택을 누릴 수 있게 만든 공간으로 올림픽공원, 여의도공원 등 전국에 28개의 부스트파크가 위치하고 있다. AR 기술로 구현한 거대 고양이, 강아지, 알파카, 레서판다, 비룡 등 다양한 컨셉의 AR 관광콘텐츠를 제공하고 있다. 비상설 운영방식을 취하고 있지만 아이들에게 큰 인기를 끌어 자녀와 함께하는 가족 단위의 관광객들이 많이 방문한다.

그림 10-11 | SKT 부스트파크에서 체험할 수 있는 AR 동물들

출처: SKT 홈페이지

(3) KT의 '슈퍼 VR'

KT가 제공하고 있는 '슈퍼 VR'은 IPTV를 VR로 시청할 수 있는 서비스다. KT는 기존 서비스에 관광산업을 결합한 '여행 전용 슈퍼 VR'을 출시했다. 중국 하이난에 위치한 특정 리조트를 예약하거나 패키지 여행 상품을 구매한 고객들에게 공항 출국장에서 VR 기기를 대여해주고 여행기간 동안 사용할 수 있도록 하는 서비스를 시범운영하였다. 해당 기기를 통해 관광지를 직접 체험하는 듯한 VR 영상을 볼 수 있고 영화 및 게임도 즐길 수 있어 더욱 풍성한 여행을 가능하게 한다. 또한 '고속버스 전용 슈퍼 VR' 서비스를 위한 업무협약을 체결해 프리미엄 고속버스에 VR 기기를 설치하고, 여행지까지 이동하는 동안 다양한 장르의 콘텐츠를 즐길 수 있도록 관광의 과정 중에서도 VR을 이용할 수 있도록 진행 중이다.

그림 10-12 | 고속버스에서 슈퍼 VR을 체험하고 있는 모습

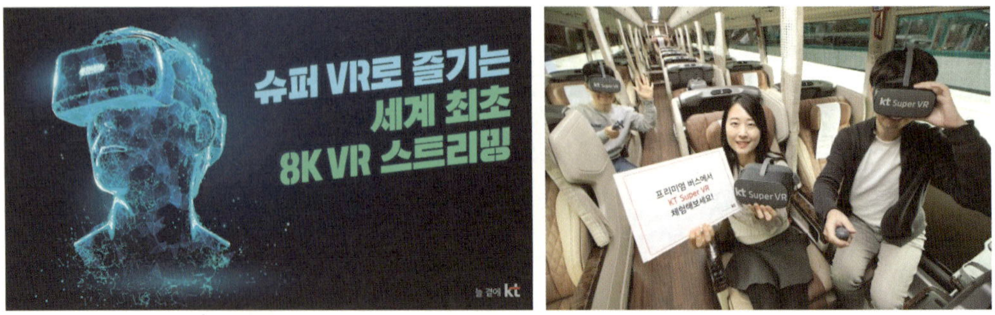

출처: KT 홈페이지

(4) 와간다(WAGANDA)

와간다는 AR 소셜 플랫폼으로 AR과 위치 데이터를 결합한 관광 앱이다. 낯선 지역을 관광하더라도 누구나 알기 쉽게 명소를 찾아다닐 수 있도록 방향과 정보를 제공한다. 앱을 실행하면 카메라를 통해 거리가 화면에 보여지고, 이 위에 위치데이터를 결합한 장소에 대한 팝업이 AR 기술을 통해 제공된다. '낯선 동네에서도 현지인처럼'이라는 모토로 개발되어 생소한 지역에서 어디로 갈지 잘 모를 때 와간다 앱을 작동시켜 주변을 비추면 맛집이나 숙소가 증강현실로 제공되는 형식이다.

그림 10-13 | 와간다 구동 화면

출처: 와간다 홈페이지

2) 해외 사례

(1) 헬싱키 VR 관광 'Virtual Helsinki'

지역 디자인 스튜디오 'Zoan'과 헬싱키의 협력을 통해 만들어진 'Virtual Helsinki'는 시공간적 제약으로 여행이 어려운 잠재 방문객을 대상으로 한 새로운 관광 모델로 가상현실을 이용한 헬싱키 여행 서비스를 제공하고 있다. 웹 브라우저 또는 모바일 장치 및 HTC Vive 가상현실 시스템에서 실시간으로 작동하며 신기술을 통해 도시의 명소들을 다 살펴볼 수 있다. 가상현실 장치를 보유해야 더욱 실감나는 체험이 가능하다는 단점이 존재하지만 주요 관광 센터에 비치한다면 여행 중 방문하지 못한 장소에 대한 간접 체험이 가능하기 때문에 만족도 향상은 물론 재방문 또한 유도가능하다.

그림 10-14 | Virtual Helsinki를 이용하는 모습과 Virtual Helsinki에 나타나는 화면

(2) 바르셀로나 까사바트요(Casa Batllo) AR

바르셀로나는 가우디 관련 명소들을 증강현실과 가상현실을 통해 기존의 가우디 체험과 다른 경험을 관광객들에게 제공하고 있으며 이를 통해서 또 다른 관광수익을 창출하고 있다. 바르셀로나 그라시아 거리에 위치한 카사바트요는 요셉 바트요 카사노바가 자신의 집을 안토니 가우디에게 보수해달라고 요청해 1904년부터 1906년까지 새롭게 단장된 저택이다. 입장료 28유로를 내고 들어가면 오디오·비디오 가이드를 제공한다. 일반 오디오 가이드와 달리 각 13개의 각 공간으로 이동해 화면을 비추면 증강현실 이미지가 나와 생동감 있는 설명을 들을 수 있다. 카사바트요는 거북이, 물고기 아가미 등을 본떠서 창문과 문을 만들었는데, 비디오 가이드를 거북이 등을 본떠 만든 창문을 비추면 화면에 거북이 모습이, 물고기 아가미를 형상화해 만든 문을 비추면 물고기가 나타난다. 모티브를 딴 사물을 증강현실 이미지로 보여줄 뿐만 아니라 1900년대 저택에서 살았던 모습을 보여줘 청

그림 10-15 | 까사바트요에서 모바일 디바이스를 이용해 AR 체험을 하는 모습

각으로만 듣는 설명의 이해도를 높여줬다. 버섯 모양의 벽난로를 비디오 가이드로 비추자 벽난로에 불이 들어오는 모습을 보여주는 식이다.

(3) Google Earth VR Street View

Google Earth VR Street View는 기능 기반의 VR로, 가상현실 속 장소 어디든 움직일 수 있는 기술이다. IN-Street View 내비게이션을 허용하도록 Earth VR을 업데이트하면 평면 버전의 지도를 지상에서 몰입형 360도 지도로 이용할 수 있다. 또한 Google Earth VR Street View를 통해 전 세계 명소를 탐험하고, 경이로운 자연을 둘러보며, 박물관, 경기장, 식당 등의 내부를 살펴볼 수 있다.

그림 10-16 | Google Earth VR Street View 화면 캡처

(4) 이탈리아 피렌체 두오모 오페라 박물관

이탈리아 피렌체의 두오모 오페라 박물관(Museo dell' Opera del Duomo)은 특별한 전시회를 방문객에게 제공한다. 무료 와이파이를 사용하여 박물관 전용 앱인 'Museo Duomo'를 다운로드하면 가상 박물관에 접속할 수 있다. 박물관 내의 QR코드를 통해 다양한 전시 작품에 대한 정보를 제공하고, 박물관 내부를 안내하는 앱이다. 대화형 앱으로 실시간으로 방문자와 가상 방문자, 그리고 박물관이 소통할 수 있다. 실제로 방문을 하지 않아도 앱으로 두오모 오페라 박물관의 구석구석을 탐험할 수 있다. 파라다이스의 Ghilberti, 예배당의 모자이크 등은 직접 방문할 경우 보기 쉽지 않지만, 가상 박물관을 통해 더 자세하고 깊은 관찰이 가능하다. 스마트폰을 통해 가지 않아도 그곳을 즐기고 경험할 수 있는 것, 이것이 스마트도시 관광의 한 측면이다. 실제 방문을 대신하는 것을 넘어

서서 관광경험 자체를 향상하는 것이다. 이제 피렌체의 성당과 파라다이스 문, 예배당의 모자이크 등을 직접 보고 난 후, 카페에서 두오모의 배경을 바라보며 스마트폰을 활용해 손바닥 안에서 다시 즐기고 공부할 수 있다.

(5) 독일 바이마르의 VR 프로젝트

독일 바이마르의 VR 프로젝트는 IoT와 증강현실(VR)의 결합을 활용한 스마트도시 관광의 예 중 하나이다. 관광객들은 지도 앱을 사용해서 중요한 랜드마크를 찾을 수 있다. 카메라가 해당 랜드마크를 향해 위치하면 화면에 현재 장면에 겹쳐진 역사적 사진이 VR로 보인다. 인기 있는 장소로는 '괴테와 쉴러의 옛 집', 독일 국립극장 앞의 '유명한 작가들 기념비' 등이 있다. 이 기술을 통해서 관광객과 학생들은 자세한 정보를 얻을 수 있고, 새로운 시각으로 랜드마크를 바라보며, 특정 장소에 대한 포괄적인 이해를 할 수 있다.

(6) Balloon Dog

'Balloon Dog'는 예술과 오락이 합쳐진 결합형 AR로, 제프 쿤스(Jeff Koons)의 작품을 AR로 경험할 수 있는 예술 콘텐츠 서비스이다. 사용자가 Snapchat 사이트에서 확인할 수 있는 조각 중 하나 근처에 있으면 앱이 정확한 위치를 가리키고, 마치 실제 조각품 옆에서 있는 것처럼 가까이서 구경할 수 있다. 런던 하이드 파크에서 뉴욕 센트럴 파크, 워싱턴 DC의 내셔널 몰, 시카고 밀레니엄 파크, 시드니 오페라 하우스, 그리고 전 세계의 많은 곳에서 작품을 감상할 수 있다.

그림 10-17 | AR로 살펴본 제프 쿤스의 작품 'Balloon Dog'

(7) 다시 태어난 로마

로마의 오버투어리즘을 경감시키기 위한 방안과 더불어 비용과 시간문제 때문에 관광에 어려움이 있는 사람들을 위해 가상현실(VR) 관광이 각광받고 있다. 최신 컴퓨터그래픽 기술로 옛 로마제국의 건축물들을 고스란히 재현한 것이다. 전 세계 수많은 관광객들이 옛 로마제국의 유적을 찾아 로마를 방문한다. 하지만 관광객들이 방문하는 건 수천 년 된 폐허들이다. 이를 보완하기 위해 실감형 콘텐츠인 가상현실(VR)과 증강현실(AR) 기술 도입이 점차 확산되고 있다. VR은 사용자의 시야를 완전히 차단하고 디스플레이 디바이스인 HMD를 착용해 오로지 가상세계 혹은 360도 카메라로 찍은 사진이나 동영상을 입힌 가상현실을 체험하는 것이다. AR은 실제세계를 증강하는 것을 의미한다. 밖이 보이는 유리형 헤드셋을 사용하거나 휴대폰 카메라로 현실을 투영해 그 위에 부가정보를 보여주는 것이다.

최근 '다시 태어난 로마'로 불리는 가상현실 관광 기기에는 7천여 개에 이르는 옛 로마의 건축물들이 철저한 고증 과정을 거쳐 재현되었다. 기기를 작동해 본 이들은 옛 로마제국을 걷고 있는 듯한 기분이 든다고 말한다. 10년간의 복원작업 끝에 로마 콜로세움과 로마 황제 네로의 호화로웠던 황금궁전도 가상현실을 통해 감상할 수 있다. 가상현실을 통해 복원된 네로 황제의 황금궁전 내 기묘한 장식과 기둥, 프레스코 벽화를 실물처럼 감상할 수 있다. 콜로세움도 가상현실로 부활해 과거 모습 그대로 분수들이 펼쳐진다.

또한 몇 년 전 세계적으로 인기를 끌고 있는 증강현실(AR) 모바일 게임 '포켓몬고' 도입으로 이탈리아의 박물관 등 문화 유적지 곳곳에서 방문객들이 포켓몬을 잡는 풍경이 연출되었다. 증강현실을 위해 주요 관광지를 방문하는 등 관광의 목적이 달라지고 있다.

학습내용 정리

01 가상현실(VR)이라는 단어는 1980년대 후반 미국의 컴퓨터 과학자 재론 래니어(Jaron Lanier)에 의해 처음으로 사용되었다. 또한 최초의 머리 착용 디스플레이(HMD)는 그보다 이른 1968년 미국 유타대학교의 이반 서덜렌드(Ivan Sutherland) 박사에 의해 개발되었다.

02 가상현실(VR)은 실제로 존재하지 않는 현실을 구현해 사람이 실제와 같은 체험을 할 수 있도록 하는 기술이며, 증강현실(AR)은 가상현실의 한 분야로 실제로 존재하는 환경에 가상의 사물이나 정보를 합성하여 마치 원래의 환경에 존재하는 사물처럼 보이도록 하는 컴퓨터 그래픽 기법이다.

03 관광산업 내에서도 스마트관광 인프라 구축과 함께 신기술을 활용한 관광에 대한 관심이 높으며, 가상현실이 다양한 관광 문화 콘텐츠를 창출하는 핵심동력이 될 것으로 기대된다. 또한 가상현실과 증강현실은 체험형 콘텐츠로, 관광객들에게 현실에서 느낄 수 없는 살아있는 생생한 관광경험을 제공함으로써 관광의 질을 향상시킬 것으로 예상된다.

04 5G의 등장과 모바일 기기의 발달로 인터넷을 통한 소비가 증가했으며 5G 상용화 및 다양한 디바이스의 경쟁적 출시와 제작여건 개선으로 VR 및 AR 기술을 활용한 개발 시도가 시장 전반으로 확산되며 모루밍(Morooming), O2O(Online-to-Offline), 옴니채널(Omni Channel) 등의 서비스가 대두되고 있다.

학습내용 평가

01 다음 제시되는 문장에 대해 O/X를 체크하시오.

1) 가상현실의 개념은 이반 서덜랜드 박사에 의해, 증강현실은 과학자 재론 래니어에 의해 개발되었다.(   )
2) 체험형 콘텐츠는 인간의 감각기관과 인지능력을 자극해 실제와 유사한 경험을 느끼게 해준다.(   )
3) 지금까지의 VR 및 AR 기술은 이미 상용화 단계에 이르러 폭넓게 확산되어 기술적 결함 없이 편리하게 이용되고 있다.(   )
4) 서울에 위치한 돈의문은 과거 속으로 사라진 문화재를 AR 기술을 통해 여전히 볼 수 있다는 점에서 AR의 장점을 보여준다.(   )

02 VR 및 AR 사례와 그에 맞는 설명을 연결하시오.

KT의 '슈퍼 VR' •	• 건축가 안토니 가우디의 작품의 감상을 돕기 위해 만들어졌으며, 어느 방향을 비추느냐에 따라 어디에서 영감을 받아 디자인했는지, 사람들이 어떻게 생활을 했는지를 살펴볼 수 있다.
와간다(Waganda) •	• 기능 기반의 VR로 전 세계 명소를 탐험하고 자연을 둘러볼 수 있다.
바르셀로나 까사바트요 AR •	• IPTV를 VR로 시청할 수 있는 서비스로, VR 기기를 통해 관광지를 직접 체험하는 듯한 VR 영상을 볼 수 있고 영화 및 게임도 즐길 수 있어 풍성한 여행을 가능하게 한다.
Google Earth VR Street View •	• AR 소셜 플랫폼으로 AR과 위치 데이터를 결합해 낯선 지역을 관광하더라도 누구나 알기 쉽게 명소를 찾아다닐 수 있도록 방향과 정보를 제공하는 앱
Balloon Dog •	• 예술과 오락이 합쳐진 결합형 AR로, 예술가 제프 쿤스(Jeff Koons)의 작품으로 AR로 경험할 수 있는 예술 콘텐츠이다.

답 1. ×, ○, ×, ○

2.

KT의 '슈퍼 VR'	IPTV를 VR로 시청할 수 있는 서비스로, VR 기기를 통해 관광지를 직접 체험하는 듯한 VR 영상을 볼 수 있고 영화 및 게임도 즐길 수 있어 풍성한 여행을 가능하게 한다.
와간다(Waganda)	AR 소셜 플랫폼으로 AR과 위치 데이터를 결합해 낯선 지역을 관광하더라도 누구나 알기 쉽게 명소를 찾아다닐 수 있도록 방향과 정보를 제공하는 앱
바르셀로나 까사바트요 AR	건축가 안토니 가우디의 작품의 감상을 돕기 위해 만들어졌으며, 어느 방향을 비추느냐에 따라 어디에서 영감을 받아 디자인했는지, 사람들이 어떻게 생활을 했는지를 살펴볼 수 있다.
Google Earth VR Street View	기능 기반의 VR로 전 세계 명소를 탐험하고 자연을 둘러볼 수 있다.
Balloon Dog	예술과 오락이 합쳐진 결합형 AR로, 예술가 제프 쿤스(Jeff Koons)의 작품으로 AR로 경험할 수 있는 예술 콘텐츠이다.

참고문헌

Diemer, Julia et al.(2015), "The impact of perception and presence on emotional reactions: a review of research in virtual reality," *Frontiers in Psychology*, Vol.6.

Milgram, Norton W. et al.(1994), "Cognitive Functions and Aging in the Dog," *Behavioral Neuroscience*, 108(1), 57-68.

강경록(2019), "[관광에 빠진 기업들②] 공항 · 호텔 어디서든 '신기술' 체험…관광객들 '와우'", 이데일리, https://www.edaily.co.kr/news/read?newsId=01256246622354440&mediaCodeNo=257&OutLnkChk=Y

네이버 지식백과 '혼합 현실'

김만식 · 강정호 · 전문석(2016), "가상현실 기술 시장 및 기술 동향," 한국콘텐츠학회지, 14(4), 14-16.

PART 5

스마트관광 사례 및 목적지

Chapter 11

국내 스마트관광 사례 및 목적지

개관

이 장에서는 국내의 스마트관광 사례를 살펴본다. 국내 스마트관광의 현황과 서울시, 제주도, 한국관광공사의 스마트관광 구축 과정을 이해한다.

학습목표

1. 서울시의 스마트관광도시 조성을 위한 비전과 전략, 핵심과제를 학습한다.
2. 제주도의 스마트관광 활성화 사업과 데이터 플랫폼 활용 서비스를 살펴본다.
3. 한국관광공사의 스마트관광 추진 체계와 실제 사례를 학습한다.

핵심용어

서울시, 제주도, 한국관광공사, 스마트관광도시, 스마트관광 활성화

1 서울시 스마트관광

1) 서울 스마트관광 환경분석

(1) 서울의 도시현황

현재 서울시는 신성장 동력으로써 스마트도시 사업을 주요 사업으로 고려 중이다. 개인의 삶의 질과 행복추구, 여가활동의 다양성이 증대함에 따라 이를 반영할 수 있는 스마트도시 기반 관광환경의 구축이 필요하다.

그림 11-1 | 서울 도시관광 SWOT 분석

강점

- 자연경관과 전통적 환경을 활용한 도시관광
- 대중교통 시설 및 다양한 모빌리티를 활용한 관광활동 지원
- 거주자뿐만 아니라 관광객도 이용할 수 있는 도시 서비스 인프라 보유
- 관광을 지원할 수 있는 기술적 환경 구축
- 도시 치안 유지로 관광객의 안전한 관광활동
- 관광활동을 극대화시킬 수 있는 다양한 환대산업 서비스 및 자원 보유
- 시민참여를 통한 관광객과 거주민 상생가능 스마트 환경 추구

약점

- 도시 토지 활용에 있어 가용면적의 고갈로 인한 새로운 관광자원 개발의 어려움
- 관광에 있어 자치구 간 정책적으로 추구하는 방향이 상이하며, 서울시 하나의 관광정책에 대한 통일성을 갖기 어려운 상황
- 도시 환경오염 문제로 대두되는 지속가능 관광지 관리에 대한 문제 발생
- 서울 도심지역의 부동산 문제로 인한 다양한 형태의 숙박시설 부속
- 서울시 자체적으로 첨단기술을 접목한 관광상품 미비

기회

- 외국인 거주자 및 관광객 증가
- 도시계획에 대한 자치단체의 자율권 확대로 서울시 고유의 관광정책 수립에 대한 기회
- 동아시아 국가들의 글로벌 영향력 확대와 관광객 증가
- 관광객의 인터넷 활용 여행정보 습득 및 스마트 기술 활용 관광활동
- 다양해지는 관광객의 관광활동 및 관광지 방문

위협

- 지방도시들의 스마트 환경 구축 및 관광 활성화 전략 수립과 중앙정부의 지원
- 글로벌 환경 기후 환경 변화, 주변국가들의 자연재해 위협에 따른 관광활동 악영향
- 쇼핑활동에 대하여 낮아지는 만족도와 지속적으로 줄어드는 관광객 체제기간과 관광지출
- 국가 단위에서 관광에 대한 낮은 의존도

(2) 서울시 스마트관광도시 조성을 위한 방향성

현재 서울시의 스마트도시 및 관광정책과 사업현황에서는 **데이터를 활용한 가치창출**과 관련된 사업의 구체화가 필요하다. 이에 더해 스마트도시 네트워크 및 기반 인프라를 활용할 수 있는 방안 마련에 대한 고민이 필요한 실정이다. 서울시만의 스마트관광도시를 만들기 위해서는 포용과 혁신의 가치를 반영할 필요가 있다. 데이터를 기반으로 한 디지털 인프라를 구축하고 이와 연계한 도시 시스템을 구축해야 한다. 또한, 서울시만의 특화된 관광 콘텐츠 제작, 이용자 중심의 관광 인프라의 구축, 신사업 육성 등도 중요한 요소이다. 결과적으로, 데이터 활용 인프라와 연계된 '디지털 스마트관광도시', 그리고 '지속성장할 수 있는 스마트관광도시'는 서울시가 지향해야 할 방향성이라고 할 수 있다.

(3) 서울 스마트관광도시 비전 및 전략

서울은 '관광 시민의 행복을 추구하는 지속가능한 플랫폼으로서의 스마트관광도시'라는 비전을 가지고 있다. 이를 달성하기 위해 5가지의 핵심가치와 그에 맞는 추진전략을 통해 전략적으로 서울시를 스마트관광도시로 성장시키고자 노력하고 있다. 5대 추진전략은 **매력성, 접근가능성, 디지털화, 지속가능성, 협력적 파트너십**이다. 매력성은 서울의 스마트관광도시로서의 브랜드 이미지 및 매력도를 강화하기 위함이다. 접근가능성은 무장애(Barrier-free) 및 편리한 스마트관광 환경을 조성하기 위함이다. 디지털화는 서울시 스마트도시 인프라를 토대로 데이터 기반 도시를 구현하는 것이다. 지속가능성은 역사 문화를 보존하고, 지역과 공존하며 지속적 성장을 하기 위함이다. 마지막으로 협력적 파트너십은 협력을 통한 마케팅, 네트워킹, 교육 및 지식확산 증대를 위함이다.

그림 11-2 | 서울 스마트관광도시 비전 및 핵심가치

비전	관광시민의 행복을 추구하는 지속가능한 플랫폼으로서의 스마트관광도시				
핵심가치	경쟁력 장기적 도시 경쟁력 확보	포용 관광약자의 행복추구권 증진	혁신 기술적 혁신 · 관광경험 혁신	지속성장 사회 · 경제 · 문화 · 환경적 지속 성장	상생 거주민 · 관광객 · 유관기관 상생
추진전략	매력성 (Attractive)	접근가능성 (Accessibility)	디지털화 (Digitalization)	지속가능성 (Sustainability)	협력적 파트너십 (Collaborative Partnership)
핵심과제	매력이 있는 스마트관광도시	누구나 접근가능한 스마트관광도시	데이터 기반한 스마트관광도시	지속가능한 스마트관광도시	협력하는 스마트관광도시
	• 관광의 가치를 높이는 가상체험 서비스 구축 • 오감만족 전통 · 문화 체험관광 스마트 콘텐츠 개발 • 엔터테인먼트 스마트 체험 서비스 개발 • 엔터테인먼트 스마트 체험 서비스 개발 • 스마트관광 스트리트 조성	• 스마트관광 통합 모빌리티 서비스 구축 • 무장애 스마트관광 환경 조성	• 스마트관광을 위한 디지털 인프라 확충 • 데이터 기반 스마트관광도시 구현	• 지속 성장하는 스마트관광도시 생태계 구축 • 기존 자원과 상생하는 스마트관광도시 조성	• 온 · 오프라인 협력적 파트너십 구축을 위한 마케팅 활동 • 도시 내 · 외부 협력적 관계 형성을 위한 네트워크 구축 • 도시 구성원들 대상 스마트환경 지식에 대한 전파 및 확산

출처: 서울 스마트관광도시 조성 기본구상(2019)

2) 서울 스마트관광도시를 위한 핵심 관광 사례

(1) 돈의문 AR

돈의문은 일제강점기인 1915년에 전철 복선화를 이유로 강제 철거되었다. 조선시대 한양 도성 사대문 중 현재 유일하게 그 모습이 남아있지 않게 된 이유이다. 이후 여러 차례 돈의문을 재현하려는 시도가 이루어졌지만 서울 도심 한복판인지라 교통 문제부터 시작한 다양한 현실적인 제약에 얽혀 번번이 실패했다. 이에 정부와 지자체, 그리고 민간기업 등 다자가 참여하여 사라진 돈의문을 복원하기 위한 프로젝트를 착수하였고, 그 결과 디지털 재현에 성공하였다. 돈의문의 복원은 전 세계 유일한 성곽도시인 서울의 역사의 보존뿐만 아니라 관광지의 요소로서도 큰 역할을 할 수 있게 되었다.

돈의문 AR은 앱을 실행하여 예전 돈의문이 있던 정동사거리 쪽을 비추면 돈의문의 웅장한 모습이 가상현실로 등장한다. 서는 위치에 따라서 다양한 각도에서 돈의문을 살펴볼 수 있으며, 시간대에 따라 4가지 이상의 조도가 구현되어 방문 시기별로 다양한 모습을 감상할 수 있다. 뿐만 아니라 돈의문 박물관마을 내 돈의문 체험관에서는 VR을 체험해볼 수 있다. 이곳에서는 AR과는 또 다른 느낌으로 돈의문 문루 내부 등을 살펴볼 수 있다.

그림 11-3 | 돈의문 AR 체험

(2) 관광안내센터의 스마트화

관광안내센터는 4차 산업혁명에 따른 관광객의 니즈를 받아들여 스마트화를 진행하였다. 스마트기술을 활용하여 관광 안내소의 기능과 역할을 재정립했다. 기존의 교통수단 안내 등의 역할뿐만 아니라 관광객 맞춤형 큐레이팅 역할, 관광 관련 지능형 시스템 이용에 대한 안내, 관광객과의 사회적 기능 등으로 역할의 확대를 지향한다. 더 나아가 관광 안내소에서 VR · AR 인터렉티브 관광정보 제공, 전시 장비 등의 활용을 통하여 관광 안내의 효율화와 관광객 경험 증진을 도모하고 있다.

구체적인 사례로서는 국내외 관광객들에게 서울의 다양한 매력을 보여줄 수 있는 **서울관광 VR 체험존**이 있다. 서울의 관광명소 10곳의 관광정보 센터 및 관광 안내소에서 운영되고 있다. 단순히 서울의 풍경을 보여주는 것을 넘어서서 1인칭과 3인칭 시점을 오가는 감각적인 관광 체험 스토리를 제공한다. 이를 통해 관광객들에게 기존의 관광 경험이 아닌, 시공간의 제약을 넘어선 특별한 관광 경험을 제공한다.

그림 11-4 | 서울관광 VR 체험존

(3) AR 한양 도성 홍보영상채널

AR 한양 도성 프로그램은 새로운 관광 콘텐츠로, 영상 콘텐츠 중심의 미디어 수요가 증가하는 트렌드를 반영했다. 한양 도성은 조선시대 수도방위를 위해 축조되었으며, 현존하는 세계의 도성 중 가장 규모가 크고 오래된 곳이다. 이곳에서는 AR 기술을 통해서 옛 선조들이 즐기던 순성 놀이를 즐길 수 있다. 각자의 소원 영상을 촬영한 후 AR 기술로 구현된 가상의 성벽에 소원 영상을 담을 수 있는, 문화와 스마트기술이 결합된 체험형 프로그램이다.

이를 홍보하기 위해서 서울시는 유튜브를 중심으로 K-POP 아이돌 가수를 전면에 내세운 협력적 파트너십을 구축하여 홍보영상을 제작하였다. K-POP 스타이자 유튜브 개인 채널을 운영하는 마마무의 솔라를 주인공으로 하여 AR 한양 도성 앱을 직접 체험하는 것을 VLOG 형식으로 구성했다. 온라인 구전효과 및 바이럴마케팅을 통해 많은 관광객이 서울을 새로운 관광의 방식으로 경험할 수 있도록 한다.

그림 11-5 | AR 한양 도성 홍보영상 썸네일

출처: 마마무 솔라 유튜브

2 제주도 스마트관광

1) 빅데이터 기반 관광 활성화

제주도는 ICT와 관광을 접목한 스마트관광 활성화를 계획 및 실행하고 있다. 2016년 본격적으로 공공 와이파이 개방 및 구축, 공공 와이파이 통합 인증 시스템 구축, 빅데이터 수집 시스템 구축, 빅데이터 저장 · 분석 시스템 구축, FIT 증가에 따른 관광객 소비패턴 분석 모델 구축, 개방형 스마트관광 플랫폼 구축 등의 사업을 실시했다.

표 11-1 2016년 제주도 스마트관광 사업추진 내역

No.	사업명	사업내용
1	공공 와이파이 개방 및 구축	• 공공 와이파이 추가 개방 • 공공 와이파이 추가 구축
2	공공 와이파이 통합 인증 시스템 구축	• 관광객들이 1회 인증으로 24시간 공공 와이파이 사용가능하도록 구조 구축 • 관광객들의 이동경로, 체류시간 분석을 위한 기본 데이터 생산체계 구축
3	빅데이터 수집 시스템 구축	• 관광객의 와이파이 접속 데이터 수집 체계 구축 • 기타 내 · 외부 데이터 수집을 위한 표준 시스템 구축
4	빅데이터 저장 · 분석 시스템 구축	• 다양한 데이터의 대용량 분산 저장 구조 구축 • 다양한 데이터의 분석을 위한 컴퓨팅 파워 확보
5	FIT 증가에 따른 관광객 소비 패턴 분석 모델 구축	• 내국인 · 중국인 관광객의 카드 소비패턴 분석 • 향후 관광의 질적 성장 활용을 위한 데이터 분석 결과 모델 설계 및 시험
6	개방형 스마트관광 플랫폼 구축	• 비콘 기반 스마트관광 앱 · 서비스 개발용 오픈 플랫폼 구축 • 스마트관광 앱 · 서비스 개발을 위한 ios · 안드로이드용 SDK 배포 • 스마트관광 데이터 시각화를 위한 대시보드 개발

출처: 제주특별자치도 스마트관광 생태계 구축 전략(2017)

2016년부터 제주도는 '공공 와이파이'와 '비콘(Beacon)'을 통해 빅데이터를 수집 및 분석하는 시스템을 기반으로 개방형 스마트관광 플랫폼을 구축하고자 하였다. 공공 와이파이와 비콘의 접속정보로 사용자의 이동경로, 관광패턴, 소비패턴 등을 수집하고, 이를 Open API(Application Programing Interface, 응용 프로그램 프로그래밍 인터페이스)를 통해 개방하여 스마트관광 서비스 개발자들이 다양하게 활용할 수 있도록 하는 것을 목표로 하였다. 그러나 2018년 비콘 관리시스템은 사용실적 저조와 유지보수비용 문제로 폐지되었다. 이로 인해 현재 비콘 관리시스템과 함께 운영되었던 '스마트관광 플랫폼'은 '제주데이터허브'로 통합되어 데이터를 제공하고 있다.

제주도는 현재 스마트도시 구축 사업 아래 스마트관광 활성화를 모색하고 있다. 2017년 수정된 '제2차 제주국제자유도시종합계획(2012~2021)'의 비전은 '지속가능한 공존, 스마

그림 11-6 | 제주도 공공 와이파이

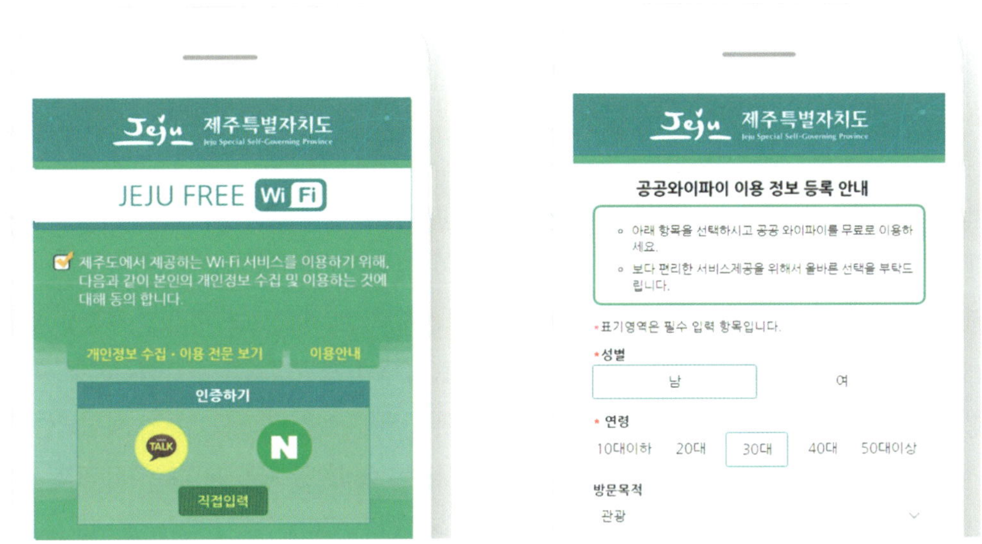

출처: https://wifi.jeju.go.kr/introduce/howtouse

그림 11-7 | 제주데이터허브

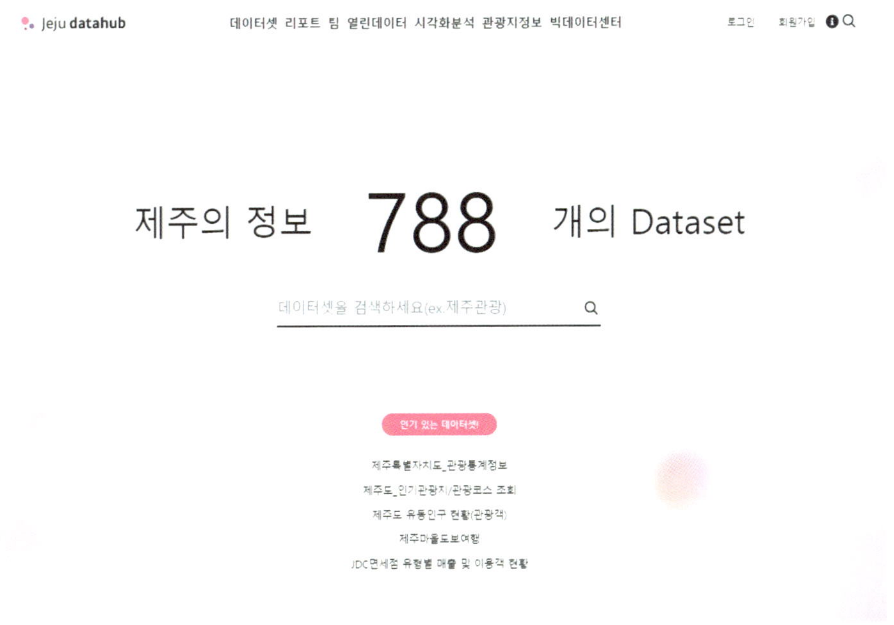

출처: https://www.jejudatahub.net/main

트 제주'이다. 이러한 비전하에 문화 · 관광자원의 AR · VR 콘텐츠화 프로젝트, 아일랜드형 스마트시티 구축 프로젝트가 세부 계획으로 수립되었다. **단순한 스마트관광뿐만 아니라 지역 경제 · 사회 · 환경 분야의 공공 서비스 개선을 위한 스마트시티 인프라 구축에 집중하고 있다.**

제주도는 관 주도의 프로젝트 추진을 지양한다. 민간이 더욱 효율적이고 효과적인 서비스 모델을 개발해 사업을 영위할 수 있도록 하기 위한 것이며, 관 차원에서는 스마트 아일랜드 인프라 구축에 집중하고 있다. 2019년 '제3차 제주특별자치도 관광진흥 계획수립 용역 보고서'에 따르면 제주도는 관광 빅데이터 기반 원스톱 관광정보 서비스 제공을 위한 스마트관광 통합센터 구축을 계획하고 있다. 이는 방대한 관광정보를 표준화시키고, 관리 및 분석하여 하나의 맞춤형 원스톱 관광정보를 제공하는 것을 목표로 한다. 제주도는 이러한 시스템을 기반으로 **관광객의 이동경로, 체류시간, 소비현황 등을 분석하여 관광객 유치 및 홍보마케팅을 하고 있으며, 관광 활성화를 위해 노력하고 있다.**

그림 11-8 | 제주형 스마트관광 통합센터(JSTC) 인프라 구축(안)

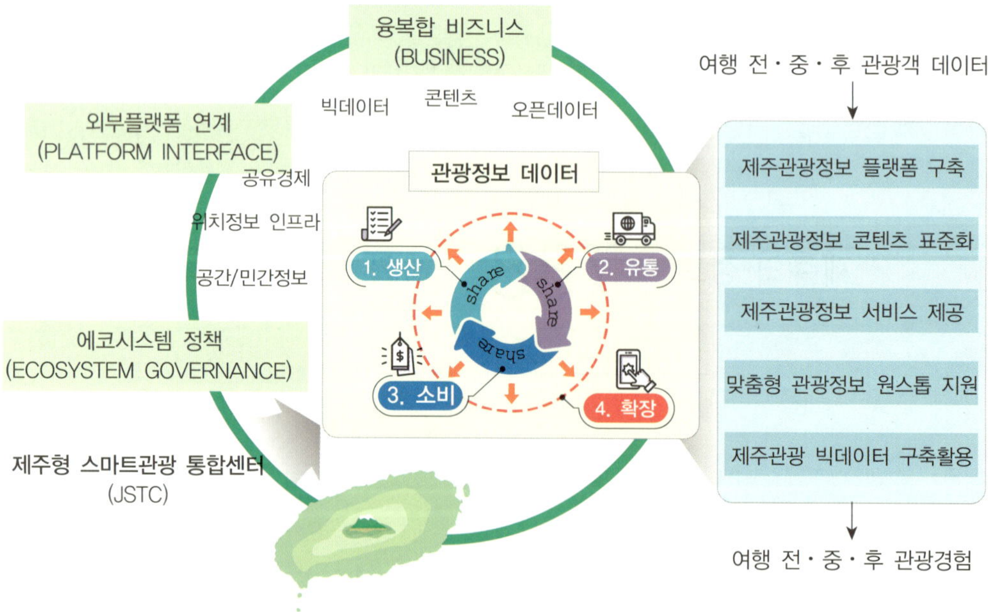

출처: 제3차 제주특별자치도관광진흥계획수립 용역 보고서(2019~2023)

그림 11-9 | 스마트관광 빅데이터 구축 · 활용 예시

출처: 제3차 제주특별자치도관광진흥계획수립 용역 보고서(2019~2023)

2) 이동형 IoT 통합플랫폼

제주도는 **대중교통 버스 와이파이 기반을 이용한 이동형 IoT 플랫폼**을 활용하고 있다. 도내 대중교통 버스 전체에 이동형 IoT 플랫폼을 설치하고, 제주 전역에 전 지구 위성항법시스템(GNSS)을 이용하는 위성 기준국 10개소를 설치해 고정밀 위치 기반 정보 수집체계를 구축하였다. 이는 **정확한 대중교통 도착 정보를 제공할 뿐만 아니라, 운전 행태 분석을 통한 운전 품질 개선 데이터, 기온 · 미세먼지와 같은 환경 데이터를 제공한다.** 이러한 공공 데이터는 실시간으로 제공되어 민간에서 다양하게 활용할 수 있다.

제주도의 개방 데이터를 활용하여 다양한 관광 서비스가 개발되고 있다. 관광 서비스 사업자는 데이터 분석을 통해 트렌드에 맞는 관광 서비스를 제공할 수 있다. 관광객은 여행 코스를 계획할 때 개인 맞춤형 정보로 최적의 여행을 기대할 수 있다.

제주도는 스마트관광 서비스를 적극적으로 수용하고 개발하고 있다. 제주시 제주관광공사 연구조사센터를 건설하고, 빅데이터를 활용하여 급변하는 트렌드에 대응하고 있다. 빅데이터를 비롯한 통계 데이터 구축, 관광객 서비스 플랫폼 구축, 알고리즘 개발 등의 관광 방향은 개별관광객의 스마트관광 이용 증가 트렌드에 맞춘 판단이라고 평가할 수 있다. 특별히 개방형 관광 플랫폼의 제공으로 다양한 이해관계자들의 참여를 유도하며, 다양한 일자리 창출과 새로운 수익모델 발굴로 새로운 관광산업 생태계를 조성할 것으로 예상된다.

그림 11-10 | 2019년 제주 공공 와이파이 월별/장소별 사용현황

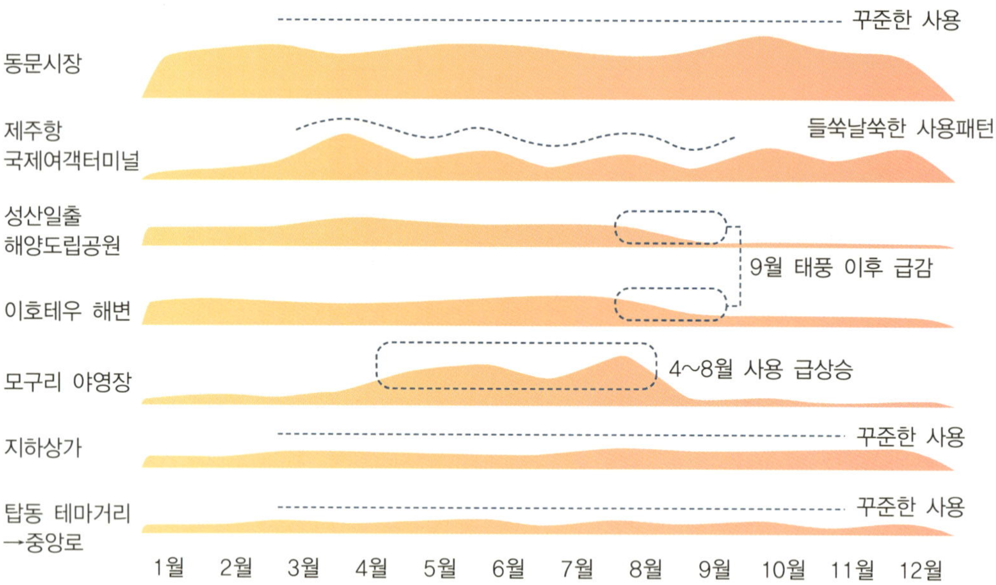

출처: 2019년 공공 와이파이 사용 데이터 통계, 제주데이터허브

3 한국관광공사의 스마트관광 추진체계

1) 스마트관광 추진체계

(1) 소비자 트렌드 변화 및 관광산업 동향

① 소비자의 트렌드

모바일 친화적인 밀레니엄 세대를 중심으로 스마트 디바이스가 주를 이루는 관광의 형태가 대두되었다. 그에 더불어 체험형 활동, 액티비티 및 맛집투어 등의 능동적인 현지 체험을 위해 다양한 여행상품에 대한 선호도가 증가하였다. 다양한 활동에 대한 선호도가 증가함과 동시에 자신의 속도에 맞춘 슬로우 여행(slow-travel)이 확산되었는데 이는 양보다 질을 선호하는 모습에서 비롯되었다. 젊은 세대를 중심으로 DIY(Do It Yourself) 풍조가 확산되어 관광상품 또한 FIT 체험 상품의 선호도가 증가함을 알 수 있다.

② 4차 산업혁명에 따른 관광산업 변화와 대응 필요성 대두

4차 산업혁명으로 인한 관광산업 변화에 대해 산업중심구조의 전환, 생산·소비구조의 변화, 기술과의 결합, 노동시장 변화, 관광 향후 여건변화 등에 영향이 미칠 것으로 예측된다. 관광 분야에 ICT가 결합되어 관광산업 가치사슬(value chain)의 변화에 따라 ICT가 결합된 새로운 관광산업 생태계가 구성되고 있다. 4차 산업혁명의 5대 주요 기술이라고 뽑히는 사물인터넷, 로봇공학, 3D프린팅, 빅데이터, 인공지능은 스마트관광을 추진하게 하는 주요한 요인이라고 할 수 있다. 이에 더해 4차 산업혁명의 핵심 인프라인 5G는 실시간으로 대용량 데이터와 모든 사물을 초연결시켜 관광객의 단절 없는 관광정보 서비스 제공을 필요하게 한다.

③ 관광 및 기술의 결합과 관광기업에서의 적용 활성화 증대

산업혁명의 기반기술을 관광산업에 접목시키면서 트래블테크(travel-tech)라는 신조어가 탄생했다. IoT(사물인터넷), 앱-웹사이트 접근시장, 빅데이터 분석, 기계학습, 클라우드 컴퓨팅이 관광업계에 많은 영향을 미치는 IT 기술로 나타났다. 따라서 국내외 기업들은 데이터분석, IoT(사물인터넷), VR(가상현실) 및 AR(증강현실), 인공지능(AI), 로보틱스 등을 중심으로 개발 · 적용하고 있다. 기술의 발달과 디지털 플랫폼 기반 유통구조의 정착화 단계로의 진입에 따라서 **맞춤형 서비스**에 대한 요구가 증가하고 있다.

그림 11-11 | 4차 산업혁명 5대 기술

4차 산업혁명 5대 주요 기술(WEF, 2016)

사물인터넷 (IoT: Internet of Things)	로봇공학 (Robot Engineering)	3D프린팅 (Additive Manufacturing)	빅데이터 (Big Data)	인공지능 (AI: Artifical Intelligence)
• 사물에 센서를 부착하여 실시간으로 데이터를 네트워크 등으로 주고받는 기술 • 인간 개입 없이 사물 상호 간 정보를 직접 교환하며 필요에 따라 정보를 분석하고 스스로 작동하는 자동화	• 로봇공학에 생물학적 구조를 적용함에 따라 더욱 뛰어난 적용성과 유연성을 갖춤 • 정밀 농업에서 간호까지 다양한 분야의 광범위한 업무를 처리할 만큼 활용도가 향상	• 입체적으로 형성된 3D 디지털 설계도나 모델에 원료를 층층이 겹쳐 쌓아 유형의 물체를 만드는 기술 • 소형 의료 임플란트에서 대형 풍력발전기까지 광범위하게 응용 가능	• 디지털 환경에서 생성되는 다양한 형태의 방대한 데이터를 바탕으로 인간의 행동 패턴 등을 분석 및 예측 • 산업현장 등에서 활용하면 시스템의 최적화 및 효율화 도모 가능	• 컴퓨터가 사고, 학습, 자기계발 등 인간 특유의 지능적인 행동을 모방할 수 있도록 하는 컴퓨터 공학 및 정보기술 • 다양한 분야와 연결하여 인간의 업무를 대체하고 그보다 높은 효율성을 가져올 것으로 예상

스마트공장 (CPS)	인공장기	로봇 어드바이저	맞춤형 헬스케어	무인자율 주행자동차	스마트도시	맞춤형 교육
IoT+AI +빅데이터 +로봇공학	3D프린팅 +바이오기술	빅데이터 +AI+금융DB	빅데이터 +AI+의료DB	IoT+AI +자동차	IoT+AI +빅데이터	빅데이터+AI +교육DB

출처: WEF(2016)

④ 관광 서비스와 ICT 융합

모바일 기반 네트워크 시스템의 급속한 발전은 소비자와의 접점을 확대했으며 스마트기기를 이용한 여행상품 접근을 통해 전체 여행상품 온라인 시장의 성장을 주도한다. 자국민은 물론 해외 관광객을 대상으로 보다 쉽고 편리한 관광 서비스 이용 활성화를 위해 ICT 기술을 활용한다. 스마트폰 이용자수가 폭발적으로 증가한 지금과 같은 물리적인 환경에서 모바일 기기들은 각종 위치정보 기술을 활용하여 여행객 위치정보를 획득한다. 이용자들의 위치를 중심으로 여행 관련 상품 안내, 위치 및 교통정보와 같은 정교한 지역정보 제공을 통해 여행자 편의 서비스를 제공한다. 빅데이터의 수집 및 분석이 가능해지면서 SNS 기반 관광 마케팅을 진행한다.

2) 스마트관광 인프라 조성

지역의 관광자원 확충과 관광인프라 개선에 ICT 기술을 접목하여 관광지를 방문하는 관광객들에게 편리하고 만족도 높은 서비스를 제공하는 것이 스마트관광 인프라의 추진 이유이다.

그림 11-12 | 스마트관광 인프라의 부가가치

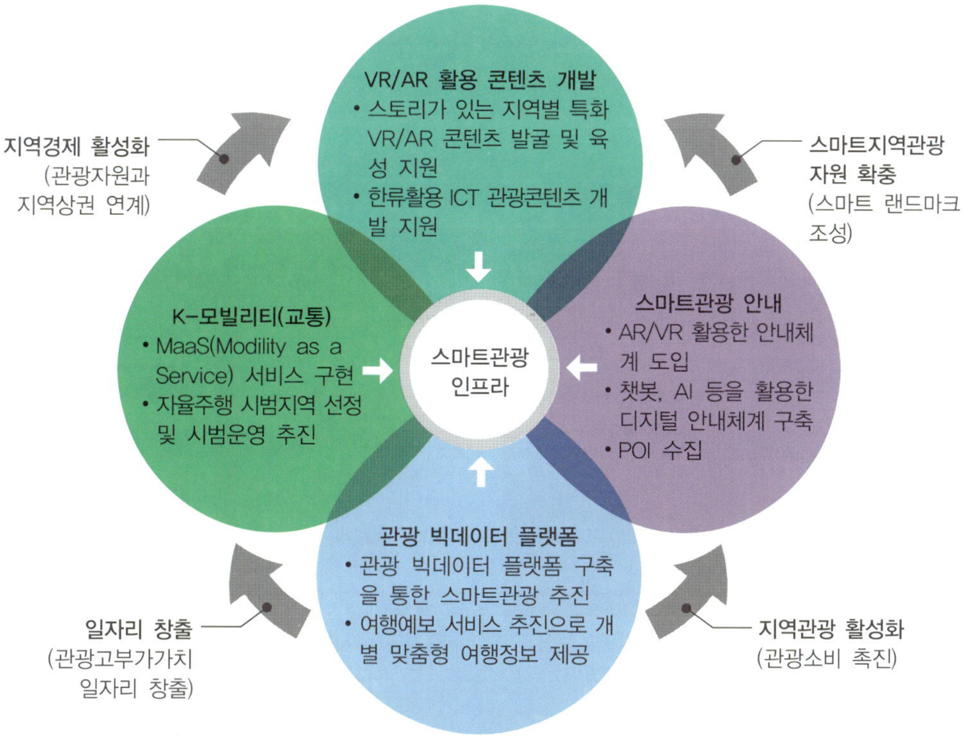

3) 스마트관광 구축 사례

(1) 디지털 안내 센터 구축

개별관광객의 증가로 관광 안내 수요가 증가하고 문의 내용도 다양화됨에 따라 상세한 지역 관광정보와 질 높은 상담 서비스에 대한 제공이 필요해졌다. 현재 '관광통역 안내 전화 1330'은 전화문의에 상담원이 응답하는 방식으로 운영 중이나 5G 활성화를 계기로 위치정보, AI, AR 등을 활용하여 관광 안내체계 혁신을 추진한다.

① 위치기반 관광정보 안내

- 문자채팅 서비스 기능 확대: 외국인 관광객을 대상으로 온라인 여행정보 채널(웹/앱)과 1330 관광 통역 안내 전화 서비스(앱)을 통해 내 · 외국인 관광객 대상 실시간 문자채팅 관광 안내 서비스를 제공한다. 문자채팅 상담데이터 등은 빅데이터 분석 자료로 활용한다.
- 사용자 위치기반 서비스 제공: 앱 실행으로 실시간 위치파악 후 이미지 · 문자 · 영상 등 다양한 형태로 맞춤형 교통 및 관광 안내 서비스를 신속하게 제공한다.

그림 11-13 | 위치기반 관광정보 서비스 제공 예시

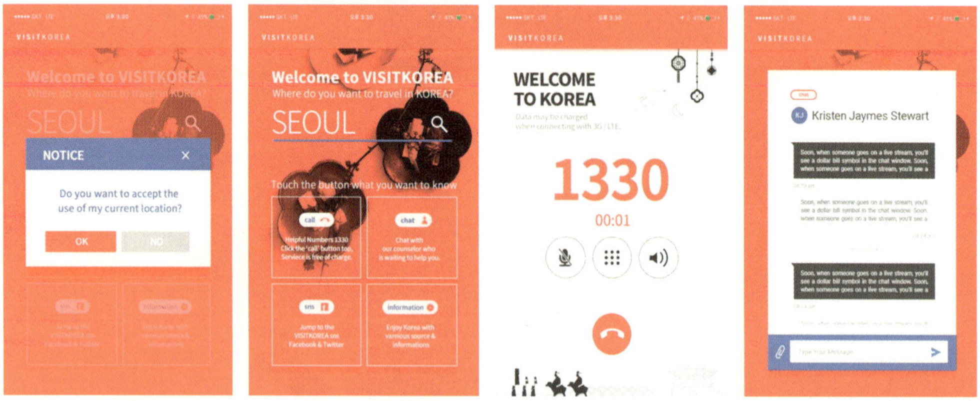

앱 이용 시 위치 동의 요청 후 확인 | 안내 시스템 선택 (전화, 채팅, 일반정보) | 전화안내 서비스 | 채팅안내 서비스

출처: Visit Korea 앱

② AI 활용 맞춤형 관광정보 제공

- AI 스피커 활용: 생활밀착형 사물인터넷인 AI 스피커(누구, 기가지니 등)를 통하여 관광객은 음성만으로 빠르고 편리하게 관광정보를 획득할 수 있으며, 자체 앱/웹을 활용하여 신뢰성 있는 정보를 제공한다.
- 챗봇 서비스 도입 : 관광 안내 음성데이터 텍스트 자동변환 및 분석 기술 도입을 통하여, 관광 빅데이터를 축적 · 분석하고, AI를 활용한 안내 서비스를 제공한다.
- 개인별 서비스 추천: 실시간 정보모니터링, 통계분석을 통하여 연령, 국적, 관심사항에 맞춘 관광객 맞춤형 경로를 추천해준다.

③ AR 기술활용 관광정보 제공

AR, 위치정보 등 ICT를 활용하여 '가상 투어 가이드' 서비스를 제공한다. 가상의 투어 가이드가 관광객의 위치와 상황을 인식하고, 관광 안내정보를 Push 형태로 제공한다. 관광객이 1330앱을 활용하여 특정 대상을 촬영하면 AR 관광 안내정보를 제공한다.

④ 쇼핑정보 컨시어지 서비스 제공

관광거점도시 쇼핑정보 및 편의 서비스를 제공한다. 관광거점도시 선정지역을 중심으로 대상지를 선정하여 해당 지역별 쇼핑관광 정보를 수집한다. 또한, 사후 면세점 현황 및 환급관련 정보 등의 쇼핑 관련 일반정보에 대한 서비스를 진행한다.

(2) 원스톱 예약 결제 MaaS+(관광+교통)

현재 국토부에서는 교통 관점에서 '**한국형 MaaS(Mobility as a Service)**'를 시범사업 추진 중이다. MaaS+는 관광객 맞춤형 이동경로 도출, 교통수단 추천, 관광 서비스에 대한 예약결제 원스톱 지원을 통하여 내 · 외국인이 보다 쉽게 지역관광을 체험할 수 있도록 지원하는 서비스를 의미한다.

① 맞춤형 관광정보 제공

관광 빅데이터를 통하여 연령별 · 국가별 가장 많이 방문한 곳에 대한 정보, 다양한 교통수단을 활용한 최적 관광코스 정보 제공, 외래 관광객 대상 외국어 메뉴정보, 외국어 안

그림 11-14 | MaaS+ 화면

내 지원 등을 제공한다.

② One Pay All Pass

교통수단별 결제패스를 일원화하고, 편리한 예약과 환전이 필요 없는 결제방식을 도입한다. 관광지/음식점/쇼핑/숙박당 관광방식 및 수단별 예약, 간편 결제를 지원한다.

③ 이동수단 최적화

스마트 모빌리티를 적극 활용하여 대중교통을 활용하여 지역 접근성을 높이고, 관광지 내 편의성을 제고한다. 지역 관광 시 렌터카를 위주로 하는 개별이동이 아닌 카쉐어링, 공유 자전거 활용 등 공유경제 활성화로 환경보호 및 지역경제 활성화를 유도한다.

(3) MICE 테크놀로지

5G 기술과 더불어 인공지능, 사물인터넷, 홀로그램, 가상현실 등 ICT 기술을 활용하여 경쟁국 MICE 행사와 차별화하고, 참가자 만족도 및 운영 효율성 제고를 통하여 MICE 유치 경쟁력을 강화한다.

① ICT 기술집약형 MICE 행사 시범 실시

ICT 회의 기술은 다양한 형태로 개발되고 있으며 초다시점 기반 영상회의, MR 기반의 텔레프레젠스, 홀로그램 원격회의, 드론중계 등이 있다. MICE 주최자 대상 행사공모 및 행사에 적합한 회의 기술을 집중적으로 적용하게 된다.

② MICE 박람회 연계 ICT 회의기술 전문 전시부스 운영

우수 회의기술 보유 MICE 서비스 기업이 참여하며, 혁신적인 회의기술을 체험할 수 있는 기회를 제공한다.

③ 그린 MICE, ICT를 활용한 친환경 MICE 행사 개최

그린 MICEf란 Paperless, Plastic Bottleless, Bagless 등 지속가능한 환경을 고려한 MICE를 의미한다.

학습내용 정리

01 제주도는 공공 와이파이와 카드사용 정보를 통해 관광객들의 이동경로, 체류시간, 소비현황 등의 정보를 수집한다.
제주도는 버스에 이동형 IoT 플랫폼을 설치하여 고정밀 위치기반 정보 수집체계를 구축하였다. 이는 정확한 대중교통 도착정보와 운전행태, 기상정보를 제공한다.
제주도는 수집한 빅데이터를 관리 및 분석하는 '스마트관광 통합센터'를 구축하여 관광객에게 하나의 맞춤형 원스톱 관광정보를 제공하는 것을 목표로 하고 있다.

02 스마트 디바이스를 활용한 관광의 형태가 대두되고 있으며, 다양한 소비자들의 행동패턴 변화는 소비자의 트렌드에 영향을 준다. 이에 따라 스마트기기를 이용한 여행상품을 통해 시장의 성장을 주도하는 것이 중요하다.

03 ICT 기반의 정책/전략을 파악하고, 그에 맞는 계획을 성립한 후 전략적으로 관광산업을 추진해야 한다. 디지털 관광에 대한 총괄전략 수립 및 향후 과제 도출을 통해 효과적인 스마트관광 인프라를 구축하고 통합 디지털마케팅을 추진해야 한다.

04 통합마케팅에서 ICT 기반인 디지털마케팅이 주도적인 역할을 담당한다. 실질적으로 F-factors (Family, Friends, Fans, Followers)의 구전(Word of Mouth)과 고객들이 속한 사회적 커뮤니티 (Social Media)가 고객들의 구매에 큰 영향을 미치게 된다.

05 스마트관광 인프라란 지역의 관광자원 확충과 관광인프라 개선에 ICT 기술을 접목한 것으로 관광지를 방문하는 관광객들에게 편리하고 만족도 높은 서비스를 제공하는 것을 목표로 하고 있다.

학습내용 평가

01 다음 질문에 대한 답을 자유롭게 서술하시오.

- 서울시의 스마트관광 스마트관광도시의 사례에 대해서 조사하고, 5가지 추진전략 중 어느 전략에 해당하는지 그 이유와 설명을 자세하게 서술하시오.
- 서울의 강점/약점/기회/위협 요인에 대해서 서술하고, 이에 근거해 서울시의 방향성에 대해서 서술하시오.

02 다음 질문에 대하여 O/X를 체크하시오.

제주도는 공공 데이터를 Open API로 개방하여 스마트관광 서비스 개발자들이 다양하게 활용할 수 있도록 하고 있다.(　　)

03 다음 질문에 대한 답을 자유롭게 서술하시오.

제주도의 스마트관광 활성화를 위해 관과 민간기업은 각각 어떠한 역할을 하고 있는가?

04 다음 질문에 대한 답을 자유롭게 서술하시오.

- 4차 산업혁명의 5대 기술이 관광산업에 어떤 영향을 끼치는지 서술하시오.
- 스마트관광의 추진으로 인해 어떤 부가가치가 생성될 수 있는지 관광전략에 근거하여 서술하시오.
- 통합 관광마케팅의 추진 프로세스에 대해 서술하시오.

참고문헌

경희대 스마트관광연구소(2019), "스마트관광도시조성 기본구상 연구용역 최종보고서," 서울관광재단

제주특별자치도 스마트관광 생태계 구축 전략, 2017.

제3차 제주특별자치도관광진흥계획수립 용역 보고서, 2019-2023.

2019 공공 와이파이 사용 데이터 통계, 제주데이터허브

오태헌(2016), "제주 관광의 새로운 변신 '스마트관광' 시대로," 제주일보

서울시(2019), "서울시 스마트관광도시 조성 기본구상"

Chapter 12

일본 스마트관광 사례 및 목적지

개관

이 장에서는 일본의 인바운드 관광 시장을 이해하고, 스마트관광 사례를 살펴본다.

학습목표

1 일본의 인바운드 관광의 현황, 전망, 전략을 학습한다.
2 ICT를 활용한 일본 관광의 사례를 살펴본다.
3 트립어드바이저의 일본 스마트관광 사례를 살펴본다.

핵심용어

일본, 일본의 인바운드 관광, ICT, MaaS, 정보 서비스, 트립어드바이저

1 일본의 인바운드 시장

1) 일본의 인바운드 현황 및 전망

일본을 방문하는 일본 인바운드 관광객은 매년 증가하는 추세를 보인다. 2018년 방일 외국인 관광객수는 3,119만 명에 달했다. 최근 개최된 G20 오사카 정상회의와 럭비월드컵을 비롯하여 앞으로 개최될 도쿄올림픽, 월드 마스터 게임, 오사카 만국박람회 등 다양한 국제적 행사가 열릴 예정이다. 미국 여행잡지로 유명한 〈Travel+Leisure〉이 발표한 2019년 'The Top 15 Cities in the World'에서 도쿄가 7위, 교토가 8위에 선정되었다. 이러한

현상은 일본 정부가 목표로 한 2020년 방일 외국인 관광객수 4,000만 명이 현실이 될 가능성을 보여준다.

그림 12-1 | 방일 외국인 관광객수

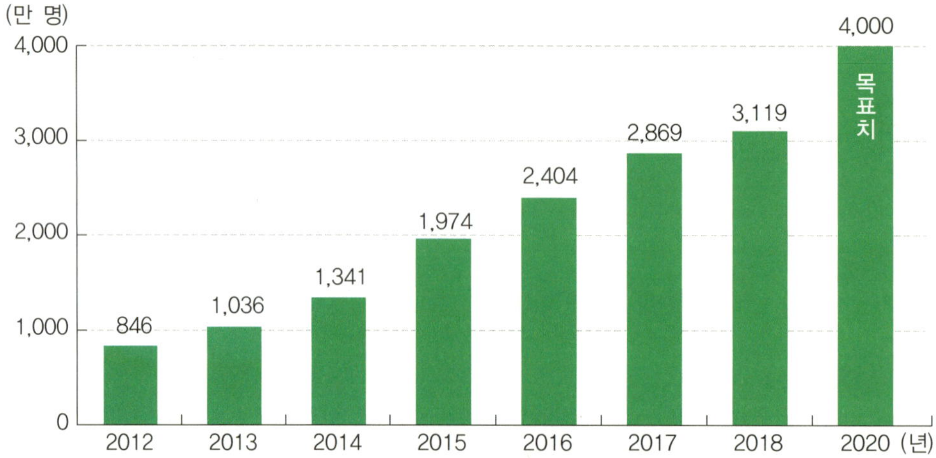

출처: 일본정부관광국(JNTO), 관광청

2) 일본의 인바운드 관광전략

일본 인바운드 관광 시장은 급격하게 성장하고 있다. 아시아 경제성장에 따른 해외 여행수요의 증가, 도쿄올림픽 개최 결정에 따른 국제적인 주목도 상승, LCC 항공편의 확대 등 외부적 요인의 영향이 있다. 이에 일본 정부는 일본 인바운드 관광 시장을 발전시키기 위해 다양한 정책을 실시하고 있다. 비자 발급요건 완화, 면세제도의 확충, 출입국 관리체제의 충실, 항공 네트워크의 확대 등이 있다. 특히 비자 발급요건의 완화와 엔저의 영향을 받아 일본을 재방문하는 아시아 관광객들이 많아지고 있으며, 이러한 경향이 일본의 관광 형태를 바꾸고 있다. 관광청이 발표한 2017년 '방일 외국인 소비동향조사'에 따르면 방일 외국인 관광객 중 61.4%가 일본을 2번 이상 방문한 적이 있는 '재방문 관광객'이었다. 국가별로는 한국 64%, 대만 80%, 홍콩 83% 그리고 중국 36%로 나타났다. 일본을 여러 번 방문한 관광객의 경우 주요 도시 위주의 단체여행보다 지방도시 관광과 개별적인 관광을 선호하는 모습을 보인다. 또한 지방도시 여행수요가 증가함에 따라 쇼핑 중심 관광에서 온천이나 일본 술을 마시는 등의 경험형 관광의 수요도 많아지고 있다. 이에 지방 도시에도 국제적인 관광 인프라의 필요성이 대두된다.

일본 관광청은 증가하는 관광객을 받아들이기 위한 인프라 구축 정책으로 '내일의 일본을 지지하는 관광 비전 –세계가 방문하고 싶어지는 일본으로–'을 밝혀 다음 3가지 시점에서 10개의 개혁을 세웠다.

① 시점 1: 관광자원의 매력을 판별하여 지방 창생의 기반으로

- 개혁 1: 매력이 있는 공공시설을 넓게 국민 그리고 세계로 개방
- 개혁 2: 문화재를 '보존 우선'으로 관광객 시선에서의 이해 촉진 그리고 활용으로
- 개혁 3: 국립공원을 세계 수준의 내셔널 파크로
- 개혁 4: 주요 관광지에서 '경관계획'을 만들고 아름다운 거리로

② 시점 2: 관광산업을 혁신하여 국제경쟁력을 높이고 일본의 기간산업으로

- 개혁 5: 늙은 규제를 재검토하고 생산성을 중시한 관광산업으로
- 개혁 6: 새로운 시장을 개척하여 장기체제와 소비 확대를 동시에 실현
- 개혁 7: 피폐한 온천 마을이나 지방도시를 미래발상의 경영으로 재생 및 활성화

③ 시점 3: 모든 여행자가 스트레스 없이 쾌적하게 관광을 만끽할 수 있는 환경으로

- 개혁 8: 소프트 인프라를 비약적으로 개선하여 쾌적한 체제를 실현
- 개혁 9: 지방 창생 회랑을 완비하여 전국 어디에서도 쾌적한 여행을 실현
- 개혁 10: 일하는 법과 쉬는 법을 개혁하여 약동감 넘치는 사회를 실현

이 개혁에서 주목할 만한 점은 **소프트 인프라 구축**을 통하여 일본을 방문하는 모든 여행자가 쾌적한 여행을 만끽할 수 있는 환경의 구축이다.

2 ICT를 활용한 일본의 스마트관광

1) 교통 인프라에 특화된 스마트관광

스마트폰의 보급, AI, IoT 등 디지털 기술의 발전이 세계적인 규모로 빠르게 발전하는 가운데 2016년 핀란드에서 도입된 교통 통합 서비스인 'Whim'[1]을 시작으로 새로운 이동의 개념인 MaaS가 등장하였다.

MaaS란 Mobility as a Service의 약자로 공공교통기관, 택시, 공유 자전거 등 개별로 이용되어 있던 모든 교통기관을 IT를 활용해서 하나로 통합하여 더욱 쾌적하고 효율적인 이동 서비스를 제공하는 것을 말한다. MaaS의 개념을 관광에 도입하게 되면 관광객이 원하는 목적지까지의 효율적인 이동수단 및 경로정보의 검색, 예약, 결제를 하나로 통일할 수 있게 된다. 이러한 ICT를 활용한 스마트관광은 관광지 및 지역주민과 관광 이해관계자들에게 다음과 같은 긍정적인 효과를 불러일으킨다.

그림 12-2 | 관광형 MaaS 플랫폼 도입

(1) 관광지 및 지역주민

- 인기 관광지에 집중하는 관광객의 분산과 그에 따른 경제효과의 분산
- 관광객의 집중으로 어려움을 겪던 오버 투어리즘 문제를 완화
- 인구감소 및 고령화가 심각한 지방 지역에 대한 관광객 유치 기회의 제공

1) 벤처기업 MaaS Global이 핀란드 헬싱키에서 세계 처음으로 도입한 MaaS 앱 명

- 교통체증, 교통사고 또한 관광지의 환경문제 개선
- 관광객의 행동패턴 및 니즈 파악 강화

(2) 관광객

- 목적지까지의 교통정보 및 교통수단의 검색, 예약, 결제를 일괄화
- 지방도시 관광의 기회 제공
- 지역 특유의 문화와 관습을 경험하는 경험형 관광기회 제공

특히 개별관광을 선호하는 방일 외국인 관광객에게 이러한 통합정보 서비스는 정부가 추진하는 '쾌적한 방일 관광의 환경 조성'을 효과적으로 시행할 수 있는 서비스가 될 것으로 예상된다. MaaS 플랫폼이 관광객에게 교통정보를 제공하는 역할을 하는 한편, 장기적으로는 관광객의 행동패턴 정보를 수집 및 분석함으로써 관광지의 인프라 및 서비스 질 향상을 뒷받침할 것이다. 또한 오버 투어리즘 개선과 지역경제의 활성화 등 지역주민에게도 긍정적인 효과를 주며, 상호 지속가능한 관광 환경을 조성하는 역할을 할 것이다.

그림 12-3 | MaaS 플랫폼의 역할 및 효과

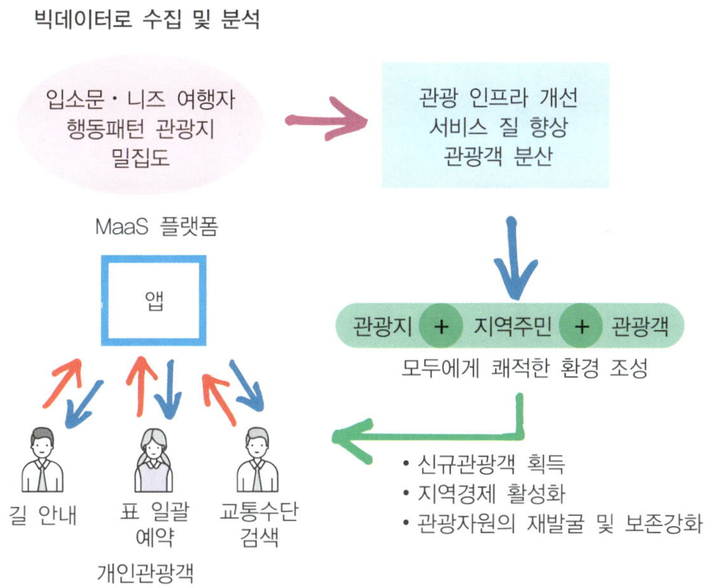

관광형 MaaS의 실현화를 위해 빼놓을 수 없는 것은 지명과 역명 그리고 공공시설 안내의 표준화를 비롯한 **하드 인프라 정비**이다. 일본에서는 2020년 도쿄올림픽을 앞두고 국제적인 경쟁력을 가진 도시를 향해 교통 표지판 및 안내판의 표준화에 주력하고 있다.

(3) 역 명칭의 표준화 대책

일본에서는 2016년 10월부터 수도권 276역에서 '역 넘버링'을 도입하고 있다. 넘버링은 철도회사가 운영하고 있는 노선의 색깔에 맞춰 표시하여 노선기호는 로마자로, 역번호는 숫자로 표기하고 있다. [그림 12-4]와 같이 철도회사마다 넘버링의 기호 모양을 네모 모양이나 동그란 모양으로 구별하고 있다. 도쿄 메트로 철도회사에서는 2019년 12월 22일부터 역 넘버링으로 역을 검색할 수 있는 기능을 홈페이지에 도입하여 역 안내판을 통해 넘버링된 역을 확인할 수 있다.

▶ 그림 12-4 | **촬영: 오모테산도역(2020.1)**

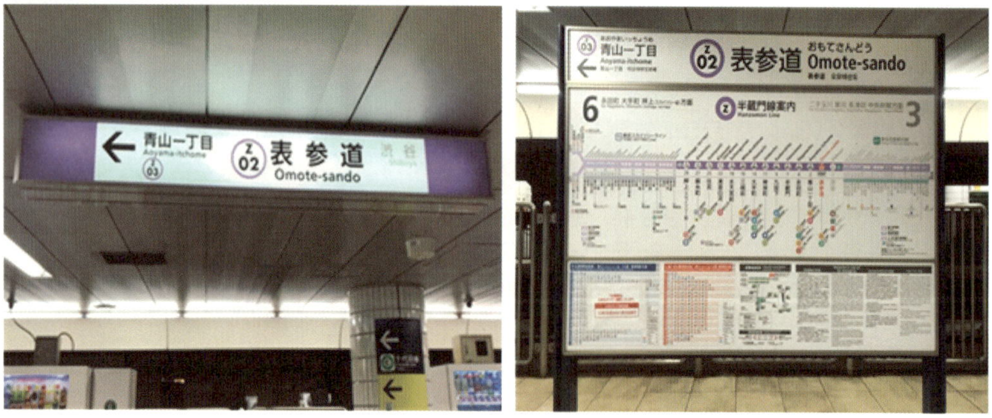

(4) 도로 표지판의 표준화 대책 사례

일본에서는 오랫동안 고속도로나 국도의 길 안내를 지명으로 표지하고 있었다. 예를 들면, '토메이(東名)'는 도쿄와 나고야 한자의 머리말의 약자로 글자 그대로 도쿄와 나고야 간 도로를 가리키며, '메이신(名神)'은 나고야와 한신(오사카 지방) 간 도로를 의미한다. 외국인 운전자의 증가로 인한 길 안내의 국제화의 필요성이 대두되면서, 2017년부터 고속도로 넘버링을 시작으로 지방도시 도로의 보완공사가 진행되었다. 고속도로 넘버링의 표시 방법은 고속도로(Expressway)의 머리말의 E와 국도 1호를 줄여 E1(토메이고속도로)로 표시된다. 이러한 넘버링은 내비게이션 시스템에 활용되어 일본어를 읽을 수 없는 외국인 관광객도 알 수 있는 표시로 개선되었을 뿐만 아니라, 수도권 중앙 연락 자동차도(首都圏中央連絡自動車道)와 같이 긴 이름의 도로 표시를 간소화하는데 활용되는 등 도로 표지판의 표준화 대책이 마련되고 있다.

그림 12-5 | 촬영: 도쿄 시오도메 교차점(2020.1)

그림 12-6 | 촬영: 중부국제공항(2019.12)

(5) 공공기관의 시설 안내 표지판 표준화 대책 사례

넘버링 이외에도 모양, 색깔 등을 활용하여 정보나 주의사항을 나타내는 시각기호인 '픽토그램'을 활용하여 정보를 표준화시켜 전달하는 사례도 있다. 이전부터 역이나 공항 등의 공공기관에서 픽토그램을 사용해 왔으나, 2002년 FIFA 월드컵 때 전체적으로 통일되어 정비되었다. 2001년 3월에 교통 Ecology Mobility 재단이 '표준안내용도 기호'로 125개의 픽토그램을 사용하였고, 이후 2002년 110항목의 픽토그램이 규격화(JIS, 일본공업규격) 되어 현재 사용하는 기호가 완성되었다.

그림 12-7 | 촬영: 도쿄역(2020.1)

중부국제공항은 일본에서 유니버설 디자인을 처음으로 도입한 공항으로, 건축과 함께 픽토그램 도입에 높은 평가를 받고 있다. 중부국제공항은 2019년 9월 20일 오픈한 제2국제공항에서 통일된 픽토그램을 활용한 표준안내판을 설치했다.

그림 12-8 | 촬영: 중부국제공항(2019.12)

이처럼 일본에서는 철도, 도로, 공항 등 교통기관에 있어서 안내판을 표준화하는 대책을 통해 방일 외국인 관광객을 위한 환경을 정비하고 있다. MaaS에 대해서는 2017년 12월에 〈미래투자전략: Society 5.0, 데이터 가동형 사회로의 변혁〉[2)]이 결정되어 많은 관심을 받고 있다. 앞으로 모든 교통기관이 하나로 연결되어 더욱 효율적인 이동과 서비스가 실

현될 것으로 기대된다. 이를 위해 역명이나 지명 등 길 안내 표지판의 표준화는 매우 중요한 부분임으로 평가받는다. 교통 인프라에 특화된 스마트관광은 국내외 상관없이 많은 사람의 '이동'에 있어서 쾌적하고 지속가능한 환경을 구축하며, 장기적으로는 관광의 개념을 새롭게 만들 것이 예측된다.

2) 정보 서비스에 특화된 스마트관광

관광산업에 ICT가 등장하기 시작하면서 관광관련 정보가 인터넷을 통해 관광 전, 중, 후의 모든 단계에 관여되기 시작했다. 일본에서는 정부의 추진으로 공공 와이파이의 정비와 다양한 결제수단의 정비가 진행되며 동시에 일반 IT 기업을 중심으로 인공지능과 AR을 활용한 각종 정보제공 서비스에 특화된 스마트관광이 등장하고 있다.

일본에서는 주로 AI 채팅 앱과 전자 관광안내판(디지털 사이네지),[3] 또한 AR 길 안내 서비스 등이 시행되고 있다.

(1) AI를 탑재한 채팅 서비스

① Bebot

일본과 미국을 거점으로 하는 BESPOKE사는 2018년 3월부터 방일 외국인 관광객을 위한 AI 채팅 콩셰르주 Bebot의 서비스를 도쿄역 구내에서 제공하기 시작했다. 역 구내 시설의 AI 채팅봇 서비스 도입은 세계 제일이며 도쿄역의 각 시설이나 서비스, 신칸센 탑승 정보와 역 주변의 관광지 등 관광에 도움이 되는 정보를 영어와 중국어로 제공하고 있다. Bebot은 도쿄역 무료 와이파이에 접속하면 자동으로 연결되기 때문에 방일 외국인 관광객들의 이용률도 높다. 이러한 서비스가 도입됨으로써 외국어 지원 직원의 인원 부족 문제를 완화할 수 있고 24시간 관광 안내 정보를 제공할 수 있기 때문에 역 직원과 관광객의 양측에 장점이 있다. 외국인 관광객들은 Bebot에서 철도노선도, 짐 보관함의 위치, 사

---

2) 새로운 성장전략으로 AI, 로봇, IoT 등을 활용한 '제4차 산업혁명'으로 다양한 과제를 해결하는 'Society 5.0'으로 실현할 수 있는 새로운 국민생활이나 경제사회의 모습을 제시했다.

3) 동영상이나 화상 등 디지털 콘텐츠를 전자 디스플레이를 통해 홍보하는 간판을 말함

용상태, 나리타공항까지의 안내 등을 자주 묻고 있어 이에 대한 정보가 잘 갖춰져 있다. 그 이외에도 역 주변의 음식점이나 관광지 정보 등 다양한 정보를 제공하고 있다. 채팅 내에 후기를 남길 수 있으며 관광객의 니즈 파악과 관광지 및 음식점의 만족도 향상에 활용되어 있다. 현재 Bebot은 나리타 국제공항을 비롯하여 여러 호텔, JR 고급 리조트 열차 등에서 활발히 사용된다.

그림 12-9 | 촬영: 도쿄역 구내(2020.1)

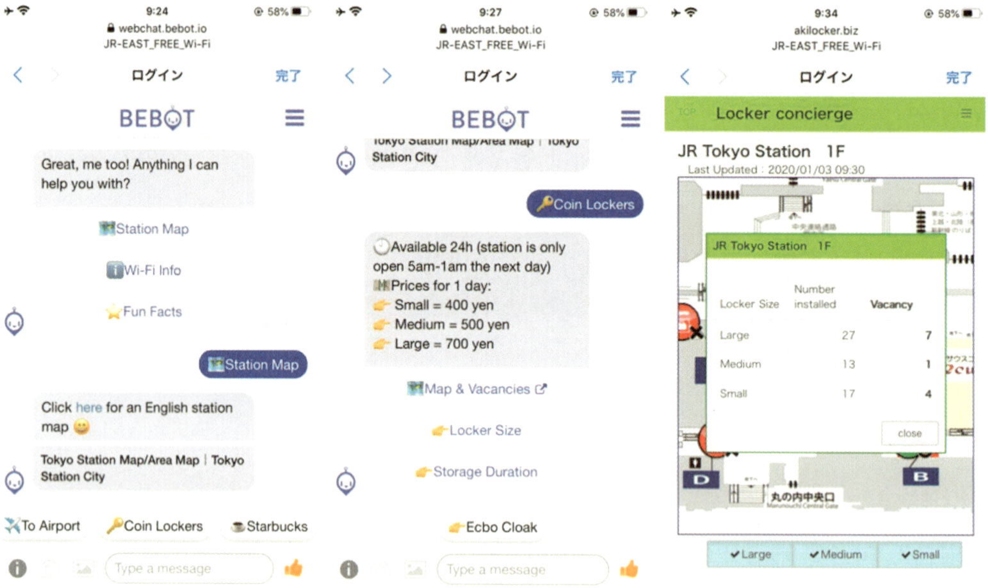

(2) AR 길안내 서비스

① PinnAR

텔레컴스퀘어사는 언어장벽 때문에 지도를 읽을 수 없는 상황이거나 복잡한 경로가 있을 경우의 길 안내를 돕기 위해 AR을 활용한 서비스를 제공한다. 현재 PinnAR은 일본어, 영어, 중국어, 한국어 서비스를 지원하고 있으며 문자나 화상을 스캔함으로써 목적지를 검색할 수 있는 OCR 기능을 탑재하고 있다. 검색란에 목적지를 검색·선택하면 목적지의 정보가 제공되며 길 안내가 시작된다. 스마트폰 카메라 기능을 통해 길 안내의 방향이 표시되기 때문에 따라가기만 하면 된다는 점에서 편리하다.

그림 12-10 | 촬영: 시부야 스크램블 스퀘어(2020.1)

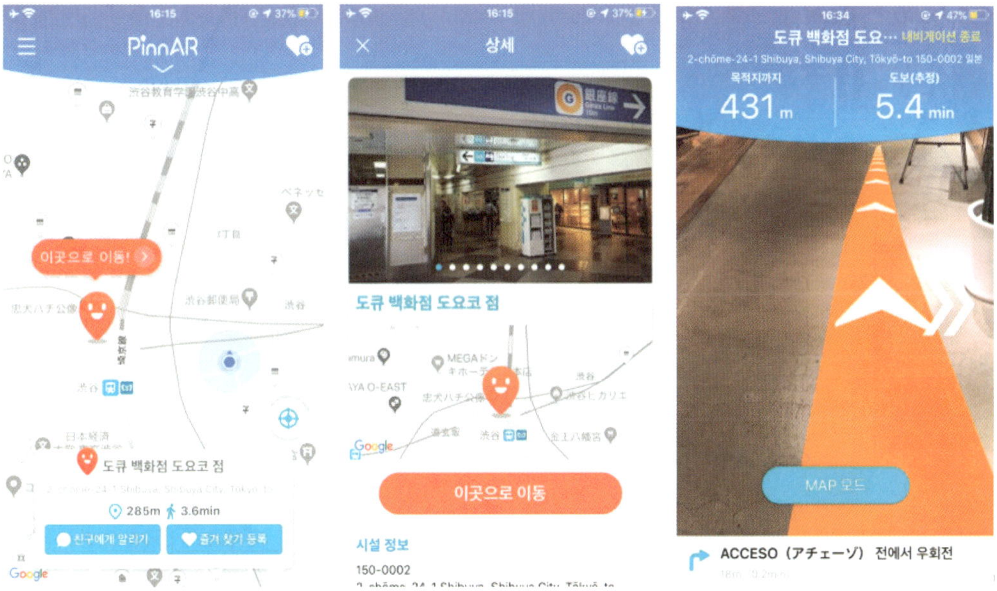

(3) 전자 관광안내판(디지털 사이너지)의 활용

① 사쿠라상

도쿄역은 하루의 이용객수가 약 45만 명에 달하는 큰 역으로, 직원의 수가 부족하다는 문제를 가지고 있다. 이러한 문제를 완화하기 위해 JR 동일본그룹 전철회사는 티화나닷컴사와 공동 기획하여 AI를 탑재한 전자 관광안내판인 '사쿠라상'을 2019년 8월부터 11월까지 시범 도입했다. 전자 역 직원인 사쿠라상은 이용자의 요구에 맞게 역안내와 환승정보는 물론 역 주변 관광지나 쇼핑정보를 5개 국어로 제공한다. 앞으로는 쇼핑몰이나 페리 보트장, 편의점, 하네다 국제공항 등 다양한 장소에서 활용될 것으로 전망된다.

② 나고야역 전자 관광안내판

나고야역은 처음으로 방문하는 관광객에게는 아주 복잡한 구조이다. 이용자의 편리를 위해 역 내 안내와 지하도, 주변 관광지의 정보를 제공하는 전자 관광안내판이 설치되어 있다. 일본어, 영어, 중국어 그리고 한국어로 지원되며 도카이 3현(아이치현, 기후현, 미에

현)의 통합 관광정보를 제공하고 있다. 오른쪽 화면으로 역 구내 안내를 확인할 수 있고 왼쪽 화면으로는 역 주변 관광지와 숙박시설 정보를 검색할 수 있다.

그림 12-11 | 촬영: JR 나고야역(2020.1)

(4) 기타 방일 외국인 관광객을 위한 관광안내 서비스

① Live JAPAN

2016년 4월부터 방일 외국인 관광객을 대상으로 도쿄 관광명소와 문화체험정보를 발신하는 인터넷 사이트인 Live JAPAN이 시작되었다. Live JAPAN은 일본 미식 관광정보를 제공하는 구루나비사, 도쿄 급행 전철사, 도쿄 지하철사 등 16개의 회사가 공동기획한 서비스이다. 관광지와 음식점, 쇼핑몰 등 정확하고 통합적인 관광정보와 와이파이 스팟 검색 서비스를 제공하고 있다. 또한, 관광객들의 검색 이력으로 수집한 정보를 빅데이터를 활용하여 정보를 더 쉽고 빠르게 접근할 수 있게 제공하고 있다.

그림 12-12 | Live Japan(2020.1)

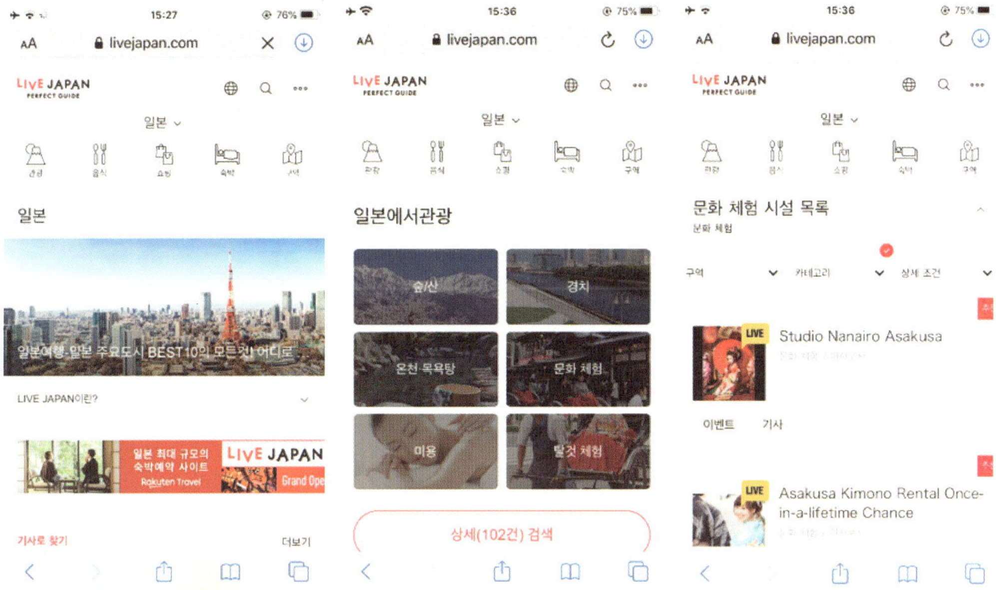

② Tokyo Subway Navigation For Tourists

도쿄 주요 노선 중 하나인 도쿄 메트로는 방일 외국인 관광객을 위해 12개 국어로 전철역과 경로 검색, 역 구내 안내. 전철의 지연과 운휴 안내, 각 지역에 특화된 관광정보 등을 제공하고 있다. 도쿄 메트로에서는 외국인 관광객을 위한 48시간과 72시간 특별할인 이용

그림 12-13 | 촬영: 도쿄 메트로 신주쿠역(2020.1)

권을 제공하고 있으며 사전에 사이트에 접속하면 해외에서도 이용권의 구매가 가능하다. 이러한 안내판은 외국인 관광객이 많은 신주쿠역 구내를 비롯한 도쿄 메트로선 도내 12군데에 설치되어 있다.

그림 12-14 | 앱 Tokyo Subway Navigation(2020.1)

관광정보 서비스의 ICT 활용은 다음과 같은 장점을 얻을 수 있다.

- 실시간 정보 발신과 수집을 강화
- 언어장벽으로 인한 일손 부족 문제 개선 및 업무 부담의 간소화
- 개별적인 니즈에 맞는 정보접근의 효율화
- 외국인 관광객의 동향과 니즈, 만족도 파악을 강화
- 정보제공 서비스의 질 개선

일본은 2020년 도쿄올림픽을 계기로 국제적 경쟁력 강화에 주력하고 있으며 앞으로 주요 도시 이외에도 스마트관광 서비스가 등장하면서 전국 규모의 관광 환경의 형태를 바꿀 것으로 예상된다.

3 일본 트립어드바이저 사례

트립어드바이저는 호텔 숙박시설, 음식점, 관광명소 등 여행에 관한 후기나 가격비교를 할 수 있는 세계 최대급의 리뷰 사이트로 자리를 잡고 있다. 일본에서는 2008년에 진출하여 일본 관광청이나 지방 지자체 등과 제휴하고 있으며 방일 외국인 관광객들에게 중요한 여행정보 사이트로 많이 이용되어 있다. 2011년 이후 높은 평가를 얻은 음식점과 숙박 시설 등에 대해 수상을 매년 행하고 있으며 리뷰와 함께 외국인 관광객의 입장으로 여행 만족도를 분석 및 공유하고 있다.

1) 일본 트립어드바이저의 현황

방일 외국인 관광객이 증가하는 추세에 맞춰 트립어드바이저를 통해 일본의 여행을 준비하고, 정보를 수집하는 해외 방문자도 증가하고 있다. 2013년부터 2018년 사이에는 24%의 평균증가율이 나타났다.

그림 12-15 | 방일 외국인 관광객의 트립어드바이저 이용 그래프

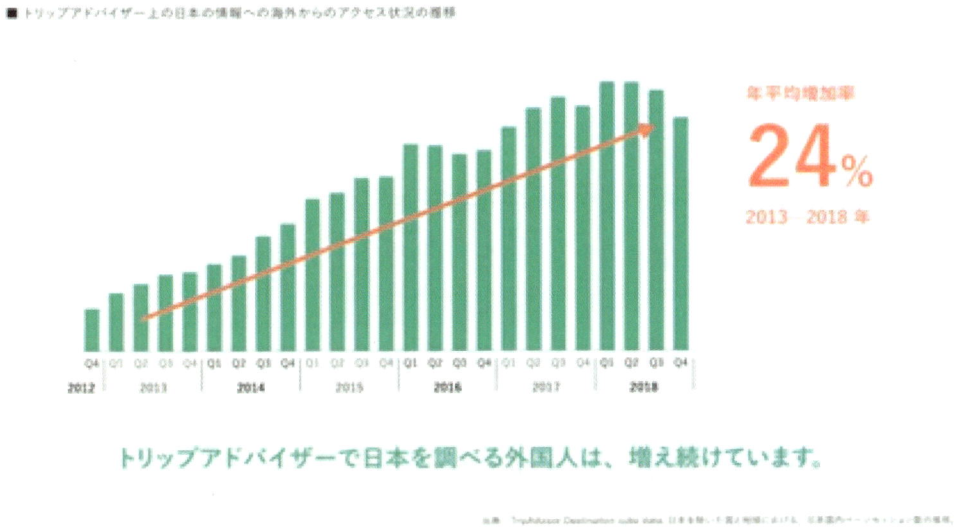

또한, 국가별 접근분포를 보면 아시아가 전체의 과반수를 차지하고 있으며, 그 다음으로는 북미 중에서 미국이 단독으로 178%를 차지하고 있다. 세계에서 가장 접근율이 높은 국가로 나타났다.

그림 12-16 | 트립어드바이저 국가별 접근분포

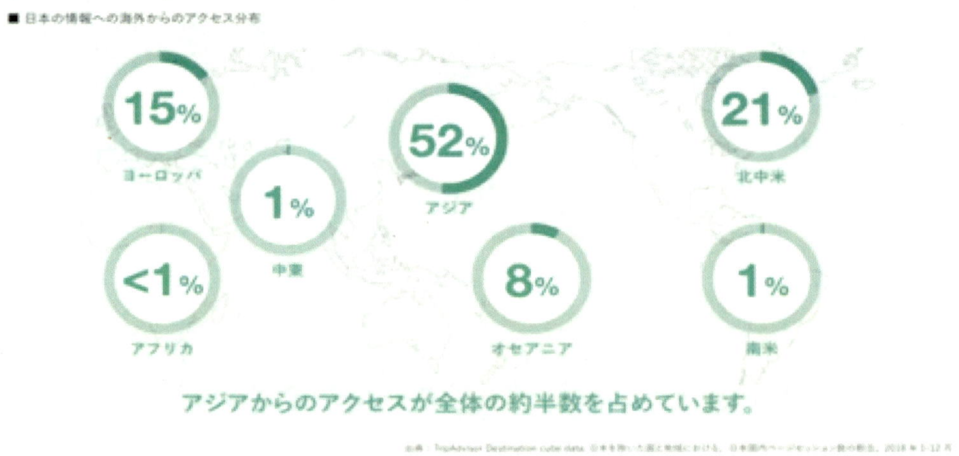

2) 일본 트립어드바이저의 특징

(1) Certificate of Excellence

트립어드바이저는 매년 5월, 자사 홈페이지에 기재된 리뷰 중에서 일관적으로 높은 평가를 받는 시설을 평가한다. 이것이 바로 Certificate of Excellence이며, 이는 세계에서 최고의 서비스를 지속적으로 제공하는 호스피탈리티 시설에 수여된다는 의미를 담고 있다. 트립어드바이저에 기재되어 있는 시설 중 약 10% 미만의 시설만이 인증되어 있으며 엄격한 기준으로 신뢰성이 있는 시설이 선출된다.

2018년 기준, 전 세계 52만 7,111개의 시설이 Certificate of Excellence를 획득했으며, 일본에서는 총 6,108개의 시설이 획득했다. 1,716개의 숙박시설, 2,563개의 관광시설, 그리고 1,829개의 음식점이 인정받았다.

(2) 일본 마케팅 및 제휴

① 구루나비와의 제휴

일본에는 일본 음식점에 특화된 검색 및 리뷰 공유 사이트인 '구루나비'가 있었다. 트립어드바이저가 여행 정보사이트로 자리를 잡기 전부터 구루나비는 국내를 중심으로 사업이 확대되어 왔으나, 방일 외국인 관광객수가 늘어남에 따라 외국인의 수요에도 대응할 수 있도록 2016년 6월부터 트립어드바이저와 제휴를 맺었다. 트립어드바이저 사이트에서는 구루나비에 기재되어 있는 음식점의 예약을 제공하고 있다. 구루나비의 예약가능한 좌석정보는 바로 트립어드바이저에 기재된다. 예약정보를 구루나비에 등록하면 자동으로 트립어드바이저에도 등록되는 시스템이다. 2개의 플랫폼을 이용함으로써 노출이 증가하며, 전 세계 여행자들에게도 접근할 수 있다는 점에서 인지도 향상 등의 효과가 있다.

② Take Me와의 제휴

트립어드바이저는 Take Me와 제휴를 맺었다. Take Me는 인바운드 집객 서비스를 제공하는 플랫폼으로, 방일 외국인 관광객을 대상으로 일본의 식문화를 전달한다. 일본 식문화를 체험할 수 있는 Take Me의 시설정보를 트립어드바이저에 기재함으로써 방일 여행객은 여행 전과 여행 중에 다국어로 일본 음식을 즐길 수 있는 식문화체험 플랜 내용을 확인하거나 예약할 수 있다.

③ JAL과 트립어드바이저의 공동운영

JAL은 트립어드바이저와 공동운영하는 'Untold Stories of Japan' 사이트에서 2017년 10월부터 13개의 영상 콘텐츠를 공개했다. 지금까지 세계에서 약 1억 1,000만 명이 관광 사이트를 방문했다. 사이트에서 소개된 지역에 대한 관심도도 전년도에 비해 약 20% 증가하였으며, 사이트 내 열람시간도 트립어드바이저 평균치의 2배를 기록했다.

▶ 그림 12-17 | Untold stories of Japan 사이트

출처: https://www.travelvoice.jp/20191119-141446

④ 중국 온라인 여행사 Trip.com과 글로벌 콘텐츠 제휴

2019년 중국 온라인 여행사 Trip.com과 트립어드바이저가 글로벌 콘텐츠를 제휴하기 시작했다. 이로 인해 트립어드바이저에 기재되어 있는 리뷰가 Trip.com이나 Skyscanner에도 함께 기재가 되었다. 트립어드바이저가 활발히 사용되는 유럽, 미국, 호주뿐만 아니라, 방일 관광객의 큰 비중을 차지하는 중국인 관광객에게 정보가 적극적으로 전달되었다.

3) 코로나 사태 대처방안

세계적으로 팬데믹(Pendemic)을 일으킨 코로나 바이러스(COVID-19)는 관광산업에 큰 영향을 끼쳤다. 모든 여행사나 항공산업이 운영을 멈췄으며, 이에 따라 숙박산업, 전시산업, 외식산업 등도 차례대로 타격을 받고 있다.

이러한 코로나 바이러스의 팬데믹 위기에 대처하기 위해 트립어드바이저는 크게 3가지

대응조치를 마련하고 있다.

(1) 예약취소에 대한 고객대응조치

트립어드바이저에서는 Trip.com을 통해 여행관련 서비스를 예약한 고객에게는 다음과 같이 대응조치를 마련하고 있다. 코로나 위기로 불이익을 받은 고객에 대해 대응조치를 전개하며 무료예약 취소를 확대했다. 무료예약 취소가 가능한 대상 및 상황은 다음과 같다.

① 무조건 예약취소가 전액 환불되는 대상자

- 신종 코로나 바이러스 감염증의 진단을 받아서 여행이 어려워진 사람
- 신종 코로나 바이러스 감염증의 긴급 사태에 직접 관련된 업무에 전념하는 의료 관계자이며 바이러스 대응을 위해 여행을 불가피하게 취소한 사람

② 무조건 예약취소가 전액 환불되는 상황

- 목적지 당국에 의해 도착 후 14일간 강제 검역 요건을 위해 예정된 출신국(한국, 일본, 이탈리아 등)의 여행자는 호텔, 열차 티켓, 공항 송영, 렌터카, 투어 또한 어트랙션 패스의 예약을 전액 환불
- 특별 무료 취소 보상 프로그램에 참여한 호텔의 예약은 모두 무료로 취소

(2) 업체 운영에 관한 가이드라인

트립어드바이저는 코로나 위기로 운영에 타격을 받은 음식적이나 Hospitaluty 사업체, 그리고 외출이 제한된 소비자를 잇는 지원대책을 마련했다. 로컬 비즈니스와 종업원들을 위한 방법으로는 '기프트카드와 배달 판매의 지원을 강화', '소비자에게 리뷰 작정 추천' 등을 마련했고, 소비자들을 위해서는 '포장 및 배달 주문을 받는 점포 정보 전달'을 대책으로 마련했다. 또한, 'Helpful Resources for Restaurants During COVID-19'이라는 하위 사이트를 개설해서 코로나 위기를 극복하기 위해 적극적인 대책 정보를 제공한다.

① 트립어드바이저 등록업체 및 자영업자를 위한 대책

- 음식점이 일시적으로 운영 정지 상태를 알리기 위한 정보공유 지원
- 배달을 시작하려고 하는 업체에 대한 주의 제공
- 고객에게 기프트카드를 제공 시에 유의점 제안
- 대응방법에 대한 도움말 제공

② 트립어드바이저를 이용하는 고객을 위한 대책

- WHO가 발신하는 코로나 최신 정보를 전달 · 공유
- 건강 유지에 대한 가이드라인 제안
- 기부금 제공: 트립어드바이저는 주로 요식업을 대상으로 어려움을 겪고 있는 자영업자와 종업원을 지원하기 위해 지원금 100만 달러를 마련하기로 결정했다. World Central Kitchen와 The Restaurant Workers' Community Foundation를 통해 #LoveYourLocal의 해시태그와 함께 SNS에 올려진 음식점의 리뷰 횟수를 기준으로 각 사업체에 지원금을 분배하기로 했다.

학습내용 정리

01 일본 정부의 관광정책으로 매년 방일 외국인 관광객수는 증가하고 있으며 최근에는 비자 완화와 해외여행 트렌드의 영향으로 관광객의 형태가 단체여행에서 개별여행으로, 도시관광에서 지방으로, 쇼핑 중심에서 문화체험형으로 바뀌고 있다.

02 인종, 국가, 언어 등 다양화하는 관광객을 받아들이기 위해 일본 정부는 하드와 소프트의 양면으로 관광 인프라 구축에 주력하고 있으며 그 중 교통 인프라와 정보 서비스에 특화한 스마트관광이 발전하고 있다.

03 MaaS는 교통 서비스를 종합적으로 통괄하는 개념으로 핀란드를 중심으로 활용되어 있다. 개별적으로 운영되어 있던 교통을 하나의 플랫폼으로 묶어 이동의 효율화를 도모하는 MaaS가 관광에 적용이 되면 더욱 쾌적한 관광이 가능해진다. 일본에서는 이 관광형 MaaS에 주목하여 관광지와 지역주민 그리고 관광객의 상호에게 효율적이고 지속가능한 관광환경의 조성을 목표로 대책을 세우고 있다. 교통 인프라에 특화한 스마트관광은 지명이나 역명의 표준화 대책 등 하드 인프라의 정비와 함께 진행됨으로써 더욱 긍정적인 효과를 얻을 수 있다.

04 정보 서비스에 특화한 스마트관광은 일반 기업을 중심으로 AI를 탑재한 채팅과 AR 길 안내, 또 전자 관광안내판 등 다양한 형태로 등장하고 있으며 지방을 방문하는 관광객의 수요 확대에 따라 앞으로는 지방 도시에도 스마트관광이 도입·발전될 것으로 보인다.

학습내용 평가

01 다음 질문에 대하여 O/X를 체크하시오.

1) '내일의 일본을 지지하는 관광 비전 –세계가 방문하고 싶어지는 일본으로–' 개혁은 소프트 인프라 구축을 통하여 일본을 방문하는 모든 여행자가 쾌적한 여행을 만끽할 수 있는 환경의 구축을 강조하고 있다.( )
2) 일본은 정부와 일반 IT 기업을 중심으로 ICT 스마트관광을 활용하여 인바운드 관광객을 유치하기 위한 '관광 전의 단계'에 집중하여 수단과 서비스를 정비하고 있다.( )
3) 일본 트립어드바이저는 코로나 위기로 운영에 타격을 받은 음식적이나 Hospitaluty 사업체, 그리고 외출이 제한된 소비자를 잇는 지원 대책을 마련했다.( )

02 MaaS 개념과 연관지어 관광객 집중으로 발생하는 오버 투어리즘 문제가 완화되는 구조를 서술하시오.

답 1. ○, ×(관광 전, 중, 후 다 집중), ○

2. 교통 서비스를 통합하는 MaaS 플랫폼이 관광 분야에 도입됨으로써 관광객의 행동 패턴을 비롯한 관광 동향에 관한 정보를 수집 및 관리할 수 있게 되어 집중하는 관광객을 분산하는 정보를 제공함으로써 관광지의 오버 투어리즘 문제를 해결할 수 있게 된다.

참고문헌

일본정부관광국(JNTO), 관광청

일본 국토교통상 관광청(2016), 내일의 일본을 지지하는 관광비전

티화나 닷컴사, JR 동일본 AI 사쿠라상 실증실험, https://tifana.ai/news/5aiai_1.html

트립어드바이저 일본, https://www.tripadvisor.jp

Chapter 13

영국 스마트관광 사례 및 목적지

개관

이 장에서는 영국 런던의 스마트도시 계획인 스마터 런던 투게더와 5G 스마트관광 프로젝트를 이해하고, 각 세부 사례를 살펴본다.

학습목표

1. 런던의 스마트도시 계획과 스마트 런던 투게더를 학습한다.
2. 기술을 활용한 런던의 5G 스마트관광 프로젝트를 학습한다.
3. 런던 스마트관광의 실제 사례를 살펴본다.

핵심용어

런던, 스마트도시 계획, 스마터 런던 투게더, 5G 스마트관광 프로젝트

1 영국의 스마트도시

1) 런던 스마트도시 계획

영국의 수도인 런던은 폭발적인 인구증가와 이에 따른 시민의 건강, 사회, 교육과 같은 다양한 분야에서의 문제해결을 위해 2013년 **스마트 런던 계획(Smart London Plan)**의 수립을 시작으로 런던 스마트도시화를 시작했다. 런던의 도시 데이터와 디지털기술을 활용해 더 공평하고 평등한 도시를 만들고, 나아가 런던시민의 행복과 편안한 삶의 추구를 통해

거주민과 방문객, 사업자 모두에게 매력적인 도시를 만드는 것을 목표로 하고 있다. 2018년 사디크 칸(Sadiq Khan) 런던 시장은 스마트 런던 계획의 뒤를 이어 실행 로드맵인 **스마터 런던 투게더(Smarter London Together)**를 발표하는 등 스마트시티 정책을 지속적이고 체계적으로 진행하고 있다.

그림 13-1 | 스마터 런던 투게더

출처: Greater London Authority

(1) 스마터 런던 투게더(Smater London Together)

스마터 런던 투게더는 런던을 세계에서 가장 뛰어난 스마트시티로 발전시키고, 2050년 1,100만 명의 도시가 될 런던의 도시문제에 대응하기 위해 계획되었다. 스마터 런던 투게더는 아래와 같이 5가지 주요 미션을 제시한다.

① 5가지 주요 미션

사용자 중심의 서비스 디자인(More User-Designed Services)

- 사용자를 최우선으로 생각하는 디자인 기준과 지향
- 공공 서비스 접근성을 개선하는 새로운 디지털기술 개발
- '시민 혁신챌린지'(Civic Innovation Challenge) 프로그램 시행으로 기술 분야의 혁신을 유도
- 시민참여와 커뮤니티 활성화를 돕는 새로운 소통 플랫폼 구축
- 기술 분야의 다양성을 증진해 불평등 개선

도시 데이터의 새로운 활용법(Strike a New Deal for City Data)

- 런던 데이터분석(London Office for Data Analytics) 프로그램 시행으로 도시 데이터의 공유 · 협력을 강화
- 산업 · 금융 · 공공 서비스와 시민을 해킹과 같은 사이버 위협에서 보호하는 도시 사이버 안전전략 개발
- 데이터에 관한 권리와 의무를 강화해 공공데이터 사용체계의 신뢰 구축
- 데이터의 열린 생태계를 지원해 투명성과 혁신성을 높임

세계적 수준의 연결성과 스마트 도로(World-Class Connectivity and Smarter Streets)

- 도시 연결성과 5G 기술을 접목하는 'Connected London' 계획 발표
- 도시개발 계획에 초고속 인터넷 등 스마트 인프라 구축을 포함해 도시의 연결성을 높임
- 도로와 공공건물에 공공 와이파이를 확대해 런던의 주민, 근로자, 관광객 모두가 활용할 수 있도록 함
- 스마트 기술을 일반화해 시민 혜택을 극대화

디지털 리더십과 기술 향상(Enhance Digital Leadership and Skills)

- 디지털 · 데이터 리더십 향상으로 공공 서비스가 혁신을 더 열린 태도로 받아들이게 함
- 시정부의 직업훈련 프로그램을 활용해 업무에 필요한 디지털 능력을 발전

- 컴퓨터와 디지털 분야에 재능이 있는 학생의 교육을 지원
- 디지털 세계의 문화적 규범과 그 역할을 인지

도시 전반의 협력 강화(Improve City-Wide Collaboration)

- 런던 기술·혁신과(London Office of Technology & Innovation)를 설립해 미래 혁신에 관한 기준을 세우고 역량강화를 지원
- 의료기술(MedTech) 분야의 혁신을 도와 사회적 의료 서비스 역량을 강화
- 기술과 사업 간의 새로운 파트너십 모델 탐구
- 스마트 기술 활용으로 런던시의 행정 효율성을 높임
- 다른 국내외 대도시와 스마트 기술 적용 노하우 등을 공유하고 협력

(2) 스마트도시 사업 세부 사례

런던 교통국(Transport for London)은 2015년 오픈데이터 **통합 API**를 공개하였다. 도시 곳곳에 센서와 카메라를 설치한 뒤 실시간 정보를 수집하는 방법을 통해 빅데이터를 만들어낸다. 빅데이터는 교통정보, 대기 질, 공공 자전거 대여소, 와이파이 접속장소 등과 같은 다양한 정보를 실시간으로 제공한다. 공개된 오픈 데이터를 활용하여 대중교통 실시간 안내, 길 안내, 공유자전거 등의 앱이 무료로 시민들과 관광객들에게 제공되며, 주민과 관광객 구분 없이 모두에게 만족스러운 경험을 제공한다.

① 런던 실시간 교통정보 알림

런던 지하철은 런던 시민들과 관광객들의 주요 이동수단이다. 1863년 개통된 세계 최초의 지하철이며 지금은 런던을 대표하는 이미지 중 하나이다. 하지만 이용객의 숫자에 비해 좁은 내부공간, 환기 및 냉방시설 미흡 등 여러 가지 문제를 안고 있어 승객들의 불편함을 해소하기 위해 지속적으로 열차를 확장하고 시설을 개선하고 있다. 한 가지 고질적인 문제는 스크린 도어의 부재로 인한 인명 사고 및 신호 오작동 등으로 열차 운행이 지연되는 경우가 빈번하다는 것이다. 이용자의 불편을 최소화하기 위해서 런던시는 지하철 운행 상태를 쉽게 확인할 수 있도록 실시간 운행정보를 제공하기 시작했다. 런던 시내의 대표적인 명소인 피카딜리 서커스에 설치된 대형 전광판이나 측면에 스크린을 탑재한

휴지통에서 지하철의 현재 운행 상황을 볼 수 있다. 이는 시민과 관광객에게 편리함을 제공해 주는 사례이다.

그림 13-2 | 실시간 지하철 실시간 운행정보

출처: Picasa, Metadata

② 시티맵퍼 런던(CityMapper London)

런던에 살거나 방문하는 사람들을 위한 필수 앱이다. 목적지나 우편번호를 넣고 검색하면 도보, 자전거, 택시, 우버, 지하철, 버스 등 다양한 선택지를 제공하여 가는 곳까지의 방법을 소요시간과 요금도 함께 제공한다. 특히 시티맵퍼가 유용한 이유는, 런던에는 보수공사나 사고 등으로 교통이 지연되거나 운행하지 않는 지하철 노선이 자주 발생하는 만큼 최신 교통상황을 실시간으로 확인할 수 있다. 또한 '비 피하기' 옵션도 함께 제공된다. 시티맵퍼는 그동안 모든 이용자의 빅데이터를 기반으로 새로운 수익구조를 만들고 있는 중이다. 그 중 하나가 최근에 선보인 '스마트 라이드'이다. 대중교통이 해소하지 못하는 혹은 추가적인 서비스에 대한 수요가 있는 지역을 6인승 밴을 이용하여 택시보다는 저렴하고 버스보다는 편리하게 이어주는 공유 교통수단이라고 할 수 있다.

그림 13-3 | CityMapper

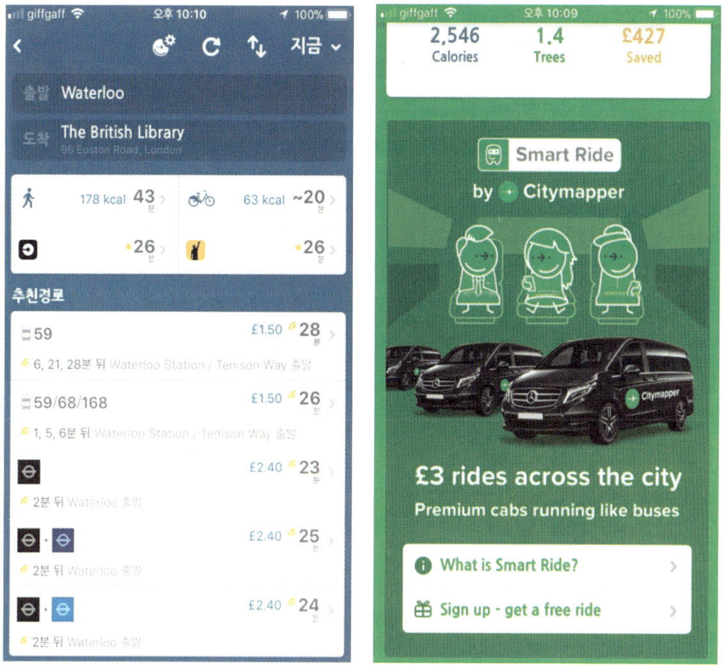

출처: 시티맵퍼 앱

③ 산탄데르 사이클(Santander Cycles)

파리의 공공자전거 벨리브에 영감을 받아 2010년 보리스 존슨이 런던 시장으로 재임 중이던 시절 도입되었다. 도입 당시에는 바클레이스 은행의 후원을 받았다가, 2015년 산탄데르 은행으로 스폰서가 교체되면서 이름이 바뀌었다. 2017년 기준 1,000만 명이 넘는 사람들이 이용했으며, 런던 839개 대여소에서 13,600대의 자전거가 거치되어 있다. 일일요금과 연간요금으로 구분된다. 일일요금은 2파운드(한화 1,500원)로 24시간 동안 자전거를 대여할 수 있으며, 최대 30분까지 무료이다. 이후는 30분마다 2파운드를 추가로 지불한다. 30분 이내 반납 후 다시 재대여하면 추가요금 없이 기본요금만 이용할 수 있다. 연간요금은 90파운드로 1년간 이용할 수 있다. 또한, 앞에 소개한 시티맵퍼 앱을 이용하면 산탄데르 자전거 대여소 위치 확인은 물론, 남아 있는 자전거수도 확인할 수 있다.

그림 13-4 | 산탄데르 자전거

출처: Londonist, https://londonist.com/london/transport/you-can-hire-a-santander-bike-for-free-today

④ 저스트파크(JustPark)

개인이 보유하고 있는 유휴공간을 주차장으로 활용하는 공유경제 서비스의 하나로 모바일 앱과 웹사이트를 통해 공간 탐색부터 예약, 비용지불까지 간편하게 처리할 수 있는 주차 편의 앱이다. 도심 내 주차와 관련한 문제들을 해결하기 위해 설립되었으며, 교통체증 문제를 해결함으로써 시민과 방문객의 편의를 증진시켰다. 직관적이고 쉬운 사용자 경험(UX)을 갖춘 저스트파크는 본인이 원하는 장소와 시간대를 검색한 후 유료주차장·

그림 13-5 | 저스트파크

출처: 저스트파크 웹사이트

개인주차장 · 공용주차장 중 선택하여 미리 체크한 주차공간에 주차만 하면 된다. 주차공간이 비싼 대도시에서 저스트파크 이용 시 일반 주차요금보다 70% 가까이 저렴한 가격에 주차할 수 있다. 2011년 저스트파크는 BMW사의 벤처캐피털로부터 거액을 투자받고 BMW와의 제휴를 통해 Mini 차량에 탑재된 내비게이션에 저스크파크를 인카앱(In-Car App)으로 출시하였다.

⑤ 관광가이드 앱: 비짓 런던(Visit London)

2017년 마스터카드는 런던시와 손잡고 여행객들의 스마트한 관광을 지원하는 '비짓 런던' 공식 가이드 앱을 출시했다. 실시간 빅데이터 분석을 활용해 맞춤화된 할인혜택 및 여행지 추천 서비스를 제공한다. 위치기반 서비스를 지원해 현재 위치와 가장 가까운 곳에 있는 맛집, 반드시 가봐야 할 유적지, 쇼핑명소 등 사용자친화적인 정보검색도 가능하다. 특히 방문지 관련정보가 런던 지도상의 위치과 함께 제공돼 별도의 지도 앱 접속 없이 효율적인 여행 동선 계획이 가능하다. 방문객 입장에서 가장 필요한 관광정보를 얻을 수 있는 플랫폼이자, '숨겨진 관광목적지'를 강조함으로써 도시 입장에서 관광지의 유동인구를 분산시키는 기능 또한 수행한다. 마스터카드와의 협업을 통해 '프라이스리스 시티' 콘텐츠를 활용해 입장권과 백화점 등 다양한 할인혜택을 제공한다. 또한 마스터카드의 디지털 결제 플랫폼 '마스터패스'를 탑재하여 매번 카드번호를 입력하는 번거로움 없이 몇 번의 터치만으로 바로 결제까지 가능하다.

그림 13-6 | 비짓 런던 앱

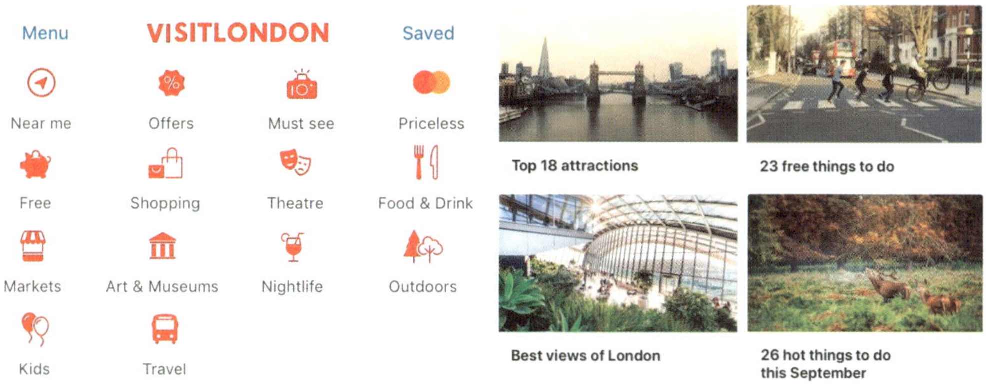

출처: 비짓 런던 앱

⑥ 스마트 자막 안경(Smart caption glasses)

영국 국립극장은 최근 혁신적인 기술을 사용하여 청각에 어려움이 있거나 자막이 필요한 방문객들을 위한 스마트 자막 안경을 제공하기 시작했다. 안경을 착용하면 공연의 대사와 부가적인 설명까지 렌즈를 통해 자막으로 내용을 접할 수 있다.

그림 13-7 | 스마트 자막 안경

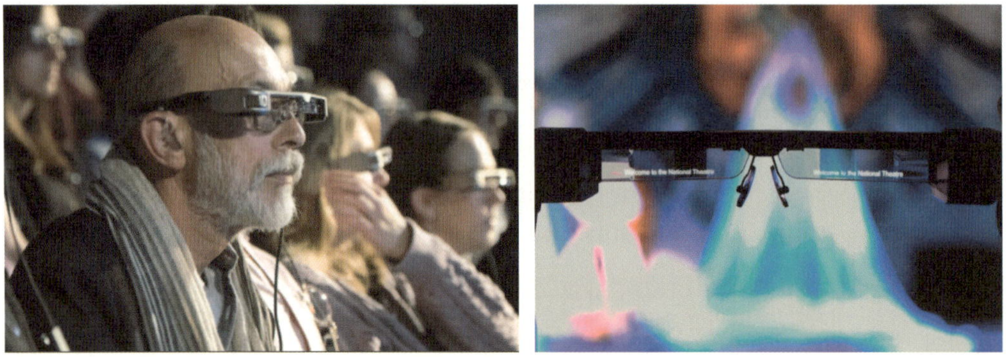

출처: 영국 국립극장, https://www.nationaltheatre.org.uk/your-visit/access/caption-glasses

2 영국의 5G 스마트관광 프로젝트

1) 새로운 경험을 제공하는 5G 기술

5G는 '스마트관광'에 필요한 무선 인프라를 제공한다. 스마트관광은 AR이나 VR 등으로 실제 체험에 가까운 즐거움을 관광객에게 제공할 수 있다. 많은 여행사는 관광지의 매력을 높이기 위해 기존에 5G 대응 기술의 조사나 개발을 해왔다. 예를 들어, 영국 웨스트 오브 잉글랜드 합동행정기구는 바쓰나 브리스톨의 주요한 관광시설의 AR이나 VR의 실험 프로젝트에 500만 파운드(한화 약 76억 원)의 조성금을 유치했다. 영국 공공방송 BBC, 영국 애니메이션 제작사 애드맨, 영국 브리스톨대학은 이 프로젝트의 콘텐츠나 기술을 개발하고 있다.

웨스트 오브 잉글랜드는 "가상세계에서 로마 병사가 로마풍 궁전을 안내해주는 모습을 떠올리기 바란다. 게다가 그것이 자신의 스마트폰에서 지금까지 체험한 적 없을 정도로 고정밀도의 전방위 영상으로 실시되는 걸 상상해보기 바란다. 이것이 모두 5G로 가능해진다"라고 홍보했다.

에릭슨은 러시아의 통신기업인 로스텔레콤과 제휴하여 세계 굴지의 미술관에서 5G 네트워크를 실증실험하고 있다. 에릭슨의 5G 기술은 현재 미술관 투어를 충실하게 만들거나 원격 조정 로봇이 미술품을 복구하는 데 활용되고 있다. 5G 스마트관광 프로젝트는 기술을 통해 우리가 살고 여행하고 일하는 방식에 혁명을 가져올 보다 진보적이고 지속가능한 미래의 열쇠를 제공할 것이라고 기대했다.

(1) 바쓰(Bath) 시내 '로만 바쓰' 세계문화유산 5G 테스트

증강현실(AR) 및 가상현실(VR), 3D 모션 추적 및 고화질의 4K 360° 콘텐츠 스트리밍 기술을 사용하여 관광객에게 이전에 경험해보지 못한 새로운 경험을 제공하는 데 중점을 두었다. 방문객들은 영국의 도시 바쓰에 위치한 로만 바쓰 유적지에서 지급된 단말기와 헤드셋을 사용하여 걸어다니며 특정 장소에서 '트리거 이미지'가 있는 곳에 멈추어 AR 경험을 했다. 몇 개월간의 테스트를 거친 후 3D 모델링 장면에 대한 시점과 실제 위치와의 매칭 작업이 보완되었다. 로만 바쓰 유적지의 일반 방문자들의 와이파이 네트워크와 5G를 단순히 비교했을 때 유적지 설명 비디오가 재생되는데 기존의 네트워크에서 30초가 소요된 반면 5G 기술은 그 시간을 1초로 줄여주었다. 경험자들의 80% 이상이 이런

그림 13-8 | 로만 바쓰 5G AR 테스트

출처: BBC, https://www.bbc.co.uk/rd/blog/2019-02-5g-mobile-augmented-reality-bath

종류의 다양하고 직접적인 경험을 제공한다면 유적지나 박물관을 방문할 가능성이 더 높다고 답했다.

(2) 브리스톨 관광 이벤트 VR 체험

5G 스마트 투어리즘 프로젝트는 브리스톨시에서 개최되는 주요 관광행사(브리스톨 프라이드, 하버 페스티벌 등)에서 방문객들에게 VR 장비를 대여하며 색다른 경험을 제공했다. 2019년 7월 주말에 열린 브리스톨 하버 페스티벌(Bristol Harbour Festival)에서 많은 방문객들에게 특정 장소에서 5G 네트워크를 제공하고 응급상황에서도 네트워크에 접속할 수 있음을 확인하는 시뮬레이션을 진행했다. VR 동영상은 유튜브에서 접속가능하다.

그림 13-9 | 브리스톨 하버 페스티벌 VR 영상

출처: mativision

학습내용 정리

01 런던은 도시 데이터와 디지털기술을 활용해 더 공평하고 평등한 도시를 만들고, 나아가 런던시민의 행복과 편안한 삶을 추구를 통해 거주민과 방문객, 사업자 모두에게 매력적인 도시를 만드는 것을 목표로 하는 스마트 런던 계획을 2013년 수립했다. 이후 행 로드맵인 '스마터 런던 투게더(Smarter London Together)'를 발표하는 등 스마트시티 정책을 지속적이고 체계적으로 진행하고 있다.

02 스마터 런던 투게더는 사용자 중심의 서비스 디자인(More User-Designed Services), 도시 데이터의 새로운 활용법(Strike a New Deal for City Data), 세계적 수준의 연결성과 스마트 도로 (World-Class Connectivity and Smarter Streets), 디지털 리더십과 기술 향상(Enhance Digital Leadership and Skills), 도시 전반의 협력 강화(Improve City-Wide Collaboration)의 5가지 미션을 수립했다.

03 스마트관광은 AR이나 VR 등으로 실제 체험에 가까운 즐거움을 관광객에게 제공할 수 있다. 많은 여행사는 관광지의 매력을 높이기 위해 기존에 5G 대응 기술의 조사나 개발을 해왔다. 5G 스마트관광 프로젝트는 기술을 통해 우리가 살고 여행하고 일하는 방식에 혁명을 가져올 보다 진보적이고 지속 가능한 미래의 열쇠를 제공할 것이라고 기대된다.

학습내용 평가

01 다음 문장의 빈칸에 알맞은 말을 쓰시오.

> 런던 교통국은 도시 곳곳에 센서와 카메라를 설치한 뒤 ___①___를 수집하여 빅데이터 형식으로 만들어 배포한다. 이렇게 제공하는 오픈데이터 '___②___'는 교통정보, 대기 질, 공공 자전거 대여소, 와이파이 접속장소 등과 같은 형식으로 사용된다. 대중교통 실시간 안내, 길 안내, 공유자전거 등의 앱이 무료로 ___③___에게 제공된다. 이는 ___③___ 모두에게 만족스러운 경험을 제공한다.

02 다음 질문에 대하여 O/X를 체크하시오.

1) 관광가이드 앱인 비짓 런던은 '숨겨진 관광 목적지'를 강조함으로써 도시 입장에서 관광지의 유동인구를 분산시킨다.( )
2) 로만 바쓰 유적지에서 한 연구에 의하면 일반 방문자들의 와이파이 네트워크와 5G를 비교했을 때 유적지 설명 비디오가 재생되는데 5G 기술보다는 와이파이 네트워크가 더 안정적이고 시간도 줄여주었다.( )

03 런던의 여행사와 정부가 5G 기술을 연구 및 개발하며 실제 관광기술로 활용하는 사례를 적고, 그 이유에 대해 자유롭게 서술하시오.

답 1. ① 실시간 정보, ② 통합 API, ③ 주민과 관광객
2. O, ×

참고문헌

장은덕(2019), "공공 와이파이 구축 운영 실태 및 개선과제," 국회입법조사처

한국관광공사(2018), "2018 외래관광객 실태조사 최종보고서"

한국관광공사(2019), "2019 외래관광객 실태조사 최종보고서"

배민욱(2019), "서울 대중교통 어디서나 와이파이…대형공원서도 터진다," Newsis.

스마트관광: 개념과 사례를 중심으로
Smart Tourism: Focusing on Concepts and Examples

Chapter 14

방한 외래 관광객 시선으로 본 한국의 스마트관광

개관

이 장에서는 한국관광공사의 '외래 관광객 실태조사'를 바탕으로 방한 외래 관광객의 특징을 살펴보고자 한다. 또한, 일본인 관광객의 시선으로 본 한국 스마트관광의 개선점을 사례를 통해 학습한다.

학습목표

1. 방한 외래 관광객의 행동패턴, 특징과 만족도에 대해 학습한다.
2. 사례를 통해 한국의 스마트관광의 장·단점을 파악한다.
3. 한국의 스마트관광이 개선할 점들을 학습한다.

핵심용어

방한 외래 관광객, 외래 관광객 실태조사, 한국의 스마트관광, 스마트관광의 장·단점, 개선방향

1 방한 외래 관광객의 행동패턴 및 스마트관광 개선점

LCC(Low-Cost Carrier) 항공편의 증가는 해외여행 및 관광산업의 수요로 이어졌다. 다양한 국적과 문화 배경을 가진 방한 외래 관광객들이 늘어남에 따라 관광객들의 수요도 다양해지고 있다. 따라서 관광객의 다양한 니즈를 충족시키기 위한 여러 방안과 개선이 제기된다.

방한 외래 관광객은 공항에 도착하여 길 찾는 것을 시작으로 쇼핑, 식사, 숙박, 관광지 방문 및 체험 등의 과정을 거쳐 한국을 관광한다. 이 과정에서 스마트폰 및 인터넷 연결은 필수적이다. 스마트 관광은 관광객에게 실시간 정보를 제공하고 예약 및 결제까지 가능하

게 만들며 관광경험을 풍성하게 만든다. 또한, 관광 도중 발생하는 문제를 극복하여 효율적이고 쾌적한 관광을 할 수 있도록 돕는다. 관광객을 타깃으로 한 정보뿐만 아니라 주민들이 알고 있는 숨겨진 정보까지 접근가능하게 만들며 새로운 관광경험을 제공하고, 다양해진 관광객의 니즈를 효과적으로 만족시킨다.

한국관광공사는 매년 외래 관광객 실태조사를 발표하고 있다. 이 장에서는 '2019년 외래 관광객 실태조사'를 바탕으로 방한 외래 관광객들의 행동패턴을 분석하여 한국의 스마트관광의 장·단점과 개선점을 살펴보고자 한다.

1) 방한 외래 관광객 개요

2019년 방한 외래 관광객은 약 1,700만 명이며, 이는 전년 대비 14.0% 증가한 수치이다. 국가별 입국자 현황을 분석해보면 중국이 가장 많고, 일본, 대만, 미국 등의 순으로 나타났다. 2018년 대비 입국자수 증가폭은 중국이 25.8% 증가로 가장 컸으며, 베트남, 인도, 러시아, 호주, 대만 등의 순으로 나타났다. 주요 방한목적은 '여가/위락/휴식'이 가장 높고, '사업/전문활동', '친구, 친지방문' 등이 뒤를 이었다. 한국을 방문할 때 선택하는 고려요인은 '쇼핑'이 가장 높게 나타났고, 비슷한 수치로 '음식/미식 탐방'이 뒤를 이었다. 1순위 기준으로는 음식/미식 탐방이 가장 높게 나타났다. 한국방문 선택 고려요인으로 '역사/문화유적/전통문화 체험'을 선택한 관광객은 2018년 18.3%에서 2019년 23.6%로 크게 증가했다는 점은 한국의 문화체험에 대한 외래 관광객의 관광경험 수요가 증가했음을 의미한다.

2) 외래 관광객의 행동패턴

한국을 방문하기 전 외래 관광객은 '글로벌 인터넷 사이트/앱'을 통해 가장 많이 정보를 수집한다. 관광 안내 서적을 참고하는 비중은 낮아지며, 2015년부터 인터넷 사이트를 이용하여 자료를 수집하는 비중은 꾸준히 증가하고 있다. 주로 주변 지인이나 포털사이트를 이용하여 정보를 얻는다. 관광지에 대한 정보를 얻기 위해 최근 들어 유튜브를 비롯한 동영상 사이트나 인스타그램, 페이스북 등의 소셜미디어를 참고하는 비중이 늘어났다. 정보검색 과정에서 가장 필요했던 정보로는 '이동거리 및 교통편'으로 나타났고, 뒤이어 '방문지정보', '음식 및 맛집정보' 순으로 나타났다.

포털사이트와 소셜미디어, 동영상사이트를 참고하는 외래 관광객이 증가하는 현상은 스마트관광의 영향력이 점차 증가하고 있음을 의미한다. 지인을 통해 정보를 얻는 비중이 가장 많지만, 기존의 관광 관련 책자보다는 즉각적이고 더 다양한 정보를 얻을 수 있는 인터넷을 활용한다.

방한 외래 관광객은 적극적으로 스마트관광을 이행한다. 여행 도중 스마트폰을 사용해 인터넷 접속에서 정보를 얻는 관광객은 69.1%가 될 정도로 높은 수치를 보인다. 노트북이나 태블릿 PC를 이용한 인터넷 접속까지 포함한다면 75%가 넘는다. 한국여행 중 스마트폰을 계속 켜놓는 비율은 95.6%로, 거의 모든 방한 외래 관광객이 지속적으로 스마트폰을 여행 중에 사용하고 있음을 의미한다. 정보검색, 가족/친구와의 연결성, SNS 사용 등의 이유로 스마트폰은 여행 중에 계속해서 사용된다.

3) 한국여행에 대한 만족도 및 스마트관광의 개선점

한국여행에 대해 외래 관광객들은 '치안'에서 가장 만족했다고 응답했다. 쇼핑, 대중교통, 숙박, 음식 등이 뒤를 이었다. 반면, '언어소통'과 '길 찾기'는 가장 낮은 평가를 받았다.

한국여행에 대한 전반적 만족도 및 항목별 만족도를 중요도와 결합시킨 〈관광 수용태세 개선 영역 분석(IPA 분석)〉의 결과는 [그림 14-1]과 같다.

'출입국 절차'나 '대중교통', '숙박' 등은 만족도와 중요도가 모두 높은 [적극 권장 영역]에 속해 있고, '치안'과 '모바일/인터넷 이용편의'는 만족도가 높은 [현상 유지 영역]에 속해있다. 주목해서 볼 점은 [개선 검토 영역]이다. 방한 외래 관광객은 '언어소통', '길 찾기', '관광안내 서비스'에 대한 만족도를 낮게 평가했다. 일본, 중국, 홍콩, 싱가포르, 미국, 캐나다, 영국 등 관광객 역시 한국 관광 인프라가 개선될 부분으로 길 찾기와 언어소통 부분을 꼽았다. 이는 현재 관광안내 서비스, 길 찾기와 언어소통에 관한 스마트관광 인프라 개선이 필요한 실정이다. 단체관광보다 개별관광이 증가하며, 스마트폰을 사용하여 정

그림 14-1 | 관광수용태세 개선영역 분석

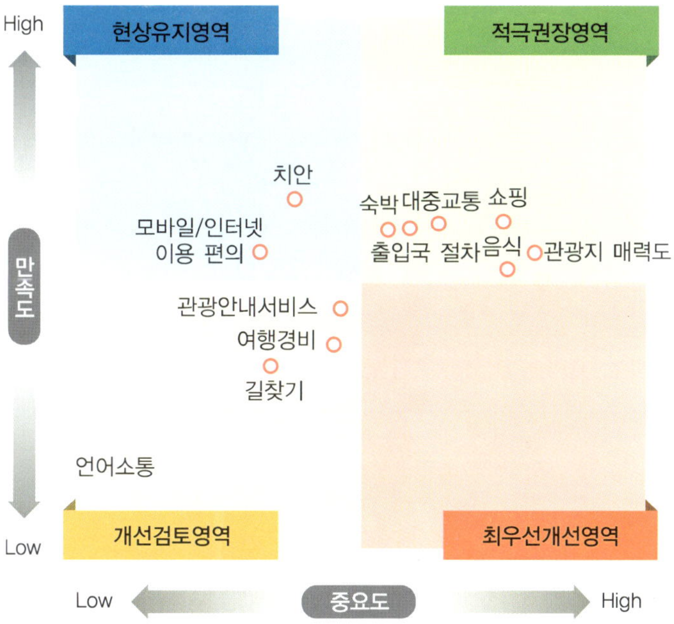

출처: 한국관광공사 외래 관광객 실태조사(2019)

보를 얻고 관광을 즐기는 스마트관광이 증가하고 있다. 트렌드에 민감하고 자유롭게 이동할 수 있는 FIT 관광객들은 기존의 관광 서비스가 잘 운영되어 있는 관광목적지를 방문하기도 하지만, 새로운 관광경험을 위해 낯선 장소를 찾아가기도 한다. '길 찾기'와 '관광안내 서비스', 그리고 '언어소통'은 FIT 관광객에게 필수적인 요소이며, 이와 관련된 인프라가 구축될 필요가 있다. 여행 중 스마트폰으로 인터넷에 접속해 정보를 얻는 방한 외래 관광객의 비중이 증가하고 있는 현상은 스마트관광 인프라를 구축하고 길 찾기와 관광안내 서비스, 언어소통 분야를 개선하는 것이 전반적인 관광만족도를 높이는 방안이 될 수 있음을 시사한다.

또한, 스마트폰은 공공 와이파이를 통해 사용하는 경우가 31.3%로 가장 높았다. 한국은 공공 와이파이를 적극적으로 유치하는 국가이며, 2017년 기준 13,369개소(AP 32,068개)가 운영 중에 있다. 상당히 많은 공공 와이파이가 운영됨에도 불구하고 31.3%의 사용자만 사용한다는 점은 스마트관광의 홍보가 미흡함을 의미한다고 볼 수 있다. 인터넷 연결을 가능하게 한 스마트관광 인프라는 구축되었지만, 이에 대한 홍보가 부족하다는 점은 앞으로 한국의 스마트 관광이 방한 외래 관광객을 대상으로 홍보를 적극적으로 운영할 필요가 있음을 시사한다.

그림 14-2 | 전국 공공 와이파이 지도

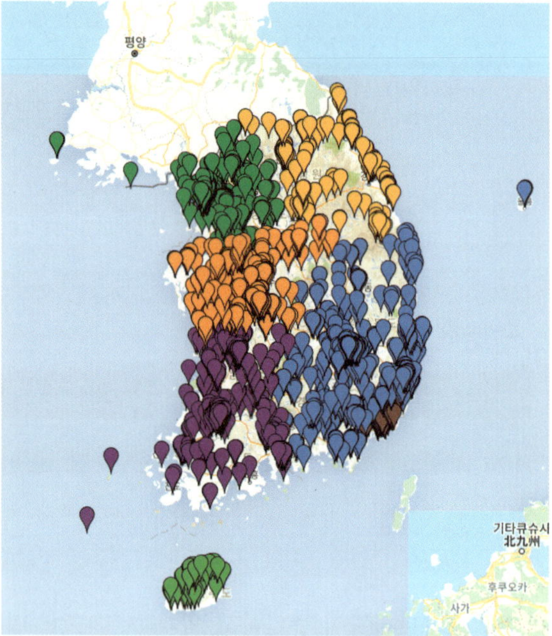

출처: https://www.google.com

2 일본인 관광객이 보는 한국 스마트관광의 장·단점

2018년 방한 일본인 관광객수는 약 300만 명이다. 전년인 2017년 대비 27.6% 증가하였고, 국가별 입국자수는 중국인 관광객 다음으로 많았다. 따라서 일본인 관광객들의 행동패턴과 한국여행에 대한 만족도 파악은 한국 스마트관광 인프라 구축과 국제 관광경쟁력을 강화하는 데 유용한 정보가 될 것이다.

1) 방문 전 일본인 관광객의 행동패턴

일본인 관광객들은 한국을 방문하기 전에 '자국 인터넷 사이트와 앱(47.9%)'을 통해 '음식 및 맛집정보(53.2%)'를 검색하는 경향이 있는 것으로 나타났다. 이 결과를 뒷받침하듯이 일본인 관광객의 주요 방한 목적은 '음식 및 미식탐방'이 '쇼핑'을 제치고 1위를 차지하고 있다. 즉, 한국을 방문하는 일본 관광객들은 한국 음식에 많은 관심을 가지고 있다는 것이다. 쇼핑 위주의 관광과 달리 미식탐방 위주의 관광은 체인점보다 개인이 운영하는 음식점을 찾아갈 경우가 많다. 개인이 운영하는 음식점을 찾아가기 위해서는 자세한 길 찾기와 이동수단을 구사할 필요가 있으며, 이에 따른 스마트관광 인프라 구축에 대한 수요가 많다는 것을 파악할 수 있다. 미식탐방이 주요 목적인 대부분의 일본인 관광객에게는 음식의 맛과 가격, 가게의 분위기는 물론 가게를 찾아가는 데 소요되는 수고와 시간, 편의도 역시 방한 관광에 대한 전반적인 만족도에도 큰 영향을 미칠 것으로 예상된다.

표 14-1 일본인 관광객의 방한 고려 요인 (중복응답, 단위: %)

음식/미식 탐방	69.4	70.5	61.0
쇼핑	68.5	60.8	54.0
자연 풍경 감상	17.0	17.7	27.6
K-POP/한류 경험	16.6	20.2	20.1

일본인 관광객이 한국을 방문 후에 평가한 한국여행에 대한 항목별 만족도 비율을 살펴보면, 일본인 관광객은 '음식(86.7%)'이나 '쇼핑(82.4%)'에 대한 만족도가 높다. 관광 주요 목적인 관광콘텐츠 자체에 대한 욕구를 충분히 충족시키고 있는 것으로 나타났다. 반면 '길 찾기(56.2%)'와 '언어소통(57.3%)' 항목에서 상대적으로 불편함을 느끼는 관광객이 많은 것을 알 수 있다. 음식점 등은 개별화된 목적지이기 때문에 이를 위한 길 찾기, 언어소통은 필수적이다. 한국에서의 미식탐방을 원하지만, 길 찾기와 언어장벽의 인프라 문제가 해결되지 못해 불편함을 느꼈음을 알 수 있다. 일본 관광객들은 '언어장벽'이 없이 '개별화된 목적지'에 원활하게 이동할 수 있는 관광에 대한 수요를 충족시키기에는 미흡한 점이 있는 것으로 파악된다.

표 14-2 방한 후 일본인 관광객의 항목별 만족도 조사 (단위: %)

전반적 만족도	86.4	관광안내 서비스	67.5
출입국 절차	69.5	관광지 매력도	76.0
대중교통	74.6	언어소통	57.3
길 찾기	56.2	여행경비	71.4
숙박	74.9	치안(안전성)	77.2
음식	86.7	모바일/인터넷 이용편의	79.5
쇼핑	82.4		

2) 일본인 관광객들의 관광 경험 실제 사례

다음은 일본인 관광객들의 실제 경험담을 토대로 정리한 내용이다. 일본인 관광객들이 한국을 방문했을 때 편의와 불편함을 느낀 사례를 분석하여 어떤 점에 편의와 불편함을 느끼는지, 또한 불편함에 대한 개선방안이 무엇인지 분석한다.

(1) 교통카드 시스템

① 장점: 높은 호환성과 교통비 부담이 적은 교통카드

한국에 낯선 일본인 관광객이 한국의 대중교통 이용 시 가장 편리함을 느끼는 것은 지하철과 버스, 택시 등 전국의 교통망을 망라하고 있는 T-money 교통카드이다. 일본은 전철회사마다 각자 다른 교통카드를 출시하고 있다. 매년 이용 편의를 올리기 위해 카드의 상호 이용의 범위를 확대하고 있으나, 여전히 원거리 이동이나 지방도시 방문 시에는 2장 이상의 교통카드가 필요하게 될 경우가 많다. 그에 비해 한국의 교통카드는 호환성이 높고 이동범위에 대한 물리적인 제한이 없다. 또한 환승 시 교통비를 절약할 수 있기 때문에 관광객들은 이동에서 발생하는 경제적 부담을 줄일 수 있고, 더 많은 관광지를 방문할 수 있게 된다.

▶ 그림 14-3 | 일본과 한국의 교통카드

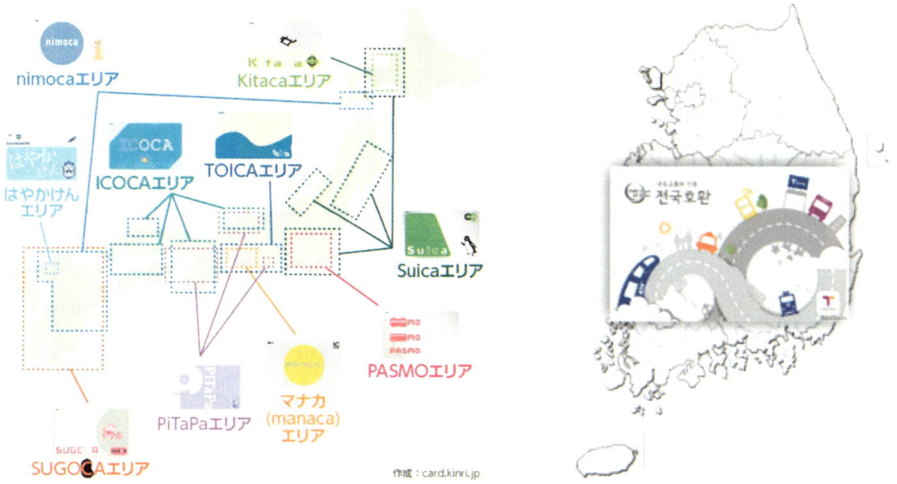

일본의 교통카드 한국의 교통카드

출처: https://card.kinri.jp/pay/hikaku/ic-card-hikaku.html
http://ecomedia.co.kr/news/newsview.php?ncode=1065601603615140

② 단점: 카드 사용방법과 외래 관광객 전용 교통카드에 대한 인식 부족

인천공항에 도착하면 공항철도의 교통카드 발급기 주변에는 한국 지하철 노선도나 경로 그리고 교통카드의 사용과 충전방법을 스마트폰으로 검색하거나 앱을 다운받고 있는 관광객들의 모습을 쉽게 찾을 수 있다. 교통카드 판매기는 영어와 중국어 일본어 등 외국어를 지원하고 있으며, 낯선 관광객들도 언어장벽 없이 누구나 쉽게 카드를 구매할 수 있다. 그러나 교통카드의 구체적인 사용방법과 범위에 관한 정보제공이 충분하지 않다. 처음 한국을 방문하는 FIT 관광객들은 스스로 정보를 수집해야 하며, 한국 관광의 시작 단계부터 이동에 관한 불확실성을 느끼는 경우가 많다. 아무리 호환성이 높고 환승에 대한 할인 혜택이 있더라도 정보를 알지 못하면 교통카드를 최대한 활용할 수 없고, 결과적으로 원거리 여행에 대한 선호가 줄어든다. 또한 교통비 절약을 실감하지 못하기 때문에 교통카드뿐만 아니라 대중교통의 편리함을 상대적으로 덜 느낄 수 있다.

또한 서울관광재단에서는 외국인 관광객들을 대상으로 Discover Seoul Pass를 출시하고 있다. 롯데월드나 경복궁, N서울타워 등 서울 시내 40군데의 관광명소의 무료입장권과 60군데 이상의 가맹점에서 할인 혜택을 받을 수 있는 외래 관광객 전용 교통카드이다. 실제 이용자 만족도는 98.6%(2018년)이며 관광객들에게 높은 평가를 받고 있다. 그러나 방한 관광객들에게 인지도가 낮으며 관광객들이 교통카드의 혜택을 인식하고 활용하지 못하고 있는 하나의 사례로 볼 수 있다. 이렇듯이 외국인 관광객에 대한 관광환경은 충분히 마련되어 있으나 정보제공과 홍보의 결여로 인지도가 낮아 관광객들의 실제 관광 편의성을 올리지 못하고 있다. 따라서 외국인 관광객의 이용률이 높은 공항이나 주요 역에서 적극적인 교통카드에 관한 정보제공을 통해 관광의 스마트화를 더욱 실감할 수 있도록 도와줄 수 있도록 추진할 필요가 있다.

그림 14-4 | Discover Seoul Pass

출처: 서울관광재단 홈페이지, https://www.discoverseoulpass.com/introduce

(2) 역 안내 표지판

① 장점: 직관적인 환승 안내표기

급행이나 특급 등 열차마다 매번 정차역이 달라지는 복잡한 도쿄의 지하철 노선망과 달리 서울은 버스 노선망은 지하철 노선망은 비교적 간략하며 외국인 관광객들에게 긍정적인 인상을 준다. 특히 환승 시 노선마다 정해진 색깔로 표시된 환승 안내는 언어장벽을 느끼는 외국인 관광객들에게 큰 도움이 된다. 색깔만 보고도 이용해야 할 노선도로 갈 수 있도록 돕는 직관적인 안내 표지판은 관광객들의 대중교통 이용 만족도를 올린다.

② 단점: 역명 표지판의 표준화와 외국어 지원 미흡

한국의 역 표지판은 역명 표기에 있어 관광객에게 혼란을 야기할 수 있다. 일본인 관광객은 한국에 여행 올 경우 주로 'Subway'와 '네이버지도' 앱을 사용하여 대중교통을 이용한다. Subway 앱으로 '종로3가역'을 검색할 경우에는 역 이름이 한자로 표시된다. 이러한 경우 역 이름의 한국어 읽기를 파악하지 못해 지하철 내 환승 안내를 놓칠 우려가 있다. 반면, 네이버 지도로 '종로3가역'을 검색하면 역 이름이 가타카나로 표기되어 한자를 파악할 수 없기 때문에 한자가 쓰인 안내 표지판과 통일시켜 역 이름을 인식하는 데 오류가 발생할 수 있다. 한자와 가타가나가 역마다 다르게 표기되어 있는 경우가 많아 표기 방법에 동일성이 없기 때문에 일본인 관광객이 역 이름을 인식하는 데 어려움이 있다. 국제관광 경쟁력을 강화하는데 이와 같은 인프라 개선은 필수적이며, 관광객들이 주로 이용하는 앱의 표지 방법도 함께 고려할 필요가 있다. 관광객의 행동패턴을 잘 반영한 관광 인프라 정비의 추진이 필요하다.

그림 14-5 | 'Subway' 앱과 '네이버지도' 앱 검색 및 종로3가역 구내 및 출구 역명 표지판

(3) 짐 보관함의 이용

① 장점: 일반 기업의 적극적인 짐 보관 서비스 제공

2018년 방한 일본인 관광객의 평균 체류기간은 3.9일로 중국의 8.2일에 비해 상당히 짧지만 재방문율은 70.2%로 높게 나타났다. 즉, 짧지만 자주 방문하는 특징을 가진 일본인 관광객들은 체류기간에 미식탐방을 하기 위해 짐을 가까운 곳에 맡기고 주변 음식점이나 쇼핑을 즐기는 경향이 있다. 이러한 니즈를 충족시키기 위해 명동 롯데 아울렛이나 이니

스프리 명동점에서는 관광객을 위해 무료 짐 보관함을 설치하여 관광객들에게 쾌적한 관광 환경을 제공하고 있다.

그림 14-6 | 명동 롯데아울렛과 이니스프리 명동점의 짐 보관함

명동 롯데아울렛 짐 보관함 이니스프리 명동점 짐 보관함

출처: https://www.konest.com/contents/basic_info_detail.html?id=808

② 단점: 짐 보관함의 본인인증 절차와 언어지원 미흡

일반 기업뿐만 아니라 공공기관 역시 짐 보관함 서비스를 제공한다. 지하철역 내에서도 짐 보관함을 찾을 수 있으나, 외국인 관광객이 이용하기에는 진입장벽이 높으며 관광객들의 수요에 적절하게 대응하지 못하는 경우가 있다. 다음 사진은 지하철 9호선 신논현역에 설치된 Ubi Locker이다. 이 보관함은 외국어 지원 기능이 없고, 사용을 위해서는 한국 전화번호로 본인인증을 해야 한다. 체류기간이 짧고 한국 통신사와 계약을 하지 않는 일본인 관광객에게는 이용에 어려움이 있다. 이 이외에도 짐 보관함이 설치된 장소에 관한 정보가 없기 때문에 짐 보관함의 위치를 찾는데 여행시간이 낭비될 수 있다.

짐 보관함에 대한 문제를 해결하는 것은 결과적으로 관광객들의 이동의 쾌적함을 높이는 데 도움을 줄 뿐만이 아니라 관광객의 이동범위를 극대화하는 데 기여할 수 있다. 단점을 극복하기 위해서 하드 인프라 측면에서 외국어 지원과 이용 절차를 간소화한 짐 보관함의 설치와 수요에 맞춘 공급량의 확보가 필요하다. 소프트 인프라 측면에서는 앱을 통해서 짐 보관함의 위치와 이용상황에 대한 정보제공이 필요하다.

그림 14-7 | 지하철 구내에 설치된 짐 보관함 및 이용 장면 – 9호선 신논현역 Ubi Locker

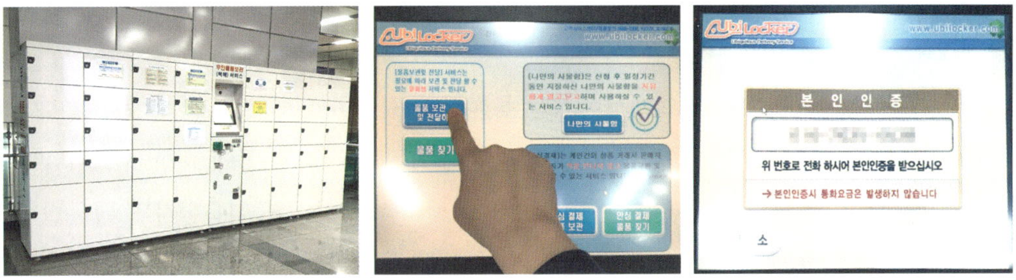

일본에서는 짐 보관함 이용을 극대화하고, 관광객의 짐에 대한 부담을 간소화하기 위해 짐 보관함 서비스인 'Ecbo Cloak'를 도입했다. 관광객들은 자신의 위치 주변의 일반 카페나 음식점 중 짐 보관 서비스가 가능한 곳을 알 수 있다. 사전에 검색을 하고 보관이 가능한 곳의 위치를 확인하여 짐을 보관하는 시스템이다. 앱 내 신용카드를 등록하여 예약 및 결제를 바로 진행할 수도 있다. 영어, 한국어, 중국어를 지원하고 있어 일본을 방문한 외국인 관광객도 언어장벽 없이 짐 보관함을 찾는 수고와 시간을 절약할 수 있다. 또한 리뷰 기능을 통해 실제 사용자들의 의견을 볼 수 있다. 현재 JR(일본철도사) 역 구내 짐 보관함과 우체국 그리고 일부 백화점에 설치된 짐 보관함까지 Echo Cloak에서 찾아볼 수 있다. 작은 가게부터 공공기관까지 통합적인 정보를 제공함으로써 관광객들의 이동 편의성을 향상시키고 있다.

그림 14-8 | 일본의 Echo Cloak

출처: https://cloak.ecbo.io/ko

(4) 택시호출 서비스의 이용

① 장점: 개별화된 이동의 수요 충족

카카오택시를 비롯한 차량호출 서비스는 목적지를 검색하면 누구나 쉽게 택시를 호출할 수 있는 시스템이다. 특히 미식탐방을 위해 개별화된 목적지 이동에 대한 수요가 많은 일본인 관광객들에게는 매우 유용한 서비스다. 택시호출 서비스를 이용한다면 항목별 만족도에서 비교적 낮게 나타난 '길 찾기'와 '언어소통' 항목에 긍정적인 영향을 미칠 것으로 예상된다. 또한 택시호출 서비스는 파악하기 어려웠던 개별화된 FIT 관광객들의 행동패턴과 수요를 분석하는 데 활용될 수 있다. 관광객들의 이동에 관한 수요와 공급정보의 가시화가 가속화하는 가운데 관광 서비스를 제공하는 관광산업은 이러한 정보에 대해 민감하게 그리고 신속하게 대응할 수 있는 능력과 유연성이 앞으로 요구될 것이다.

② 단점: 본인인증 절차의 복잡성과 신용카드 시스템 미도입의 문제

한국의 택시호출 서비스는 국내 전화번호를 이용하여 본인인증을 해야 하며, 해외 신용카드 결제가 가능하지 않다는 문제를 가지고 있다. 때문에 여전히 외국인 관광객들에게 진입장벽이 높고 이용률이 낮은 것이 사실이다. 개별화된 목적지 이동에 대한 수요충족과 행동패턴 파악, 2가지 측면에서 택시호출 서비스는 매우 유용한 스마트관광 사례이다. 스마트관광을 활성화하고, 외국인 관광객을 비롯해 최대한 많은 사람들이 이점을 누릴 수 있도록 이용절차의 간소화와 결제 문제를 극복할 필요가 있는 것으로 보인다.

그림 14-9 | 카카오택시의 해외 이용 사례

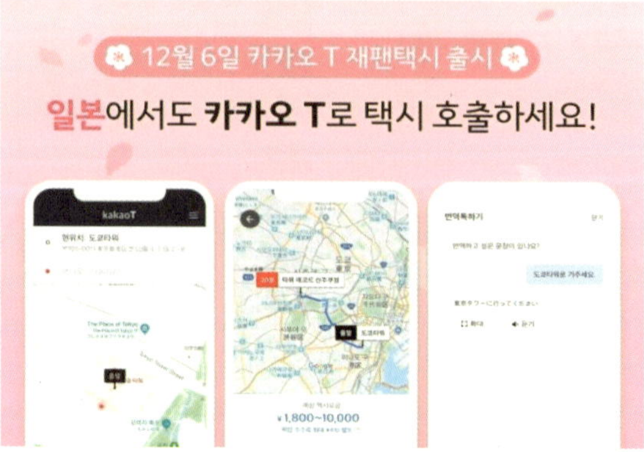

출처: http://issue-m.com/View.aspx?No=670707

카카오택시는 일본의 재팬택시와 제휴해서 카카오택시 앱을 통해 일본에서 택시를 호출할 수 있는 서비스를 전개하고 있다. 이 서비스는 한국인이 일본에서 누릴 수 있는 서비스이지만 반대의 경우는 성립되지 않는다. 앞으로 일본인이나 중국인이 자국에서 이용하고 있는 앱을 그대로 이용해서 한국에서도 같은 서비스를 누릴 수 있게 된다면 새로운 앱 설치의 불편함과 이용 절차의 불확실성을 줄일 수 있으며, 이동의 스마트화가 비약적으로 발전될 것으로 기대된다.

일본에서도 최신 기술을 활용해서 외국인 관광객의 택시 이동의 문제를 해결하기 위해 대책을 세우고 있다. 자립 이동 로봇의 벤처기업인 ZMP와 대기업 6사가 합동해서 MaaS를 활용한 자동주행 택시 시범을 2020년 1월 20일부터 2월 1일까지 도쿄 도내에서 실시하였다. 전용 앱을 통해 택시를 호출할 수 있으며, 문에 붙어 있는 QR코드를 읽으면 자동으로 문이 열리고 택시에 탑승할 수 있다. 앞으로 본격적으로 서비스가 도입되면 외국인 관광객들의 수요와 언어장벽 문제를 극복할 수 있을 뿐만이 아니라 택시회사가 안고 있는 운전기사의 일손 부족과 고령화, 그리고 수요가 많은 아침과 심야운행 등 문제들을 간소화하는데 도움이 되는 서비스로 주목을 끌고 있다.

그림 14-10 | 일본의 자동주행 택시 운행 사례 'Robo Car Mini Van'

출처: https://www.itmedia.co.jp/business/articles/1808/27/news094.html
https://www.zmp.co.jp/news/pressrelease_20180827

(5) 자전거 공유 서비스의 이용

① 장점: 라스트 원 마일 이동과 새로운 관광경험의 기회 제공

2015년 서울시를 시작으로 서비스가 개통된 '따릉이'는 지역주민에게 새로운 이동 수단을 제공하는 동시에 관광객들에게도 관광지 방문의 라스트 원 마일의 역할과 새로운 관광 경험을 제공하는 데 활용된다. 국내 최초 자전거 공공 서비스를 도입한 창원시의 '누비자'와 서울시 '따릉이'를 시작으로 대전의 '타슈', 광주의 '따랑께' 등 전국적으로 자전거 공유 서비스가 인기를 얻게 되었다. 현재 서울시의 따릉이는 현재 일본어, 중국어, 영어를 지원하고 있으며 비회원으로도 이용할 수 있기 때문에 관광객들에게도 이용의 진입장벽이 낮다는 장점을 가진다.

② 단점: 안내 음성의 외국어 지원 부족

자전거에 설치된 단말기는 현재 한국어 안내 음성만 탑재하고 있다. 앞으로 외국어 음성 가이드나 위치정보를 활용해서 주변관광지 안내 기능이 추가되면 한국에 낯선 외국인 관광객들도 길을 잃지 않고 적극적으로 자전거를 이용하며 여행을 즐길 수 있게 될 것이다.

그림 14-11 | 서울시 자전거 공유 서비스 '따릉이'

출처: https://m.post.naver.com/viewer/postView.nhn?volumeNo=17110589&memberNo=27908841

(6) 모바일 및 인터넷의 이용 편의도

① 장점: 공공 무료 와이파이 보급

공항이나 지하철, 음식점, 백화점, 호텔 등 서울 시내에서 공공 와이파이가 깔려져 있지 않는 곳을 찾을 수 없을 정도로 한국의 공공 와이파이 보급률은 매우 높다. 와이파이 보급 범위는 해마다 늘어나고 있다. 2019년 11월 20일에는 서울버스 무료 공공 와이파이가 전면적으로 보급되었고 현재는 광역버스에서도 쉽게 무료 와이파이에 접속할 수 있다. 일본인 관광객에 의한 항목별 관광 만족도에서도 음식과 쇼핑에 이어서 '모바일/인터넷 이용 편의(79.5%)'가 높은 만족도를 차지하고 있을 만큼 공공 와이파이는 관광객들에게 쾌적한 스마트관광 환경을 제공하고 있다. 관광객과 도민의 만족도 향상을 위해 제주도에서 실시된 공공 와이파이 구축과 수요 분석의 사례에서도 볼 수 있듯이 공공 와이파이는 단순히 인터넷 접속과 정보 검색에 관한 이용 혜택뿐만 아니라 빅데이터 등 최신 ICT 기술과 융합되어 장·단기적으로 유용한 관광자원으로 활용될 수 있는 가치를 지닌다. 단기적으로는 관광객의 인터넷 이용 편의도를 높이고 방한 관광객에 의한 인터넷 이용 만족도에 긍정적인 영향을 줄 수 있다. 또한, 장기적으로는 관광객들의 행동패턴을 수집 및 분석하여 오버 투어리즘 문제 해결에 활용하거나 지역문화의 고부가가치 관광 상품과 서비스 개발에 유용하게 활용할 수 있다. 따라서 공공 와이파이의 보급은 이 2가지 측면에서 스마트관광의 환경을 한층 더 높게 발전시키는 데 빼놓을 수 없는 기반을 마련한다.

그림 14-12 | 서울 시내버스의 공공 와이파이와 서울시내의 와이파이 보급률

서울 시내버스의 공공 와이파이

서울시내의 와이파이 보급률

② 개선방향: 이용 품질 유지와 보안성 강화

공공 와이파이의 보급 격차를 줄이고, 접속 및 이용속도와 같은 인터넷 환경 자체에 대한 품질 유지가 필요하다. 다양해지는 이용자의 특성에 맞춰 접속절차를 간소화시키고, 관련 정보제공도 함께 추진할 필요가 있다. 또한, 보안성을 확보하고 발전시키는 것 역시 하나의 개선 방향으로 제시할 수 있다. 이러한 **소프트 인프라 정비의 강화**를 통해 이용자 편의도와 정보 활용성이 확대되면 스마트관광의 전반적인 환경이 크게 향상될 것이다. 한편, 현재 서울을 비롯한 전국적으로 공공 와이파이는 많은 장소에 설치되어 있지만, 많은 숫자에 비해 사용자의 수는 저조하다. 스마트관광 인프라를 설치하는 것에서 더 나아가 적극적인 홍보를 통해 스마트관광을 융성해야 할 필요가 있다.

이렇듯이 일본인 관광객 입장에서 본 한국의 스마트관광은 역명 표지판 표준화 대책이나 짐 보관함 수요에 대한 대응 강화 등 개선할 부분이 존재한다. 그러나 호환성이 높은 교통카드와 카카오택시를 비롯한 택시호출 서비스의 활성화, 공공 와이파이망의 구축 등 교통 인프라 면에서 튼튼한 스마트관광의 기초 인프라를 갖추고 있음을 알 수 있다.

모든 사람이 불편함 없이 같은 혜택을 누리면서 효율적이고 쾌적한 관광이 실현될 때 스마트관광의 유용성이 제대로 발휘될 수 있다. 위에서 언급한 것처럼 **언어장벽을 극복**할 수 있는 환경을 마련하고, 스마트관광 인프라에 대한 **적극적인 홍보 및 정보제공** 등의 개선점을 이행한다면 한국을 처음으로 방문한 외국인들도 충분히 한국의 스마트관광 혜택을 인식하고 실제로 이용할 수 있게 될 것이다. 인프라 구축과 개선은 관광객의 만족도를 올려 더 많은 관광객을 유치할 수 있다. 이렇게 늘어난 **관광객의 행동패턴을 빅데이터화하여 분석**하게 되면 관광 서비스와 상품의 개발이 진행되며 최종적으로 국제적인 관광 경쟁력을 더욱 강화시킬 수 있을 것이다.

학습내용 정리

01 방한 외국인 관광객은 '언어소통', '길 찾기', '관광안내 서비스'에 대한 만족도를 낮게 평가했다. '길 찾기'와 '관광안내 서비스', 그리고 '언어소통'은 FIT 관광객에게 필수적인 요소다. 스마트관광 인프라를 구축하고 길 찾기와 관광안내 서비스, 언어소통 분야를 개선하는 것이 전반적인 관광 만족도를 높이는 방안이 될 수 있다. 또한, 공공 와이파이 제공으로 인해 인터넷 연결을 가능하게 한 스마트 관광 인프라는 구축되었지만, 이에 대한 홍보가 부족하다. 한국의 스마트 관광이 방한 외국인 관광객을 대상으로 홍보를 적극적으로 운영할 필요가 있다.

02 일본인 관광객의 항목별 관광 만족도는 '식사'와 '쇼핑'의 비중이 높았으며 관광 주요 목적에 대한 수요를 충족시키고 있는 것으로 나타났다. 한편 '길 찾기'와 '언어소통'에 대한 만족도 평가는 비교적 낮은 결과로 이와 관련된 스마트관광의 인프라 구축과 개선이 필요할 것으로 보인다.

03 교통카드는 높은 호환성과 교통비 절약으로 관광객의 이동의 범위의 확대와 관광지 방문 기회를 제공하는 데 기여하고 있으며 대중교통 이용의 편의도를 올리는 데 일조하고 있다. 그 한편으로 마련된 교통카드에 관한 정보제공의 부족으로 낯선 관광객들에게는 교통카드의 가치를 충분히 인식하고 활용하며 관광경험으로 실감하지 못하고 있으며 이와 관련된 적극적인 홍보와 언어장벽이 없는 서비스가 필요할 것으로 보인다.

04 역 안내 표기는 색깔로 표기된 환승 안내는 시각적 · 직관적으로 인식할 수 있으며 낯선 관광객들에게도 긍정적으로 받아들여지고 있다. 한편으로 역명 표지판에는 통일성이 없으며 한자와 히라가나 표기를 표준화시킬 필요가 있으나 더 실용성을 높이기 위해 외국인 관광객들이 주로 사용하는 앱의 역명 표지 방법도 함께 고려할 필요가 있다.

05 택시호출 서비스는 일본인 관광객의 방한 만족도 평가에서 낮은 만족도를 차지한 '길 찾지'와 '언어소통'의 문제를 해결할 수 있을 뿐만이 아니라 개별화된 목적지의 이동에 대한 수요를 충분히 충족시킬 수 있는 스마트관광의 사례이다. 앞으로 외국인에 이용률을 높이기 위해 이용절차의 간소화와 결제수단의 다양화가 필요하고 해외에서 사용되는 앱과 연결된 이용으로 진입장벽을 낮출 것이 바람직하다.

학습내용 평가

01 다음 질문에 대하여 O/X를 체크하시오.

1) 방한 일본인 관광객의 특징은 미식탐방이며 쇼핑 위주와 달리 개별화된 목적지를 방문하는 수요가 많으며 택시호출 서비스는 이러한 수요를 충족시키는 데 매우 유용하다. ( )

2) 공공 무료 와이파이는 관광객들에게 단기적인 혜택을 제공하며 장기적으로는 현지의 관광 서비스와 인프라 구축과 개선하는 데 활용되어 관광객에게는 직접적인 이점이 적다.( )

3) 한국에 낯선 외국인 관광객들도 스마트관광의 혜택을 누릴 수 있도록 인프라 구축을 집중적으로 추진할 필요가 있으며 이에 따라 자연스럽게 이용률이 증대된다.( )

02 외국인 관광객을 위한 스마트관광 인프라 구축 및 개선에 있어서 고려해야 할 점에 대해 서술하시오.

답 1. ○, X, X

2. 관광객의 행동패턴과 특징에 관한 조사를 비롯하여 실제 관광객이 여행 중에 부딪히는 문제들과 수요 파악에 기반한 스마트관광 인프라 구축 및 개선이 중요하다. 또한 관광객들이 자국에서 이용하는 앱이나 서비스 이용방법을 접목시키거나 반영시킨 서비스를 전개는 외국인 관광객들의 스마트관광 이용의 진입장벽을 낮출 수 있기 때문에 스마트관광 인프라 구축과 개선에 있어서 고려하는 것이 바람직하다.

참고문헌

Greater London Authority(2018), “Smater London Together.”

UK 5G Innovation Network(2018), “5G Smart Tourism.”
(https://uk5g.org/discover/testbeds-and-trials/5g-smart-tourism/)

PART

6

스마트관광 정책적 제언

Chapter 15

스마트관광의 목표와 정책적 제언

개관

이 장에서는 스마트관광의 핵심가치와 목표를 정리하고, 스마트관광이 나아가야 할 방향성과 정책적 제언을 설명하고자 한다.

학습목표

1. 스마트관광의 핵심가치와 추진분야를 이해한다.
2. 서울시의 스마트관광도시 정책을 분석한다.
3. 스마트관광의 방향성과 정책적 제언을 학습한다.

핵심용어

핵심가치, 추진분야 스마트관광 방향성, 매력성, 지속가능성, 접근성, 디지털화, 협력 파트너십

1 스마트관광의 핵심가치 및 추진분야

스마트관광의 5대 핵심가치는 다음과 같이 제안할 수 있다.

- **경쟁력**: 스마트관광도시로서의 장기적인 경쟁력 확보
- **포용**: 관광약자(예 노약자, 장애인, 외국인)를 포용
- **혁신**: 기술적 혁신뿐만 아니라 관관경험을 혁신
- **지속성장**: 사회 · 경제 · 문화 · 환경적으로 지속가능한 성장
- **상생**: 거주민과 관광객, 유관기관이 서로 협력하여 상생

따라서 스마트관광의 4가지 주요 추진분야는 접근가능성, 지속가능성, 디지털화, 문화유산의 창의성과 매력성이 될 수 있을 것이다.

- 접근가능성: 무장애 및 편리한 스마트관광 환경을 조성
- 지속가능성: 역사 · 문화를 보존하고 지역과 공존하며 지속적 성장
- 디지털화: 스마트도시 인프라를 토대로 데이터 기반 도시 구현
- 문화유산의 창의성과 매력성: 스마트관광도시로서의 브랜드 이미지 및 매력도 강화

그림 15-1 | 스마트관광 4가지 범주 – 정책 분야

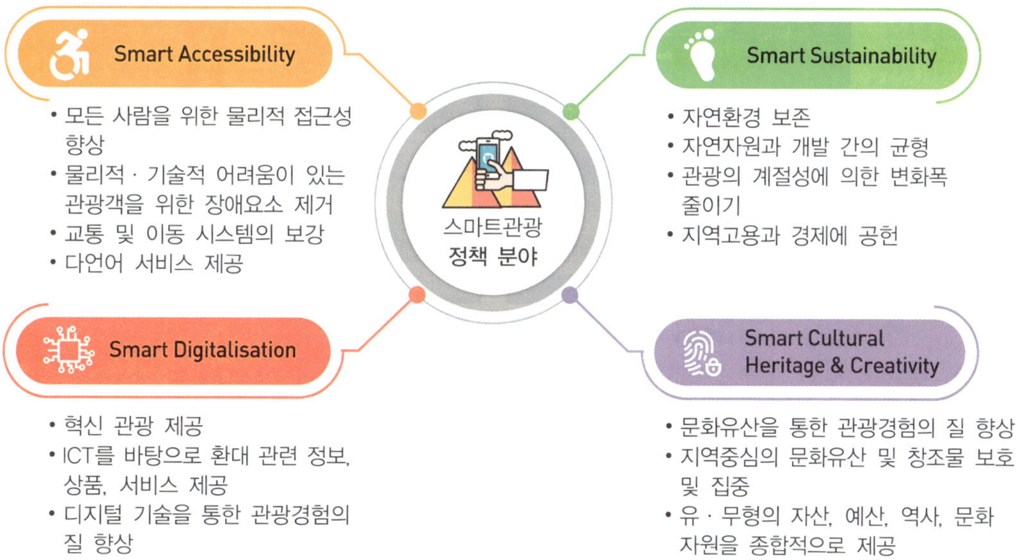

2 스마트관광도시 정책

[그림 15-2]는 스마트관광의 4가지 범주 정책 분야가 적용되어 만들어진 서울시의 스마트관광도시 정책이다. 서울시는 스마트관광도시의 비전과 핵심가치를 5가지로 구분하여 다음과 같이 설명하고 있다.

그림 15-2 | 관광기능 분야 우수성 평가 – 스마트관광 6가지 범주

그림 15-3 | 조직차원 평가 – 스마트관광 3가지 범주

그림 15-4 | 서울 스마트관광 도시 비전 및 핵심가치

비전	관광시민의 행복을 추구하는 지속가능한 플랫폼으로서의 스마트관광도시				
핵심가치	경쟁력 장기적 도시 경쟁력 확보	포용 관광약자의 행복추구권 증진	혁신 기술적 혁신·관광경험 혁신	지속성장 사회·경제·문화·환경적 지속 성장	상생 거주민·관광객·유관기관 상생
추진전략	매력성 (Attractive)	접근가능성 (Accessibility)	디지털화 (Digitalization)	지속가능성 (Sustainability)	협력적 파트너십 (Collaborative Partnership)
	매력이 있는 스마트관광도시	누구나 접근 가능한 스마트관광도시	데이터 기반한 스마트관광도시	지속 가능한 스마트관광도시	협력하는 스마트관광도시
핵심과제	• 관광의 가치를 높이는 가상체험 서비스 구축 • 오감만족 전통·문화 체험관광 스마트 콘텐츠 개발 • 엔터테인먼트 스마트 체험 서비스 개발 • 엔터테인먼트 스마트 체험 서비스 개발 • 스마트관광 스트리트 조성	• 스마트관광 통합 모빌리티 서비스 구축 • 무장애 스마트관광 환경 조성	• 스마트 관광을 위한 디지털 인프라 확충 • 데이터 기반 스마트관광도시 구현	• 지속 성장하는 스마트관광도시 생태계 구축 • 기존 자원과 상생하는 스마트관광도시 조성	• 온·오프라인 협력적 파트너십 구축을 위한 마케팅활동 • 도시 내·외부 협력적 관계 형성을 위한 네트워크 구축 • 도시 구성원들 대상 스마트환경 지식에 대한 전파 및 확산

출처: 서울시 스마트관광도시 조성 기본구상(2019)

1) 매력성을 위한 핵심과제

(1) 관광의 가치를 높이는 가상체험 서비스 구축

여행업계에서는 관광계획에 대한 관광객의 직관적인 선택을 돕기 위하여 증강현실(AR), 가상현실(VR) 등 실감형 기술 도입을 점차 확산하는 추세이다. 외래 관광객이 한국을 방문할 때 통합된 정보의 부족, 언어소통의 어려움 등 불편함이 여전히 존재하는 실정이다.

(2) 오감만족 전통·문화 체험 관광 스마트 콘텐츠 개발

현대와 전통, 현재와 과거가 어우러져 있는 조화가 서울만의 매력이나 전통·문화 자원

을 활용한 관광콘텐츠는 대부분 관람형 콘텐츠라는 한계가 있다. 따라서 해당 관광지에서 깊게 몰입하거나 경험을 극대화할 수 있는 체험형 콘텐츠의 개발이 필요하다. 외국인 관광객이나 한국에 대한 지식이 부족한 방문객의 이해도와 접근성을 높일 수 있는 부가 서비스 역시 필요하다. 이에 대한 대안으로 여행업계에서는 증강현실(AR)과 가상현실(VR) 등과 같은 실감형 기술을 도입하여 관광객이 관광계획을 세울 때 직관적인 선택을 할 수 있도록 돕는 기술을 확산하고 있다.

(3) 엔터테인먼트 스마트체험 서비스 개발

첨단 ICT 기술을 적용한 새로운 관광콘텐츠 개발과 첨단 ICT 기술을 기존 관광 매력물에 접목하여 제공하는 스마트관광 서비스에 관한 관심이 증가하고 있다. 특별히 한류 관광객의 유치 확대를 위해 스마트 기술을 적용한 지속가능하고 차별화된 한류 관광콘텐츠의 개발이 필요하다. 서울시 자체 브랜드 이미지 조사의 결과, 외국인 관광객들은 짧은 시간에 발전을 이뤄낸 서울의 도시 발전에 강한 인상을 받았다는 것이 밝혀졌다. 이러한 외국인 관광객의 이미지는 서울에 방문했을 때 강남 또는 잠실 등 발전된 도시를 보고자 하는 동기부여에 영향을 미치기 때문에 이러한 관광객의 욕구에 맞는 관광콘텐츠 개발이 필요하다.

(4) 스마트관광 거리 조성

스마트도시 정책의 일환인 스마트 거리 조성에 관한 관심이 점차 증가하고 있고, 도시 내 거주민에서 관광객으로 해당 범위가 확장되고 있다.

네덜란드 암스테르담은 인터랙티브 스트리트 타일(Interactive Street Tile)과 같이 보행자의 데이터를 분석하여 상황에 맞는 맞춤 서비스를 제공하는 도시 중심의 스마트 스트리트뿐만 아니라 관광상품, 이벤트, 상점정보 등을 개인 디바이스에 팝업으로 띄워주는 비콘 마일(Beacon Mile)과 같이 관광객들도 함께 편의를 누릴 수 있는 관광요소가 추가되고 있다.

국내에서 추진되고 있는 스마트 스트리트 조성 사업 역시(예 부산시), 스마트시티의 인프라를 활용하여 관광객에게 적용할 수 있는 방안을 모색 중이다.

2) 접근가능성을 위한 핵심과제

접근가능성을 위한 핵심과제는 2가지이다. 첫 번째는 스마트관광 통합 '모빌리티' 서비스 구축이다. ICT 인프라와 4차 산업혁명 융복합 기술이 접목되어 모든 교통체계가 연결되고 초고속 서비스가 제공되는 스마트 모빌리티에 대한 개념이 대두되고 있다. 내국민뿐만 아니라 외국인 방문객에게 최적화된 스마트관광 모빌리티를 제공할 수 있는 기술에 관한 개발 및 서비스 구축이 필요하다. 두 번째는 무장애 스마트관광 환경 조성이다. 장애인, 노령인구 증가에 따라 관광약자의 관광, 즉 무장애 관광은 관광산업의 새로운 퍼플 오션으로 부상하고 있다. 이에 무장애 관광도시에 관한 관심이 증가하고 있다. 관광약자들이 필요한 시설들, 서비스 등을 스마트기술로 구현하는 무장애 스마트관광 환경 조성의 필요성이 점차 증가하는 상황이다.

3) 디지털화를 위한 핵심과제

스마트관광에 있어 디지털 인프라의 확충은 필수적이다. 서울시의 공공 와이파이는 대표적인 서울시 디지털 인프라의 하나이다. 그러나 현재 제공되는 공공 와이파이는 접속력, 서비스, 품질, 보완 등이 취약하다는 평을 받고 있으며, 이에 따른 제고 및 검사가 필요하다. 특별히 시민과 관광객이 어느 지역에서 주로 공공 와이파이를 활용하는지에 대한 분석이 필요하다. 특정 지역을 처음 방문하는 경우, 해당 지역에 대한 관광정보를 손쉽게 이용할 수 있는 기술의 개발도 제시된다.

빅데이터의 중요성이 점점 강조됨에 따라 데이터 기반의 스마트관광도시 구현 역시 디지털화의 핵심 세부 내용이 될 수 있다. 관광객은 지속적으로 증가하고 있지만, 관광객 특성을 분석하는 자세한 데이터는 여전히 부족한 상태이다. 더 구체적인 관광객 특성 파악이 필요하며, 이를 위한 충분한 데이터 수집이 필수적이다. 데이터를 수집하고 축적한 이후 이를 공공 데이터로 오픈하고, 관광객 및 여러 이해관계자가 자유롭게 데이터에 접근하여 활용할 수 있도록 시스템을 만들어야 한다. 관광객 특성 및 관광활동 파악을 위해서는 관광 분야 데이터의 지속적인 발굴과 확보가 무엇보다 중요하며, 이를 지원할 수 있는 채널(통합운영 체계)이 구축될 필요가 있다.

4) 지속가능성을 위한 핵심과제

스마트관광 산업의 지속적 성장을 이끌어갈 기업과 인재육성에 소홀한 것이 현실이며, 이는 스마트관광도시를 위한 생태계 구축에 대한 고민이 부재하다는 것을 의미한다. 또한 젠트리피케이션, 오버투어리즘과 같은 관광에서 유발되는 여러 문제로 인하여 관광지의 지역성 및 문화자원의 훼손 등이 부정적인 효과로 대두되고 있다. 이에 스마트관광도시 생태계 구축을 논의하고 실질적인 지속가능한 스마트관광도시를 만드는 것이 매우 중요한 과제로 대두된다. ICT와 관광의 적절한 융합을 실현할 수 있는 전문인력을 양성하며, 스마트기술과 관광의 융합을 통한 자원보존 방안 고민이 필요하다.

5) 협력 파트너십을 위한 핵심과제

관광객과 거주민들은 스마트기술과 디지털 환경이 어떻게 관광에 적용될지에 대해 제대로 인식하지 못한다. 도시 제공 서비스 역시 스마트관광이 어떻게 기술 및 환경과 결합하여 이점을 가져오는지에 대한 개념을 인지하지 못하고 있다. 서울시의 MICE 인프라 활용은 산발적이며, 스마트관광도시로서의 서울을 다루는 이벤트는 전무한 실정이다. 관광 관련 아이디어는 관광이라는 영역하에 국한되어 이루어지거나 개발자와 공급자 중심으로 운영되어 있다. 서울시를 스마트관광도시로 만들기 위해서는 다양한 분야의 다양한 협력적 관계의 수립이 필수적이다. 관광을 둘러싼 여러 전문 분야와의 지속적인 소통 및 개발을 통해 스마트관광도시의 발전을 함께 도모해야 한다.

3 스마트관광의 방향성

1) ICT 기반 관광산업 전략적 방향

관광산업은 ICT 기반으로 재편될 필요성이 있으며 ICT 기반 관광산업은 공적 부분 및 민간 부분으로 나뉜다. 한국 관광산업의 경쟁력을 강화하기 위해서는 전체 관광산업 전략 하에 각 분야에서 관광 및 ICT 융합사업추진의 과제가 도출되어, 도출된 과제를 바탕으로 민간과의 협력이 필요하다. 미래 관광산업 생태계를 선도하는 ICT를 기반으로 관광산업을

그림 15-5 | 4차 산업혁명과 관광산업 변화에 대한 주요 내용 및 시사점

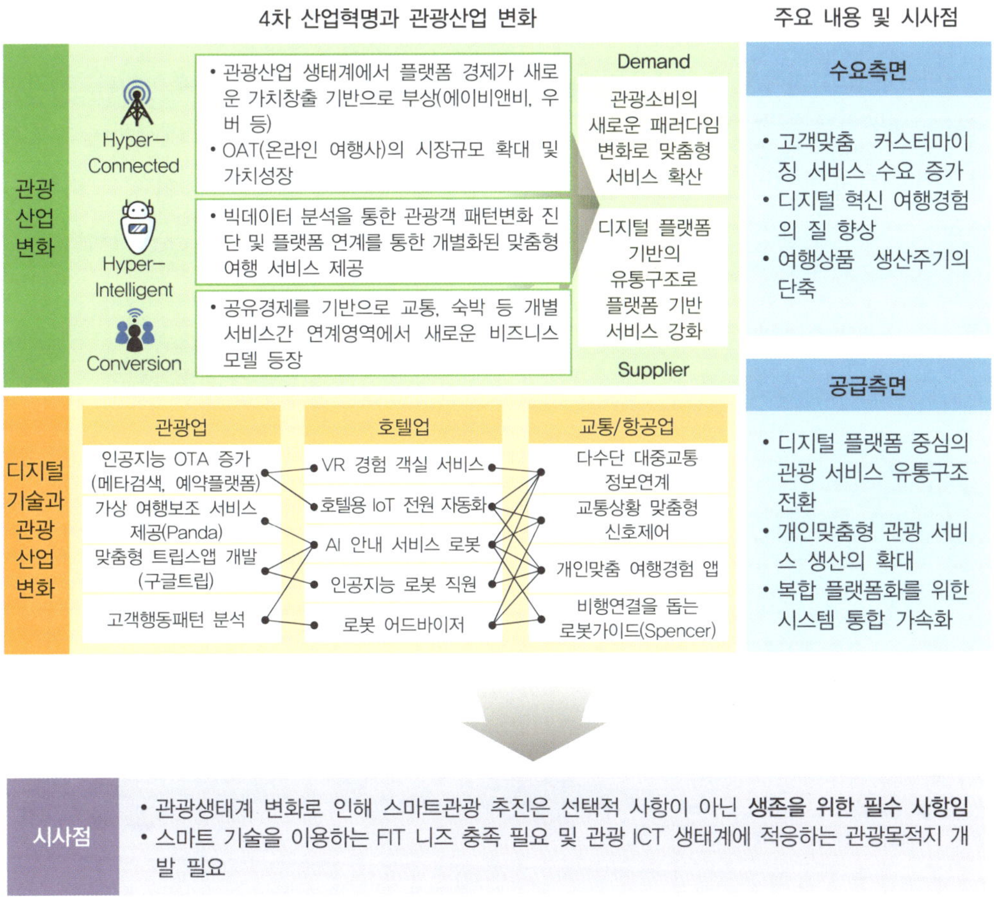

주도하는 기관의 업무는 스마트 중심으로 변경이 필요하다. 또한, ICT 기반으로 한 스마트관광 전략을 상위 레벨로 설정하여 업무를 추진해야 할 필요성도 있다.

(1) 정책연계

4차 산업혁명 시대 관광산업의 혁신 성장을 전도하기 위해서는 정책적인 연계가 필요하다. 국정전략(과학기술 발전선도 4차 산업혁명) 및 국정과제(33, 소프트웨어 강국, ICT 르네상스로 4차 산업혁명 기반 구축)에 따라 관광산업에 스마트기술 도입을 추진 중에 있다. 또한 2019년 4월 8일 5G 조기 적용 확산을 위하여 5대 핵심 서비스에 해당하는 실감 콘텐츠, 스마트공장, 자율주행차, 스마트시티, 디지털 헬스케어 관련 프로젝트가 추진되었다.

(2) 관광전략

스마트관광의 적극적 추진으로 일자리 창출 및 지역경제 활성화가 이루어진다. 지역별 산발적 추진으로 국가 스마트관광의 체계적 육성이 미흡함에 따라 이를 개선하여 지역관광 활성화를 통한 지역경제 활성화와 일자리 창출에 기여하도록 노력 중이다. 노력의 일환으로는 국내외 관광 트렌드, 관광객의 니즈를 반영한 스마트관광 환경을 구축하며 지역

그림 15-6 | 스마트관광 정의

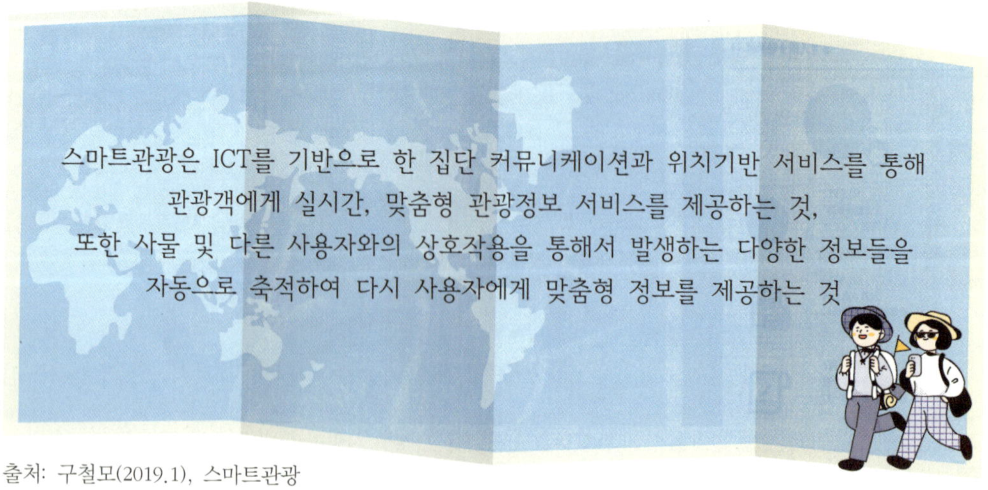

출처: 구철모(2019.1), 스마트관광

관광거점도시에 스마트관광 서비스를 제공하는 것이다. 또한 지속가능한 스마트관광 발전을 위하여 스마트관광 생태계 활성화 전략이 필요하다.

2) 스마트관광의 전략 추진 방향성

관광·ICT 융합의 고도화에 따라서 한국 관광을 주도하는 공사 및 기업의 업무방식에도 전환이 필요하다. 미래 관광산업 생태계를 선도하는 ICT를 기반으로 스마트 중심의 업무방식의 변경이 필요하다. 마케팅활동의 모든 부분에 ICT를 활용하고 있으며, 스마트 관광 사업을 추진하고 있는 상황에서 관광과 ICT의 융합이 필요한 상황이다. 관광산업본부, 국제관광본부 및 국민관광본부를 총괄하는 ICT 기반 디지털 관광 전략을 수립하고 향후 추진 과제를 도출해야 한다. 이를 위해서는 기존 사업부 전략 및 추진사업과 기반체계(데이터, ICT 관광융합) 매핑이 필요하다. 또한 본부 경계를 초월한 사업 연결을 통해 규모화 추진이 이루어져야 하며 데이터가 축적되어야 한다.

그림 15-7 | ICT 기반 디지털(스마트) 관광전략 수립 및 향후 추진과제

As Is	To Be
• 각 본부별 공사 본원활동(Primary Activity)의 개별 전략별 사업추진 • 전사적인 ICT 기반 총괄적인 디지털 관광 전략의 부재	• 디지털 관광에 대한 총괄 전략 수립 및 향후 과제 도출을 통한 효과적인 스마트관광 인프라 구축 및 통합 디지털 마케팅 추진

3) 스마트관광 정책적 제언

스마트관광에 대한 다방면적 제언을 정리하면 [그림 15-8]과 같다.

그림 15-8 | 정책, 기술도입, 그리고 교육적 제언

정책

오픈 데이터 정책과 관광정책이 결합되어야 함

예 기관 내부 보유 및 개방가능한 데이터 전수조사/데이터 활용 사업자와 정기 면담 및 수요조사/데이터 개방의 우선순위 결정/관광 · 통신 · 카드 · 국세청 데이터와의 결합

기술도입

- 사회적 변화, 기술적 변화를 읽고 관광의 관심분야에 대한 파악 필요
- De Factor라고 하는 사실상의 전 세계 표준 적극 활용
- 기술진보와 관광의 본질 결합

  예 구글, 페이스북, 트립어드바이저, Airbnb, 우버, Expedia, 유튜브

교육

- 사회적 · 창의적 능력이 요구되는 직군 → 지속적인 훈련 필요한 지식과 기술

  예 데이터, 이미지 분석가, 상품, 프로세스, 기기, 서비스 디자이너
- 교과목 개발: "스마트 관광론"(3학년 1학기)

  "스마트관광 사례연구"(4학년 2학기) "스마트 관광"(일반대학원)

정책적으로는 오픈 데이터 정책과 관광정책이 결합되어야 한다. 국가기관이 보유하고 있는 개방가능한 데이터를 전수조사하여 데이터 융합 활용 사업자와 함께 관광에 가치를 만들어낼 수 있는 비즈니스 모델을 만들도록 협력해야 한다. 따라서 관광과 관련한 통신, 카드 및 국세청 데이터를 결합하여 관광활동과 관련된 개인데이터, 통신을 통한 위치데이터, 경제적 효과를 측정할 수 있는 카드데이터, 그리고 국세청 매출데이터까지 적극적으로 활용할 수 있도록 해야 할 것이다.

기술적으로는 이미 국제적으로 활발히 사용하고 있는 기술의 표준을 받아들여 국내 기업과의 경쟁을 통해 관광산업 생태계가 건강한 경쟁을 할 수 있도록 한다. 예를 들면, 구글의 지도데이터를 네이버나 다음지도 그리고 카카오지도 등과 경쟁을 통하여 관광생태계가 활성화될 수 있도록 하는 것이다.

마지막으로 스마트관광 교육을 통하여 사회적 · 창의적 능력이 요구되는 직업군으로 취업을 할 수 있도록 적극적인 교육과 훈련이 필요하다. 또한 학생뿐만 아니라 정책담당자 및 데이터 기술 등의 전문가도 관광의 맥락을 이해할 수 있도록 교육과 학습이 필요하다.

학습내용 정리

01 스마트관광의 5대 핵심가치는 경쟁력, 포용, 혁신, 지속성장, 상생이며, 스마트관광의 4가지 주요 추진분야는 접근가능성, 지속가능성, 디지털화, 문화유산의 창의성 및 매력성이다.

02 스마트관광도시가 되기 위한 핵심과제 중 매력성을 위해서는 관광 가상체험 서비스, 스마트 콘텐츠, 스마트 체험 서비스를 개발하고, 스마트관광 거리를 조성할 필요가 있다. 접근가능성을 위해서는 모빌리티 서비스와 무장애 스마트관광 환경을 조성하고, 디지털 인프라 확충 및 데이터 기반 스마트관광도시 구현을 통해 디지털화를 만들어낼 수 있다. 지속가능한 스마트관광도시 생태계를 구축하고 기존 자원과 상생하는 스마트관광을 만듦으로써 지속가능성을 이뤄낼 수 있다. 마지막으로, 협력적 파트너십을 위해 온·오프라인 협력적 파트너십 구축과 도시 내·외부의 협력적 관계를 형성시키는 과제를 달성해야 한다.

03 4차 산업혁명에 맞춰 관광을 비롯한 모든 산업에서 ICT 기술을 적극 유치해야 하고, 데이터를 통해 전략적으로 관광을 증진시켜야 한다. 또한 정책적, 기술적, 교육적으로 스마트관광에 대한 인식을 변화시키고 생태계를 구성함으로써 스마트관광을 활성화해야 한다.

학습내용 평가

01 스마트관광의 핵심가치와 4가지, 6가지, 3가지 범주를 나열하시오.

02 다음은 스마트관광에 대한 정의이다. 빈칸에 알맞은 단어를 쓰시오.

> 스마트관광은 ____①____를 기반으로 한 집단 커뮤니케이션과 위치기반 서비스를 통해 관광객에게 ____②____ 관광정보 서비스를 제공하는 것, 또한 사물 및 다른 사용자와의 ____③____을 통해서 발생하는 다양한 정보들을 자동으로 축적하여 다시 사용자에게 맞춤형 정보를 제공하는 것

03 스마트관광의 방향성에 대해 논의하시오.

답 1. • 핵심가치: 경쟁력, 포용, 혁신, 지속성장, 상생
- 4가지 범주: 접근가능성, 지속가능성, 디지털화, 문화유산의 창의성과 매력성
- 6가지범주: 관광매력물, 접근성, 관광편의시설, 가용한 패키지, 관광활동, 부수적 서비스
- 3가지범주: 기술 준비도, 지자체 조직 준비도, 지자체 인적자원 준비

2. ① ICT, ② 실시간 맞춤형, ③ 상호작용

참고문헌

서울시(2019), 스마트관광도시 조성 기본구상

경희대 스마트관광연구소(2019), "스마트관광도시조성 기본구상 연구용역 최종보고서," 서울관광재단

| 찾아보기 |

| 저자소개 |

구철모

구철모 교수는 기술이 주도하는 관광산업의 패러다임 변화의 시기에 "스마트관광"의 학문적 정체성을 수립하고, 개념을 체계화하는데 탁월한 성과를 축적해 왔음. 이 분야 글로벌 석학과 공동으로 Electronic Markets(SSCI저널, IF 3.553)에 출간한 "Smart Tourism: Foundations and Developments"는 세계 최초로 스마트관광을 학술적으로 정의하고 그 개념을 발전시켜 Springer 출판사의 **"2016년 올해의 논문"**으로 선정되었으며 우수한 질적, 양적 연구실적으로 경희대학교에서 최우수 연구자상(2017), 경희 Research Fellow(2018~2020)에 선정되었으며, LG연암재단 구본무 회장상(2017)을 수여받았다. 2015~2019년 5년간 총 128건 논문(SSCI 35건, SCIE 2건, SCOPUS 5, 등재저널 70건)을 출판하고 있으며 Field-Weighted Citation Impact 4.64, Citations per Publication 21.0, h-index 20, h5-index 11 기록 중이다.

[경력]
경희대학교 호텔관광대학 스마트관광원 학과장 및 교수
4단계 BK21 "지속가능한 스마트관광과 · 호스피탈리티 교육플랫폼 사업단" 단장
조선대학교 경상대학 경영학부 조교수
Marshall University 경영대학 전임강사
인하대학교 BK 사업단 연구교수
연세대학교 BK 사업단 포닥연구원
University of Minnesota, MIS Research Center 포닥연구원

[학력]
서강대학교 경영대학 경영학 박사
아주대학교 경영대학 경영정보학 석사
아주대학교 인문대학 영어영문과 학사

스마트관광: 개념과 사례를 중심으로

2020년 10월 10일 1판 1쇄 발행
2023년 2월 25일 1판 2쇄 발행

저 자 | 구철모
발행인 | 이수영
발행처 | 도서출판 청람
서울시 마포구 독막로 288(대흥동, 세양상가 109호)
전 화 | 02)3272-2601~2
팩 스 | 02)3272-2603
이메일 | crbooks@daum.net
홈페이지 | http://www.crbooks.co.kr
등 록 | 2000년 8월 26일 제6-0509호

ISBN 978-89-5972-775-9 93320 [정가 25,000원]

이 저서는 2018년 대한민국 교육부와 한국연구재단의지원을 받아 수행된 연구임
(NRF-2018S1A6A4A01032771)